# 篮球技术与训练精要

杰里·V. 克劳斯（Jerry V. Krause）

【美】唐·迈耶（Don Meyer）　　著

杰里·迈耶（Jerry Meyer）

张明 译

人民邮电出版社

北京

**图书在版编目（CIP）数据**

　　篮球技术与训练精要 / （美）杰里·V.克劳斯
（Jerry V. Krause），（美）唐·迈耶（Don Meyer），
（美）杰里·迈耶（Jerry Meyer）著；张明译. -- 北京：
人民邮电出版社，2017.5
　　ISBN 978-7-115-44796-8

　　Ⅰ. ①篮… Ⅱ. ①杰… ②唐… ③杰… ④张… Ⅲ.
①篮球运动－运动技术②篮球运动－运动训练 Ⅳ.
①G841

　　中国版本图书馆CIP数据核字(2017)第038118号

## 版权声明

## 内 容 提 要

　　《篮球技术与训练精要》是美国经典篮球基础教程。书中详细讲解了身体控制、控球、投篮、进攻移动、篮板球、单人防守，以及团队进攻与防守等篮球技术要领，并提供了方便篮球教练员教学使用的动作练习。此外，书中还配有教学视频和大量真人实拍动作图片，不仅可以作为篮球教练的教学指导用书，还可以供球员自学使用。

◆ 著　　　[美] 杰里·V.克劳斯（Jerry V. Krause）
　　　　　　唐·迈耶（Don Meyer）
　　　　　　杰里·迈耶（Jerry Meyer）
　　译　　　张　明
　　责任编辑　裴　倩
　　责任印制　周昇亮

◆ 人民邮电出版社出版发行　　北京市丰台区成寿寺路 11 号
　　邮编　100164　电子邮件　315@ptpress.com.cn
　　网址　http://www.ptpress.com.cn
　　北京虎彩文化传播有限公司印刷

◆ 开本：700×1000　1/16
　　印张：15.75　　　　　　　　2017 年 5 月第 1 版
　　字数：335 千字　　　　　　2025 年 8 月北京第 34 次印刷
　　著作权合同登记号　图字：01-2015-8629 号

定价：68.00 元
读者服务热线：(010)81055296　印装质量热线：(010)81055316
反盗版热线：(010)81055315

# 目录

# 序言

本书最初的版本名为《更好的篮球基础知识》(*Better Basketball Basics*),该书主要讲述了篮球运动的基本技巧。该书于1983年首次出版,书中包括550幅连贯的描述性图片,深受广大教练员的欢迎,并先后印刷了两次。1991年,通过对《更好的篮球基础知识》一书进行进一步的提炼,诞生了《篮球技术与训练精要》第一版(由Human Kinetics出版)。第一版出版后,很快就成为畅销书,深受篮球教学人员和学员的欢迎。多达十万名教练员和学员认为本书是最为通俗易懂且内容全面的篮球基础知识和运动技巧介绍性书籍。在本书的第二版中,唐·迈耶和杰里·迈耶成为本书的联合作者,他们各自在自己的职业生涯中成功地运用了篮球运动的基本技术,将两代人的训练和教学经验融入到本书中。

本书汲取了篮球运动100多年的经验,覆盖了男子和女子各年龄段和各种水平的全部基础知识。因此,无论是教练员还是学员,或者家长,都可以将本书当作篮球基础知识的源泉。本书的编写目的就是为小学、初中、高中或青少年阶段的篮球教学提供最基本的参考资料。与此同时,本书也可作为初级阶段的篮球教学理论教科书。与上一版相比,本书做了以下一些改进。

- 对每种基本技术的概念进行了更新或扩展。
- 为了使学员获得更好的学习效果,除了介绍教学方法,还分别对教和学进行了相应的讲解。
- 为那些注重篮球基本技术的教练员和学员提供了参考资料。
- 增加和改进了场上的各种标识,获得了更加清晰准确的图形展示效果。
- 更加完整全面的教学组合例如概念、要点以及其他一些全新的教学提示。
- 在本书的问题解答部分,描述了一些比较容易出现的问题以及相关的解决方法。
- 在本书的技术改进部分,针对当前的问题和如何改进这些问题,还提供了观察和定性措施。

无论你处于篮球运动的哪个阶段,掌握基本的篮球运动技术都是最基础的事情。例如,迈克尔·乔丹(Michael Jordan)、蒂姆·邓肯(Tim Duncan)和德怀恩·韦德(Dwayne Wade)都是篮球运动中最优秀的球员,他们将自己的个人天赋与篮球运动的基本技术很好地融合在一起。他们这种炉火纯青的技术也都是经过多年的不断努力才获得的。同时是美职篮名人堂成员以及教练员的约翰·伍登(John Wooden)曾经说过,要想获得成功,所有球员都必须学习如何正确并快速地运用篮球运动的基本技术。而本书能够帮助所有的教练员和运动员实现这一目标。

# 前言

每个运动员和教练员都应该养成终身学习的习惯，因为生命本身就是一个不断学习的过程。每个人都应该使自己在不断的学习中获得提高，使自己在篮球运动以及整个生命中不断进步，防止重复过去的那些错误，同时善于借助别人的经验，不断提高自己的表现（包括在篮球运动中的表现）。学习是最能体现时间价值的方式之一。

无论是球员还是教练员，都应该认识到学习所具有的价值。如果拥有积极的态度，学习就会变成一件很自然、充满乐趣和成就感，同时能够获得满足感的事情。带着开放的心态学习和成长，能够获得事半功倍的学习效果。为了达到学习目的，人们会自然地将自己想要获得的东西与需要学习的东西统一起来，将二者有机地结合在一起。

如何才能更有效地学习？掌握这一点能够帮助球员和教练员最大限度地利用本书中提供的相关指导内容。以下这些基本概念，能够帮助你获得更加有效的学习效果。

- 勇于承认错误或不足。要明白自己并非什么都精通，也要正视学习过程中可能会被人嘲笑或者出现一些错误。要学会不断提出问题并进行尝试，使自己养成能够正视这些错误的心态。
- 开始学习时要善于提出问题。每天醒来后，都要回顾一下自己对篮球技术的了解。面对挑战并提出各种问题能够督促自己学习更多的知识。要抱着谦虚的态度，借助自己有限的知识去学习更多的知识。
- 要善于将自己掌握的知识应用于实践中。了解学习每一种技术的目的并能够举一反三，得出更多种执行这些技术的方式。
- 在学习过程中将自己与周围的人融合在一起，这种融合协作能够极大地提高个人和团队的学习效率。
- 要善于总结并利用经验。将这些经验运用到自己的学习中。通过不断练习来提高自己的技术。在练习中能够发现自己存在的不足，并通过专门的训练不断地使自己获得提高。
- 要善于从他人身上汲取知识，特别要向那些已经获得成功的人学习。教练员则应该向那些进入名人堂的教练学习，从最优秀的人那里学习他们最优秀的理念。球员之间也应该互相学习，还应该向那些技术更好、经验更丰富的球员学习。以旁观者的视角观察他人也是一种非常好的学习方法。
- 在教学中学习。球员应该勇于相互学习和交流，也可以充当一些年轻球员或者经验不足的球员的老师。最好的传授方法就是将自己最好的技术展现给学习者。相对于嘴上说的，其他人对你的行动会更感兴趣。

- 永远不要停止学习的步伐。当你能够将自己所学的知识与日常行为融合在一起时，就能从中获得巨大的收益。每一次，当你将学习放在最重要的位置时，就给自己的生命中增添了一些积极的元素，也就是学习的宝贵经历。

## 篮球技术与训练

**要点提示：**
移动技术的学习需要花费大量的时间，因此耐心是基本的要求。

本书主要讲述有关篮球运动基本技术的内容。教练员和球员都可以从中获得他们所需要的知识。是否能够获得篮球运动的基本技术，进而学习更高级别的技术，在很大程度上取决于是否能够很好地优化教与学的过程。

在比赛时，任何球员都会凭借与生俱来的能力自然地进行相应的移动。基本的移动元素（例如反应时间、力量的运用以及深入的洞察）都是构建移动能力的要素。在教与学的过程中，应该注重在这些能力的基础上不断提高篮球运动的技术。很多教练员和篮球运动的专家认为球员更倾向于"形式大于内容"的思维，并且更喜欢使用与生俱来的能力（能够快速见效），而不是提高自己的技术（这是一个比较漫长的过程）。进行团队运动时，相对于执行具有挑战性的传球和接球，大多数人认为灌篮更易于实现。本书主要讲述篮球运动基本技术教学中所需的循序渐进式方法。这种方法根植于脚踏实地的训练，而不是只体现移动能力的形式主义。教练员和球员要注重对篮球基本技术的全面练习，而不是某个特定的方面。需要在提高篮球运动基本技术的基础上来提高球员的整体水平。

**要点提示：**
篮球运动中的移动技术：在遗传能力的基础上学习如何移动。

通常情况下，教练员和球员会通过训练的方式来提高自己的技术。尽管如此，训练本身只是一种方式，而不是最终的结果。因此，关注点应该是你想要掌握的技术，而不是训练本身。我们在本书中对各种训练方式进行了认真的挑选，目的是帮助教练员和球员提高他们的篮球基本技术。

**要点提示：**
关注技术，而不是训练。

教练员和球员可以对书中介绍的训练方法进行调整，以便找出一套适合自己的训练方法，比如可以模拟真实比赛的场景和节奏。奈史密斯名人堂教练亨利·艾巴（Henry "Hank" Iba）曾说过："要像真实的比赛那样进行练习。"具有传奇色彩的足球教练乔·帕特诺（Joe Paterno）也曾说过："教练员必须具备复制真实比赛场景的能力。"

## 学习的三个阶段

研究移动技术的专家发现篮球技术的学习需要经历三个阶段。

1. 认知阶段：球员在脑海中形成某个技术的画面，这种画面通常源于教师或教练的演示或描述。

2. 练习阶段：球员开始模仿教师或教练的演示，并不断纠正和加强自己的模仿动作，对技术重复进行练习。

3. 自动形成阶段：球员能够不经考虑就自然地执行某种技术。这种移动方式已经成为他们的习惯，可以在真实的比赛中按照比赛的节奏将这些技术发挥出来。

**要点提示:**
训练应该尽可能按照比赛的环境和节奏来进行。

分阶段学习基本技术时也会运用到感知。

1. 技术的外观：球员了解某个技术的外观后，就可以通过占主导地位的视觉能力来学习这种技术。队友或练习搭档可以在球员练习时在一旁观看（观察），帮助提高球员的正确动作并纠正他们在练习中出现的错误。为了在团队中练习这些基本技术时获得最大的效果，教练员应该说服所有的球员都与队友协同合作，一起来练习这些基本技术。一个团队的强大程度取决于团队中最薄弱的环节，同时还取决于每名球员是否都能主动地将自己的经验传授给其他成员，例如本书稍后将要介绍的"回声呼叫"（echo call）。

2. 技术的声音：不同移动方式所发出的声音也不同，因此是学习中可以利用的另一个元素。球员了解了技术的外观后，可以将关注点转移到技术的声音上，例如在地面上运球的声音或者正确传球和接球时所发出的声音。

3. 技术的感觉：球员的感觉是提高自己篮球技术的最高感知水平。例如可以在练习罚球时紧闭双眼，或者在运球时眼睛盯着篮网或者篮筐，而不是篮球。

形象化是一种可以运用以上三种感知的精神工具。球员在脑海中将正确执行某种技术的过程形成画面时，学习就会变得更加轻松。最好的方法是球员在脑海中不断重复正确执行某种技术时的画面——例如技术的外观、声音以及感觉。通过这种方法，球员会主动根据需要加强对某种技术的外观、声音和感觉的认知。

# 交流

篮球教学中最重要的元素是交流。能够将信息以易于接受的方式传授给球员是一种非常有价值的能力。球员和教练员必须每天都努力提高这种能力。应该将注意力集中在球员学到了什么，而不是教练教了什么，这一点非常重要。因为并非所有球员都使用同一种学习方式，他们的学习节奏也不尽相同。对某一名球员有效的教学方式并不一定对其他球员也有效。对于教练员来说，教学中的挑战是如何让每位球员获得最佳的学习效果。交流，就像学习本身一样，需要具备耐心、开放的心态以及共同的目标。具备所有这些元素后，教练员、球员以及整个团队才会最大限度地实现成长与成功。

目前有很多有效的交流工具，其中一种名为"回声呼叫"（echo call）。使用这种方法时，球员需要不断重复关键点的教学提示或者教练的观点，目的是确保所有球员都能记住这些提示或观点。为了提高学习的效率，球员之间也要进行交流和学习。这种听觉交流还能够加强团队成员的默契，达到心领神会的效果，因为在比赛时球员之间并没有太多的时间进行交流。

在畅销书《成功的教学》（*Successful Coaching*）一书中，作者雷纳·马滕斯（Rainer Martens）列出了有关提高交流技巧的6个方面：

1. 信任；

2. 积极的方式；

3. 通过情绪传递信息；

4. 一致性；

5. 倾听技巧；

6. 非语言交流。

球员的信任关系是建立在尊重的基础之上的。每名球员都应该在自己的篮球生涯中努力构建自己的信心和自尊。无论是教练员还是球员，都应该提高自己的自尊心，并获得他人的尊重。

球员与教练员之间的交流应该是自然积极的，应该更多地强调赞赏和奖励，而不是过多的惩罚和批评。相对于告诉球员哪些事情不该做来说，告诉他们应该做什么是一种更加积极的教学方式。例如，指导球员进行投篮时，教练员应该鼓励球员向高处投篮，而不是直接指出球员投篮过低。教练员应该更加关注球员做对的那些动作，而不是过多地强调他们所犯的错误，而这也正是大多数教练员在教学方式中存在的问题。

在向球员传递消息时，尽可能多地融入实时性信息，而不是简单的情绪爆发。球员应该知道哪些才是正确的做法，他们需要的不是在出现错误时教练的大声指责。积极的情绪和赞扬通常会获得更好的效果，球员可以从中获得他们需要的信息，以便更好地学习或者纠正所出现的错误。教练员也可以适当地使用一些消极的情绪表达和惩罚，但前提是这种消极的方法是第一备用方法。本书稍后介绍的反馈图表将提供一些必要的信息。信息特别具体时，球员才能够获得最大的收获。相对于"保持平衡"这样的表达来说，"头部重心居中"这样的表达会获得更好的效果。尽量少使用评论性质的话语，而是多用包含信息的语言，这应该成为教练员的教学准则。

对于教练员来说，交流的一致性同样非常重要。球员希望从更成熟的人那里获得一致的信息和反馈。保持一致性能够使教练员更舒适地与球员进行交流，无论这种交流是语言性的还是非语言性的。无论何时，教练员应该尽量使自己所说的与自己的行为保持一致。如果教练员言行不一，那么运动员很快就能感觉到这种状况。他们希望教练能够诚实并保持真诚。正如马滕斯所说："你做得要像你说得那样好。"

在提高交流能力的过程中，最大的挑战是倾听。好的倾听者会与说话者保持眼神交流，一直尝试探寻说话者的意图，给予说话者一定的尊重并与之互动。教练员应该注重使用双向交流的方式与球员进行交互，让他们说出自己的想法和问题。球员则应该具备不怕犯错的心态，这能够帮助他们提高倾听的效果并减少伴随在交流过程中出现的恐惧、怀疑以及忧虑的情况。倾听时，例如积极的身体语言等非语言交流也是非常重要的。身体姿势、适当的身体接触以及声音的质量，都有助于提高交流和倾听的效果。

衡量交流的基本尺度是球员能够学到什么，而不是教练员知道什么。因此，对于教练员来说，他们有必要提高自己的交流能力，以便让球员获得更好的学习效果。

# 反馈

学习某种技术时，适当的反馈能够提高学习的效率。反馈要符合以下准则。

- 经验丰富的教练员所提供的反馈能够带来最好的效果，但是球员也需要学会在任何可能的时候提出自己的反馈信息。例如，球员可以观察自己在跳投前后双脚的起跳点和落地点。
- 必须告知球员哪些动作是正确的（进一步强化）以及哪些动作是不正确的（提供有关错误的信息）。应该首先让球员认识、承认并理解自己出现的错误，然后再根据需要指定具体的计划来纠正这些错误。
- 对球员错误的纠正应该是一个持续的过程。对球员自己来说，最好的纠错方法是认识错误（在教练的帮助下），再了解并承认这些错误（向其他球员），然后从错误中汲取教训并改正错误，进而不再出现这样的错误。
- 与笼统的反馈相比，传递具体的信息是一种更好的方法："很好很完整的跟随动作"要比"很好的投篮动作"具有更好的效果。
- 要及时地提供反馈信息，越快越好。当然也存在一些例外，例如当教练和球员都处于情绪比较激动的状态时，可以在赛后再进行反馈。
- 使用"反馈三明治"（feedback sandwiches）模型。教育专家丹尼斯·道切夫（Dennis Docheff）推荐了一种由三个部分构成的反馈信息模型：强化（发现正确的行为）、提供信息（纠正那些需要改进的技术或者行为），以及赞扬（最后给予鼓励）。类似的场景可能会是这样的："吉姆，你投篮时肘部动作做得非常好，但是你应该降低身体重心并增加双脚之间的距离，这样可以获得更好的平衡……这样更符合比赛的节奏。"冠军大学球队的教练迈克·邓拉普（Mike Dunlap）在他的教学反馈中使用下面这种形式：

1. 赞扬（发现积极的方面）；
2. 交流并提供指导（提示并纠正错误，告知下一步的正确做法）；
3. 给球员独处的机会（给他们学习消化的时间）。

**要点提示：**
反馈提高了学习的速度。

## 教与学的一般建议

1. 教练也是教师的一种。

- 知道教授某种技术的原因，这一点对教师和学习者来说都很有帮助。
- 首先关注技术本身（而不是训练或者策略）。
- 相对于自己正在做的，要更加关注自己做得是否足够好（执行效果大于重复，质量大于数量）。
- 教学时，首先预览（告知你将要讲述的内容），然后浏览（开始讲述），接下来再回顾（告知你刚才讲了什么内容）。

- 帮助球员消除他们在学习过程中存在的恐惧、怀疑和忧虑的情绪。

2.恰当地演示并解释下面的情况。

- 确保所有球员都能看到你并听到你的讲解。
- 正确地讲解，在球员脑海中形成清晰的画面。
- 重复演示——从两个角度重复两次或以上。
- 使用简洁清晰的解释。
- 只介绍关键的要点（不要讲得太多）。
- 立即练习——球员应该在实践中学习，如果不立即实践，他们可能会忘记刚看到的演示或者听到的讲解。
- 加强练习，使行为成为自己的习惯（好的和坏的行为都是如此）。

3.使用渐进式的教学方法。

- 由慢到快——先保证动作的正确性，然后再提高动作的执行速度（最终目标是与比赛中的场景和节奏一致）。
- 由简单到复杂。
- 按照一定的顺序教学，然后再反过来执行（先起点到终点，再终点到起点）。

4.球员和教练员需要保持开放的学习态度（保持谦卑学习的心态，而不是世故老练）。

- 开始学习时全盘接受（学习全部内容），随着经验的丰富，再有选择地调整（根据个人的需求）。
- 每一天都努力提高自己的技术（不能原地踏步，必须不断进步）。
- 注意接受教训；总有值得自己去学习的东西（努力去寻找）。
- 善于学习他人——借助别人的经验（无论好坏）来提高自己。
- 与队友多交流并彼此鼓励（通常情况下，教练扮演批评者的角色，而队友之间要互相欣赏和鼓励）。
- 控制自己所能控制的（每个人都可以对自己的态度、行为和反应具有完全的控制），至于其他方面，无需顾虑太多。

5.找到适合每个人的最佳学习方式。

- 视觉（观察技术），解读技术或观看演示。
- 听觉（倾听技术），获取更多的解释或者倾听技术的声音。
- 运动感觉（感觉技术），对技术进行实践。

6.教练员应该使用的方法。

- 形象的词语表达（例如用快速的脚步来表示快速移动双脚）。
- 类比和比喻（例如将快速启动的动作比喻成弹簧）。
- 要点提示（例如"完整的跟随动作"）。

7.需要教授的基本技术以及其他内容。

- 条件。
- 刻苦和坚持不懈。

- 实地训练和角色扮演训练。
- 交流（使用足够大的声音及时进行交流）。
- 如何竞争。
- 竞争的重要性（请参见约翰·伍登编写的"成功金字塔"模型中的图1）。

成功是一种内心平静，而这种平静直接来自于知道已经
尽了最大的努力，挖掘出自己最大潜能，并取得了可能
取得的最高成就时的满足感

——约翰·伍登，主教练。

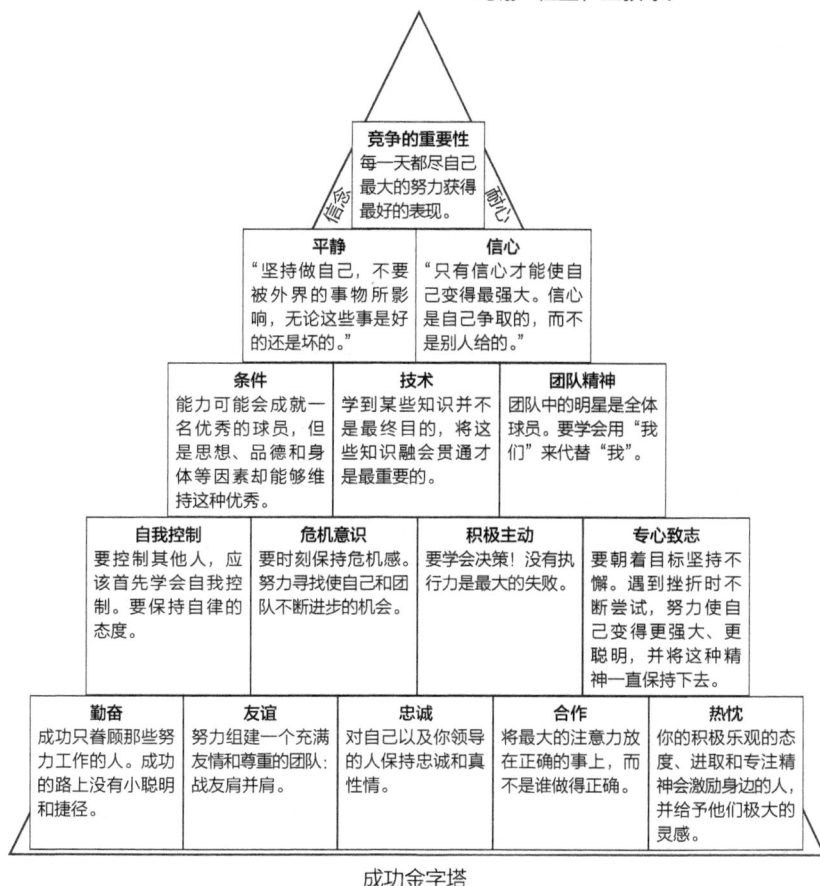

**竞争的重要性**
每一天都尽自己
最大的努力获得
最好的表现。

**平静**
"坚持做自己，不要
被外界的事物所影
响，无论这些事是好
的还是坏的。"

**信心**
"只有信心才能使自
己变得最强大。信心
是自己争取的，而不
是别人给的。"

**条件**
能力可能会成就一
名优秀的球员，但
是思想、品德和身
体等因素却能够维
持这种优秀。

**技术**
学到某些知识并不
是最终目的，将这
些知识融会贯通才
是最重要的。

**团队精神**
团队中的明星是全体
球员。要学会用"我
们"来代替"我"。

**自我控制**
要控制其他人，应
该首先学会自我控
制。要保持自律的
态度。

**危机意识**
要时刻保持危机感。
努力寻找使自己和团
队不断进步的机会。

**积极主动**
要学会决策！没有执
行力是最大的失败。

**专心致志**
要朝着目标坚持不
懈。遇到挫折时不
断尝试，努力使自
己变得更强大、更
聪明，并将这种精
神一直保持下去。

**勤奋**
成功只眷顾那些努
力工作的人。成功的
路上没有小聪明
和捷径。

**友谊**
努力组建一个充满
友情和尊重的团队：
战友肩并肩。

**忠诚**
对自己以及你领导
的人保持忠诚和真
性情。

**合作**
将最大的注意力放
在正确的事上，而
不是谁做得正确。

**热忱**
你的积极乐观的态
度、进取和专注精
神会激励身边的人，
并给予他们极大的
灵感。

成功金字塔

**图1** 约翰·伍登编写的"成功金字塔"模型
取自《伍登论领导的艺术》（*Wooden on Leadership*，McGraw-Hill出版）

8. 要努力成为全能型教练——不但能够给球员传授知识，还应该帮助他们学习如何提高身体素质（身体条件和技术）、精神（心理）状态以及社交能力（如何成为一名优秀的团队协作者）。

9. 无论是球员还是教练员，都应该对自己取得的成绩进行评估。可以使用一种名为"1分钟评估"的方法对自己的成绩进行评估。这种方法不但快速，而且

非常有效，它能够收集球员在场上和场下的反馈和相关的信息。教练员可以使用这种评估方法对球员的实践、团队策略（进攻或防守策略）或者团队规则进行评估。该方法包含三个部分：值得赞扬的技能、动作或者表现（并表明原因）、可以改进的地方（并指出如何改进）以及相关的观察和评论。

10. 教练员和球员都需要对自己有充分的了解，不断发展自身的天赋，同时帮助身边的其他人。

本书提供了大量可供参考的说明和信息。希望教练员和球员能够最大限度地掌握本书中介绍的篮球技术和训练方法。

# 图标含义

⊕　　持球球员

◯　　进攻球员

X　　防守球员

C　　教练员

———▶　　球员移动路线

‑ ‑ ‑ ‑▶　　篮球移动路线

———┤　　掩护

〜〜〜▶　　运球

🎞▶　　有配套的教学视频，可通过扫第236页的
二维码获得视频下载链接

# 第 1 章

# 基本身体控制

步法和平衡是贯穿整个比赛的必要元素。而控球时间只占整个比赛的不到10%。

皮特·纽维尔（Pete Newell），奈史密斯名人堂教练

对于每个教练员来说，一个最重要的任务就是教会球员如何移动和控制自己的身体。对于所有的球员来说，基本的移动有时也称为"篮球基础"，是最基本的工具。

教练应该教会球员如何有效（达到移动的目的）和高效（以最佳的方式移动）地移动。他们应该让球员学会如何保留时间和空间，同时带着特定的目的去移动，减少那些无效的移动。从基本上讲，篮球运动是一项有关平衡和速度的运动——所有的移动都应该以这些目的为焦点。球员应该努力使自己的比赛节奏更加紧凑，提高自己的平衡能力和速度。

对于教练员和球员来说，应该将整体的思路放在如何提高个人的平衡能力和速度上面。平衡能力基本只取决于步法的优劣，从脚部开始，以头部作为结束。鉴于它的重量［大约10磅（4.5千克）］和它处于身体上方的位置，头部是获得平衡的关键部位；头部应该居中并获得整个身体的支撑。头部首先朝着目标方向快速移动，进而破坏身体的平衡，迫使球员快速朝着该方向进行移动。与此类似，速度与头部和脚步相关，只是方向不同而已。速度首先是一种思想状态（思维上期望获得速度，然后才能体现在行为上），从头部开始，以脚部结束（取决于步法）。无论平衡还是速度，都取决于正确的步法，并与头部位置和思想状态紧密相关。

篮球运动也是一项有关手部和脚步移动速度，以及在合适的时间使用该速度的（整个身体的运动）学科。教学时，应该一直强调能够正确执行这些动作的原则，然后是如何在正确的时间快速执行正确的移动，同时不断提高个人的、身体的、精神和团队成员的平衡能力，并提高进攻和防守时的占位能力。

篮球运动中的6种基本位置和移动方式是姿势、启动、迈步、转身、停止和跳跃。鉴于速度本身很重要，因此这些基本的姿势都应该围绕"速度"这一中心词汇来进行。

**要点提示：**
首先保证移动的正确性，然后再提高移动的速度。

## 快速姿势

球员需要养成能够随时快速移动的基本篮球站位习惯。快速姿势需要球员具有足够大的肌肉力量以及核心区域（前面的腹部肌肉以及背部下方的肌肉）耐力。教授进攻和防守的快速姿势是一项具有挑战性的任务，由于年轻球员的肌肉力量和耐力都不成熟，因此无法长久地保持这一姿势，所以耐心对于教练来说是一个基本的要求。执行快速姿势时，最重要的环节是获得并保持屈膝和屈肘姿势。所有关节应该处于灵活状态并随时待命。篮球比赛需要球员尽量压向重心，球员的身体越低，他们就跳得越高；向篮下突破时的爆发力越大，在面对防守时就能获得更快的速度，因此才能很好地对球提供保护。"站立和移动时都降低身体重心"是所有球员都应该掌握的重要概念。

**要点提示：**
移动和静止时都要尽量降低身体的重心。保持快速姿势状态。

指导球员体会快速姿势时的感觉——随时准备执行任何动作，保持敏捷性。要一直保持这种基本姿势并不轻松；球员必须学会使用这种奇怪的、不自然并有点像猴子一样的姿势。球员在保持姿势时应该使自己看上去类似使用坐姿——保持这种姿势时降低身体重心。连续并及时地向球员强调这种姿势，这样能够慢慢培养球员自动形成快速姿势的习惯。要想提升整体速度，应该同时提高思维速度、感觉速度，进而快速地提高自己的篮球技术。对于球员来说，要测试快速姿势，一个比较好的方法是想象自己正坐在一把椅子上，头部稍稍后倾，如图1.1所示。

图1.1　快速姿势测试——以"坐"的姿势练习站立姿势（侧面图）

## 脚部位置

　　在绝大多数情况下，最佳的脚部位置是站立时双脚稍微错开，脚尖略微向上，而不是笔直向前。双脚分开，与肩同宽，前脚的脚背与后脚的大脚趾处于同一条水平线上（参见图1.2）。这种姿势允许球员向任何方向移动。要形成这种脚步姿势，球员应该首先将双脚放在一起，然后向前移动惯用脚，直到脚背到达后脚大脚趾的位置，接下来再向侧面迈惯用脚，使两脚的间距与肩同宽，这样能够获得比较好的平衡和更快的速度。

　　向侧面移动，或者接球、急停、运球后急停以及防守球员横向移动时，最佳的应对方法就是使用图1.3中所示的平行姿势。很多时候，球员会同时交叉使用以上介绍的两种姿势。

**要点提示：**

执行快速姿势时，双脚错开，脚尖稍微向上。

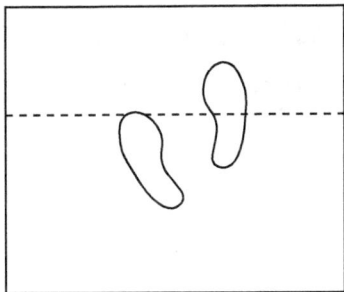

图1.2　双脚错开的姿势（顶部视图）。脚背与脚趾的关系，双脚分开，与肩同宽，后脚稍微向上。图中展示的是进攻的快速姿势（右手球员）

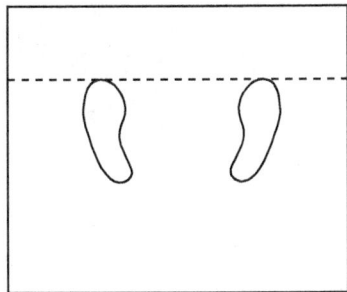

图1.3　平行姿势（顶部视图）。脚趾与脚趾的关系，双脚分开，与肩同宽，脚趾稍微向上

## 重心分配

　　应该将身体的重心均匀地进行分配，从一侧到另一侧，从前到后以及两脚之间。脚后跟向下，身体的大部分重心（60%）应该置于脚掌上，虽然在感觉上似乎脚趾和脚后跟承受了更多的压力。脚趾弯曲并且脚后跟不要离开地面。

**要点提示：**

快速姿势时的身体重心分配——采用鹰爪姿势，将身体重心置于整个脚上。

很多球员可能会错误地将身体的全部重心放在脚掌上，使脚后跟离开地面。这种姿势会使移动速度变慢，因为强力移动时，必须先将脚后跟放下来。为了让球员更好地感觉这种姿势，一个比较好的方法是让他们采用"鹰爪"姿势，即脚后跟向下，脚趾弯曲。

**要点提示:**

防守的快速姿势：快速脚步。

球员处于防守状态时，应该在基本的快速姿势中加入快速脚步的动作。快速脚步意味着保持双脚持续活动，同时两脚不能同时离开地面，这种技巧能够使腿部肌肉保持伸展状态，随时准备采取任何措施，提高防守球员的移动速度。练习快速脚步时，球员可以想象自己正站在很热的地面上，但双脚不能同时离开地面。无论是进攻还是防守，执行快速姿势时必须将身体重心置于整个脚上。

## 头部和躯体的姿势

**要点提示:**

进攻的快速姿势或"三威胁"——通过使球远离对手的方式护球。

为了获得更好的平衡，球员应该将头部置于身体重心的中央位置——三角形区域的顶点，双腿均等地置于两侧，双脚之间成横向的直线（参见图1.4，前视图）。头部居中，重心由前向后，身体竖直，肩膀后倾，躯体垂直并稍微前倾。背部挺直，胸部向外。头部位于膝盖后方。呈坐立姿势。

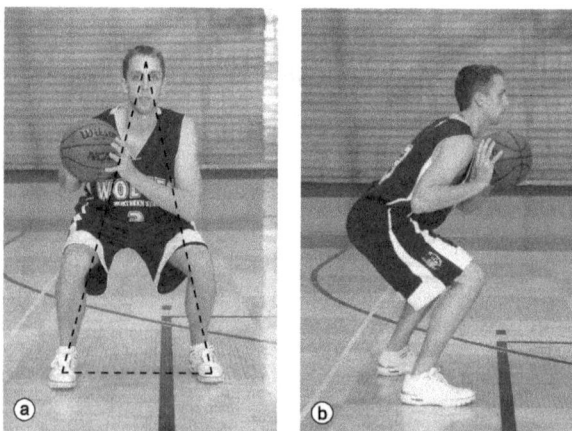

图1.4　进攻的快速姿势（三威胁位置）：（a）前视图——头部是平衡的关键，抬头并保持敏捷的状态——三角形区域的顶点。（b）侧视图——坐立姿势，背部挺直，胸部向外，抬头，使球远离对手来护球

## 胳膊和腿部

指导球员学会保持他们的关节部位（脚踝、膝盖、胯部、肩部、肘部以及腕部）处于弯曲并随时待命的状态。约翰·伍登教练建议身体上的所有关节部位都应该保持弯曲，以便获得更快的速度。进攻球员可以通过弯曲关节部位并使球贴近自己身体的方式加快自己的进攻节奏（进攻过程中使球远离对手来护球）。投篮时将投篮手置于球后，并采取三威胁姿势，随时准备投篮、传球或者快速

突破。防守球员通过可以加快自己的防守节奏（移动），即弯曲关节部位，缩短手臂距离（屈肘）使其贴近身体，同时在步法中加入快速脚步的动作（参见图1.5）。为了获得平衡和更快的速度，球员应该保持手部和臂部弯曲，使其贴近身体。每只脚的脚底必须全部接触地面。提醒球员保持身体处于较低的位置——腿后部的膝关节的角度应该处于90度~120度，这样能够保持身体重心处于较低的中央位置，进而获得更快的速度和更好的平衡效果。

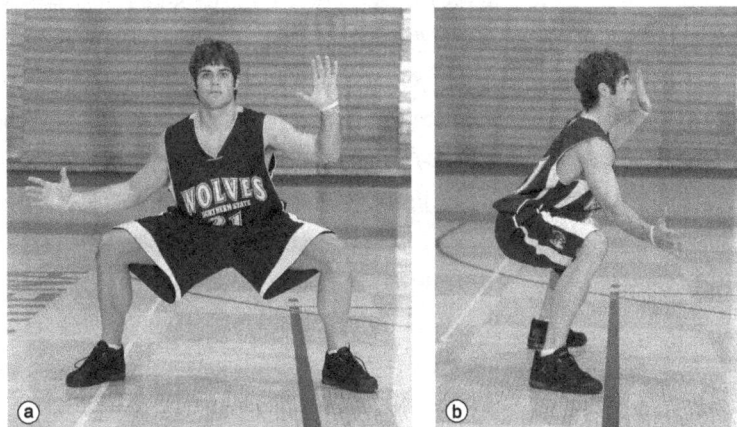

图1.5　关节部位弯曲时的防守快速姿势：（a）前视图，（b）侧视图

**快速姿势的教学要点**

- 执行动作前做好准备工作：双脚和双手处于待命状态。
- 保持全身各个部位的关节处于弯曲状态。
- 移动和静止时身体保持较低的位置：以"坐立"姿势比赛。
- 使自己处于快速姿势状态。
- 抬头、挺胸、后背挺直。
- 保持身体重心处于整个脚部，脚后跟向下（鹰爪姿势）。

# 快速启动、迈步、转身和急停

进攻和防守时，要想快速有效地执行快速姿势的动作，需要使用启动、迈步、转身（绕轴旋转）以及急停等这些基本技术。指导球员每次都能在正确的时间点上快速准确地执行这些动作。球员需要在开始时缓慢练习这些技术，首先获得执行这些技术的感觉和节奏，然后加快执行速度，直到出现错误。球员可以从错误中获得经验，进而学会按照比赛节奏去执行这些技术。

在篮球运动中，球员的整体速度（身体从A点移动到B点）是重要的，但是

**要点提示：**
先保证正确地执行这些技术，然后再不断提高速度。

却没有敏捷性（手和脚的速度）重要。教练员应该努力提高每个球员的敏捷性。快速思考并快速执行，应该成为每个球员孜孜不倦的追求。

## 快速启动

执行快速姿势时，启动是球员必须首先掌握的一项技能。要做到快速地启动，球员应该将身体重心（以及头部）移动到想要移动的方向。例如，想要向左侧移动时，将身体重心移动到左脚上并向左侧倾斜。头部是获得平衡的关键部位，在移动身体重心时它一直扮演着引导者的身份（参见图1.6）。

图1.6　向左侧横向移动：身体重心朝着希望的移动方向转换（置于左脚上）

要在执行动作时获得及时快速的效果，球员必须牢记，所有运动上的改变都是由地面开始的。这意味着需要快速改变运动方向或者快速启动时，需要使用短小快速的步伐。指导学员尽可能地保持他们的双脚与地面接触，并借此使自己在比赛中获得优势。

**前脚（引导脚）先移动**。从基本的姿势开始，球员应该将身体重心转移到想要移动的方向，使用离身体最近的脚先迈步。例如，要向右侧移动，首先使用右脚迈步。要向前移动，首先使用前脚迈步（后脚蹬地发力，前脚先迈步）。需要将更多的注意力放在球上时，经常会使用这种技巧。有时，使用后脚迈交叉步朝想要移动的方向跑动或者弹跳更加快速，尤其是防守球员被对手晃开并且必须快速回位的时候。

**防守快速启动**：防守时，球员应该使用滑步运动的方式。保持双脚的间距与肩同宽，使用短小快速的拖曳步伐。这种技巧被称为"推步"（push step）或迈步（前脚）并滑步（后脚）的运动方式。前脚借助后脚蹬地产生的力量首先朝目标方向迈步，迈步时使用短小快速的步伐（参见图1.6）。执行推步时，力量来自后脚蹬地所产生的力量，后脚将身体和身体重心移动到前脚上，然后快速拖曳后脚并再次获得基本姿势，而不是将双脚放在一起。球员应该至始至终使双脚处于分开的状态：迈步并滑动，降低身体重心，使双脚分开，同时身体不能过低，而双脚的间距不能过宽。无论是引导步还是拖曳的滑步，都应该使用短小的步伐（12~24英寸，即30~60厘米），站立时降低身体重心，双脚的间距足够宽。

球员应该学习如何在防守时执行启动以及如何向侧面、前面、后面和对角线方向滑步的方法（参见图1.7），保持头部处于水平位置。头部如果向上移动表明球员由站立状态跳起，而没有使用推步或者滑步来保持原有的姿势。这种跳跃方式被称为"小兔跳"（bunny hop），身体处于空中时双脚并拢，从而失去了地面所提供的优势，是一种对时间和空间的浪费。因此，头部必须处于水平位置。球员可以想象自己执行推步移动时头上顶着一个盘子，以此来提醒自己保持将头部处于水平位置上。

**进攻快速启动**。进攻时，持活球的球员（即仍然拥有运球权的球员）可以通过先迈前脚的方式快速从三威胁姿势启动。持活球移动时，进攻球员应该建立一个永久中枢脚（PPF）（右手球员选择左脚，左手球员则选择右脚）以及一个永久迈步脚，以这种方式运球突破，越过防守球员。使用PPF，球员可以使用迈步脚（首先是前脚）快速启动。这些活球移动被称为"直接突破"（到强侧或者称为惯用手一侧）以及"交叉突破"（到非惯用手一侧）。图1.8和图1.9中对这两种突破方式进行了描述。

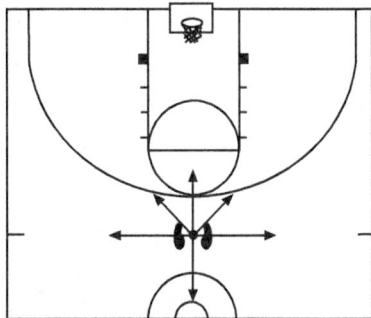

图1.7　启动和迈步时的防守方向

图1.8　活球移动——直接突破：(a)进攻快速姿势（三威胁姿势），(b)第一步——较长较低的步伐

## 快速步

快速步是一种基本的运动变换形式，它允许球员加快比赛节奏并执行相应的进攻和防守策略。执行快速步时，需要对速度、步伐以及方向角度（通常与最初的运动角度成90度和180度）做出变换。快速步需要在正确的时间点上及时地由慢到快进行移动。

**变速和变向**。变速步，包括以不同的速度跑动或者滑动，是非常重要的身体控制技术，其目的是在正确的时间点上运用速度的概念。例如，进攻球员可能以一般的速度跑动或者运球，然后突然加速通过防守球员。相反，防守球员可能在滑动时突然加速占据进攻球员的前进路线，以便阻止后者继续移动或者对其进行抢断。

变向步的目的同样是为了在正确的时间点上运用速度的概念。处于奔跑中的进攻球员需要转换执行防守时，他们可以使用跨步急停的方式停止，然后执行180度变向（180度切入）并向相反的方向快速移动。V形切入，既可以用于进攻，

**要点提示：**
变速步需要使用不同速度进行移动，尤其是由慢到快的移动。

也可以用于防守，是以90度的角度执行变向步，切入时比较缓慢，然后快速执行变向移动并快速向外切出。根据使用方式的不同，V形切入也称为L形切入、7形切入或假动作突破移动等。

图1.9　活球移动——交叉突破：（a）三威胁姿势，（b）环绕护球，（c）较长较低的交叉步

## 活球移动的教学要点

- 由进攻快速姿势或三威胁姿势开始。
- 直接突破：首先使用前脚迈出较长较低的一步，以直线路径通过防守球员。突破球员必须首先抢占先机，迈第一步使自己的头部和肩部通过防守球员，然后再以第二步确定胜局（使用胯部与防守球员接触以阻止后者恢复防守姿势）。
- 交叉突破：在身体前方两个腋下之间移动护球。在球后换手的时候，脚步无需做假动作。使用迈步脚直线做一个较长较低的迈步，向与防守球员相反的方向突破通过防守球员，所有这些都是在第一步中完成的。

## 快速启动的教学要点

- 进入或者保持快速姿势，准备启动。
- 学会利用地面优势；启动时保持双脚紧贴地面。
- 将身体重心转移到目标方向并首先使用头部作为引导。
- 启动时降低身体的高度并移动双臂（用双臂来引导动作）。
- 遵循前脚（引导脚）优先的原则。
- 持球执行直接或交叉突破时，朝篮筐方向直线迈出较长较低的一步。减少横向移动的动作。
- 执行防守滑步时，可以使用推步技巧。使用滑动的移动方式，而不是跳跃，同时要保持双脚之间有足够大的距离。迈步和滑步，降低身体高度并保持足够宽的脚间距：推（后脚发力）、迈步（使用前脚）并滑动（滑动后脚恢复快速姿势）。
- 启动并直线移动。

**活球移动。** 对于接球后还没有执行运球的球员来说，他可以使用快速步移动，这称为活球移动：直接突破（到优势侧或主导侧）和交叉突破（到非优势侧或非主导侧）。完整的描述请参见本书第5章中的内容。以快速姿势开始，活球移动的目的是使持球的进攻球员通过运球突破快速通过防守球员。进攻球员先做一个较长较低且速度较快的迈步，向篮下直线移动以便通过外线的防守球员。从规则上讲，持球的进攻球员需要使自己的头部和肩膀通过防守球员的躯体，目的是在迈第一步时以不犯规的方式获得优势。接下来，进攻球员试图与防守球员在靠近臀部的位置接触，这样，运球突破穿过防守球员时能够保持位置上的优势，同时，还能迫使另一名防守球员过来进行协防，这样就创造了2打1的进攻优势。

## 快速转身和旋转

转身，或者称为旋转，是指球员在保持基本姿势或者快速姿势的同时以一只脚为轴转动身体（参见图1.10）。旋转时应该将身体重心的60%放在中枢脚上，轻抬旋转脚的脚后跟并绕脚掌进行旋转。进攻球员应该使用PPF和固定迈步脚，他们处于持球状态下时更是如此。

作为所有启动运动转换的基本技术，旋转或转身是非常重要的能够获得速度和平衡的方式。但同时它也是篮球运动中球员使用最少且掌握最差的技术之一。

可以使用任意一只脚作为旋转中枢来转动身体，但是持球时建议使用PPF。朝前转动身体时——绕中枢脚向前转动躯体——成为前转身（参见图1.11）。相反，后转身就是球员的背部向后转动（参见图1.12）。

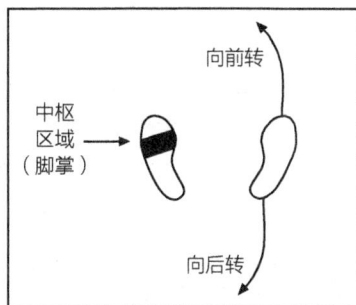

图1.10　旋转或转身：围绕旋转脚的脚掌转动身体

图1.11　右脚为轴——前转身：（a）启动姿势，（b）结束姿势

**要点提示：**

要达到快速转身的效果，需要保持头部处于水平位置，使用肘部来引导转身动作（后转身），直接强力转身或者使用肘部引导转身（前转身）。

图1.12 左脚为轴——后转身:(a)启动姿势以及(b)结束姿势

进攻球员必须学会执行有球及无球转身。持球球员被严密防守并且想要面向篮筐时,通常使用非主导脚后转身(作为PPF),尽管有些教练员更喜欢前转身的方式。防守时,球员从一个方向转换到另一个方向以及抢篮板球时,可首先执行转身动作,如图1.13所示。有时,这种移动方式被称为"摇摆步"(swing step)。

图1.13 防守篮板球:(a)前转身,(b)后转身,(c)通过身体接触阻止对手

## 急停

要想快速获得平衡并保持对身体的控制,球员必须能够使用快速姿势,准确快速地启动、快速移动(迈步、跑动、转身或者滑动)以及以平衡姿势急停。一次急停和两次跨步急停是两种得到广泛推荐的篮球基本停球方式。

**急停。**在大多数情况下,急停是一种被广泛使用的停止方式,它一般在跑动或者滑动动作的末尾执行。急停与跳步急停的概念并不相同(跳跃会延缓停止动作且具有较长的滞空时间）。跑动时，如果要急停，球员需要一只脚稍稍跳起并掠过地面，然后以平行或者略微错开的脚步落地（基本姿势或快速站姿；参见图1.14），落地时使用"软脚"（soft feet）落地方式。双脚同时接触地面：使用一只脚起跳并掠过地面，然后两只脚同时落地。

**快速转身的教学要点**

- 使用较低的基本姿势，保持头部处于水平且较低的位置，以便获得更快的速度。
- 使用迈步脚一侧的肘部引导转身动作（后转身）或者强力转身（前转身）。
- 保持双脚分开，与肩同宽，以便获得更好的平衡。
- 保持身体的平衡并抬头。
- 转身时尽量快速并准确。
- 以中枢脚为轴转动半圈（180度）；如果需要，可以转动更大的角度。
- 面对严密的防守时，可以使用后转身（创造空间）使自己面向篮筐。
- 持球时，可以使用前转身或后转身使自己面向篮筐。接球时和开始运球前（先选择传球，其次选择运球），首先接住球，再使用前转身或后转身使自己面向篮筐。

图1.14　急停：（a）一只脚起跳（左脚或右脚），（b）两脚落地

急停能够节省时间和空间，可以用于防守和进攻的过程中（有球或者无球）；它是对快速转身的补充，是身体控制和移动的基本技术之一。篮球运动的规则允许持球球员在急停后使用任意一只脚执行转身动作。这使球员能够在保证控制和平衡的基础上拥有更多的移动选择，还能防止球员选择了错误的中枢脚时身体跟随球移动的情况。急停非常重要，它能够使球员立即进入快速姿势，以便接到传球后执行投篮、传球或者运球的动作。急停落地时的要点，是双脚触地时要非常柔和（类似于体操运动中的下马动作），也就是落在整只脚上，同时稳稳地停住，但动作要轻柔并保持自己处于平衡的姿势。

**要点提示：**

急停：一只脚跳起，贴近地面并以快速姿势落地。

**跨步急停：** 跨步急停，如图1.15所示，是一种分次进行的停止动作，后脚落地（第一次），前脚立即向后方触地（第二次）。球员向前面跑动并需要反转方向时一般使用跨步急停的停止方式（技术更好的球员在其他一些情况中也能使用跨步急停）。在其他情况下，球员一般会使用急停的方式。执行跨步急停时，球员应该将身体重心保持在身体后部，置于后脚上。

## 急停与跨步急停的教学要点

- 跑动过程中，除了执行180度变向则使用跨步急停外，其余情况使用急停的停止方式。
- 执行急停时，双脚柔和地落地（整只脚同时着地）。
- 急停时，一只脚先起跳，然后双脚同时以快速姿势落地。执行时，保持双脚贴近地面。
- 执行跨步急停时，降低身体的高度并将身体重心放在后脚上。球员跨步急停后持球转身时，必须以后脚（先着地的脚）为中枢脚。
- 大多数时候，应该选择急停的停止技巧，尽管一些教练员更推崇快步急停的方式，即一只脚（后脚）稳定落地，使用迈步脚执行旋转动作。

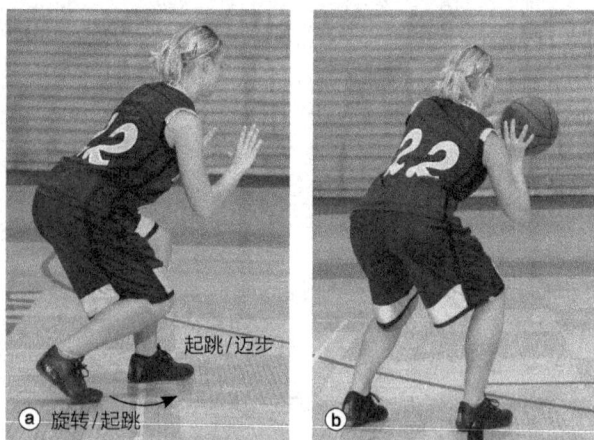

图1.15　跨步急停：（a）变向，（b）投篮时（起跳和旋转或者迈步-起跳移动）

## 快速起跳

跳跃是篮球运动中一种非常重要的技能。教练员们经常认为跳跃是一种与生俱来的能力，无法通过教学过程获得提高。事实却远非如此。

提高跳跃技术的基本原则包括保持快速姿势并随时准备起跳，这样能够保证在任何情况下都能快速起跳。提高腿部肌肉的力量也能够使球员跳得更高。教练员应该通过持续的训练来帮助球员增强腿部肌肉的力量，同时帮助球员提高他们的跳跃技巧。

　　跳跃后的落地方式决定了球员立即进行下一次起跳的速度和高度。最好的落地方式是以快速姿势落地且双脚分开以保证良好的平衡，这样，球员才能够进行有准备的再次起跳并获得良好的平衡和速度。球员最初学习使用双脚和双臂进行跳跃，这时是教授他们有关身体姿势和控制的最好时机。

　　接下来，我们将会介绍如何执行双脚起跳、快速起跳、单脚起跳，以及在比赛中使用这些起跳方式的时机。

## 双脚强行起跳

　　与移动中的单脚起跳相比，双脚起跳速度较慢，但是具有更好的稳定性。球员聚集在一起（例如争抢篮板球时）或者在严密的防守下强行上篮时，双脚起跳是最佳的跳跃方式。由平衡姿势双脚起跳速度较慢，但也非常稳固。强行起跳的跳跃位置如图1.16a所示，双臂随时准备向前和向上强力移动。

　　起跳前，起跳脚应该采用稳固的姿势（球员应该感觉自己的脚似乎是钉在了地面上一样），使腿部肌肉获得最大的收缩效果（例如急停和跳跃等）。

**要点提示：**
强行起跳——双手、双脚借助于手臂的摇摆的惯性以获得最大的力量。

图1.16　强行起跳执行2+2篮板球：（a）准备工作，（b）双手、双脚（双手高举并抓紧篮球），（c）落地时脚间距足够大

　　条件允许时，球员应该善于利用跑跳时产生的向前的惯性，在具有足够的时间和空间时，应该借助强力的起跳和向上挥动手臂来增加身体的动力。

　　绝大多数情况下，要想成功抢到篮板球，需要使用双脚强行起跳的方式。最优秀的篮板球球员在使用这种起跳方式时通常会双手和双脚并用——2+2篮板球。在教授这种技巧时，可以将两个关键点结合在一起进行讲解——跳起时高举双手并抓紧篮球（两只手完全伸展来迎球）以及双脚分开并稳固落地（双脚急停），参见图1.16中的b和c。

## 快速起跳

快速起跳是在节省时间和空间与保持身体姿势和控制之间最佳的折中方式。球员聚集、身体接触或者跳抢篮球时,可以使用快速起跳的方式。争抢篮板球时,通常会进行重复连续的快速起跳。在执行快速起跳之前,双手应该举过头顶,上臂几乎处于水平位置,前臂处于垂直位置。执行双脚起跳时结合使用双手(2+2起跳),不借助惯性而由快速姿势开始的起跳动作,参见图1.17和图1.18。

连续快速起跳的要点是借助环形移动来增加快速起跳时手臂的动力。由准备姿势开始(参见图1.17a),双手成环形,稍稍向下、向内,然后向上移动(参见图1.17b)。

图1.17 快速起跳:(a)高举双手,(b)双手向内环形移动来增加动力

图1.18 快速起跳争抢篮板球:(a)举起双手阻止对手,(b)以2+2方式争抢篮板球,(c)抓球并护球

### 单脚起跳

要在移动时获得最大的起跳高度，使用一只脚起跳是一个很有帮助的选择。球员应该学会如何执行单脚起跳，这样他们在执行带球上篮时就能朝着篮筐或者篮板位置跳得更高（向高处跳，而不是远距离横向跳跃）。执行单脚起跳时要注意使用正确的姿势，起跳脚需要保持稳固，抬起另一只脚或膝盖，尽量向高处跳，稳固起跳脚，另一条腿做出垂直向上而不是横向的跳跃。投篮手和同侧膝盖应该紧密配合，就像在一根绳子上一样，二者向上移动。

#### 起跳的教学要点

- 准备起跳：进入快速姿势，起跳并以快速姿势落地。
- 执行强行起跳和快速起跳，大多数时候，尤其是争抢篮板球时，使用双脚和双手一同向上移动的方式（2+2 起跳）。
- 无论何时，尽可能使用手部环形姿势的快速起跳方式，这样对后续的连续起跳非常有利。
- 想要获得足够的力量以及较好的平衡和控制时，可以使用双脚起跳的方式（2+2 篮板球）；要获得较大的速度和高度，可以使用单脚起跳的方式（带球上篮）。
- 时间允许时，可以借助向前跑动以及向上摇摆手臂时产生的动力。
- 执行跳投时，可以使用急停和快速起跳的方式。
- 要获得最大的起跳高度和速度，可以使用单脚起跳的跳跃方式。

#### 问题解答

学习和教授身体基本控制移动技术时，大多数问题出现在平衡和速度这两个方面，执行速度过快会导致失去平衡。开始学习时，球员应该先慢慢模仿教练的演示并获得移动时的正确感觉（即获得节奏感）。然后，他们可以不断提高执行速度，直到出现错误为止。球员应该知道并承认自己存在的错误，然后纠正这些错误并从中获得经验教训，最后再忘掉这些错误（即培养自己勇于犯错的心态）。

## 基本的身体控制练习

这些练习可以帮助球员提高并保持篮球运动中的基本运动姿势，例如快速姿势以及指导球员如何在篮球比赛中移动和急停。训练的理念是使球员在保持控制的前提下，能够平衡快速地移动。只有通过正确的技术训练，才能在比赛中获得提高并达到自己的目标。

## 快速姿势检验

**目的:** 提高对各种基本姿势的认知,能够快速进入并保持基本姿势。

**设施:** 半场场地(最低要求)。

**过程:** 球员在篮球场地上面向教练员分散站立,按照指导进入某种基本姿势(进攻或者防守快速姿势并随时待命)并保持这种姿势,教练员(或者搭档)在球员保持基本姿势时对其进行检验。球员进入快速姿势时需要保持快速敏捷的思维,对准备命令做出快速反应,还要知道快速姿势的外观以及如何进入并保持快速姿势。

### 教学要点

- 采取坐立站姿,头部位于膝盖后方。
- 将身体重心置于整只脚上,脚尖稍微向上。
- 降低臀部位置,挺胸,背部挺直。
- 使用防守快速姿势时,增加快速脚步动作。
- 使用防守快速姿势时,使球贴近身体来护球(或者想象中的球)。

## 镜前快速姿势检验

**目的:** 通过建立正确姿势的认知,对自己的姿势变换进行自我评估。

**设施:** 一面穿衣镜。

**过程:** 每名球员在镜子前面检验全部的姿势变换动作,每种姿势至少保持5秒钟(前视图和侧面视图)。如果没有镜子,也可以找一位搭档一同练习。

### 教学要点

- 教练员和球员需要将脑海中的目标想法与实际动作保持一致。
- 采取坐立站姿,头部位于膝盖后方。
- 将身体重心置于整只脚上,脚尖稍微向上。
- 降低臀部位置,挺胸,背部挺直。
- 使用防守快速姿势时,增加快速脚步动作。
- 使用防守快速姿势时,使球贴近身体来护球(或者想象中的球)。

## 综合快速移动练习

**目的:** 提高对各种基本姿势的认知,能够快速进入并保持基本姿势。

**设施:** 半场场地(最低要求)。

**过程:** 球员在篮球场地上面向教练员分散站立,按照指导进入某种基本姿势(进攻或者防守快速姿势并随时待命)并保持这种姿势,教练员(或者搭档)在球员保持基本姿势时对其进行检验。球员进入快速姿势时需要保持快速敏捷的思维,并对准备命令做出快速反应。

教练员需要对每名球员进入快速姿势以及执行快速姿势的技术要点(身体重心置于整只脚上、所有腿部和臂部关节弯曲、抬头并让头部居中、背部挺直以及挺胸）的能力进行评估。检验球员姿势的外观并通过推动球员的肩部区域（向前后左右四个方向）来检验他们的平衡能力。

球员根据教练的命令执行各种基本的快速移动动作。

**1. 活球直接移动和交叉移动**（准备工作、使用较长较低的步伐直接突破、移动、使用较长较低的步伐交叉突破、移动），如本书第7和第8页中的图1.8和1.9所示。

**活球直接移动和交叉移动的教学要点**

- 以三威胁姿势开始。
- 强调速度和平衡，减少不必要的运动。
- 使用较长较低的步伐通过想象中的防守球员。
- 采取直线进攻方式（朝篮筐），并与想象中的防守球员进行身体接触。
- 使用命令：直接突破、长并低、前进；交叉突破、抓紧（球）、长并低、前进。

**2. 快速起跳**（三次连续起跳）和强行起跳（命令为快速起跳姿势、跳；强行起跳姿势、跳），请参见本书第13和14页的图1.16到1.18。

**快速起跳的教学要点**

- 快速起跳时双手成环形姿势（保持手臂向上以及合适的肘部角度）。
- 快速起跳，落地时做好重复起跳的准备。
- 手臂下沉成环绕姿势；强行起跳时用手臂的伸展带动腿部的伸展。
- 命令：快速起跳姿势，跳。

练习强行起跳时，可以添加一个想象中的球以及2+2篮板球动作。向上跳起，双腿靠近，落地时保持足够大的双脚间距。

**3. 急停**：向右迈步（使用右脚）并执行急停动作（命令是移动），向左迈步（使用左脚）并执行急停动作（命令是移动）。请参见本书第11页的图1.14。

**急停的教学要点**

- 落地时稳固柔和。
- 一次落地（两只脚同时落地）。
- 以平衡的快速姿势落地。
- 命令：右脚迈步、移动；左脚迈步，移动。

重复半转身动作并增加转身速度，直到出现错误为止。

**4. 快速转身**（准备、前转身、移动并准备、后转身、移动）。参见本书第9页和第10页的图1.11和图1.12。

**快速转身的教学要点**

- 前转身——手部引导。
- 后转身——肘部引导。
- 降低头部高度并保持在水平位置。
- 命令：前转身、移动；后转身、移动。

## 列队练习：快速启动、迈步、转身和停止

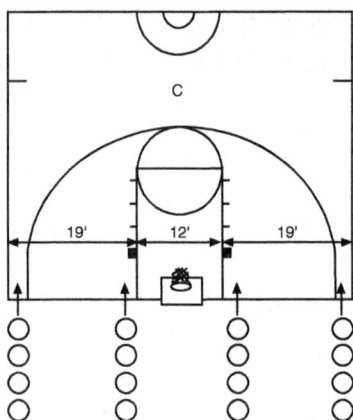

图1.19 列队训练：启动、迈步、转身和停止

**目的**：提高启动、转身和停止的技能。

**设施**：全场场地。

**过程**：将所有球员分成4个组，站在场地一侧的底线后面，教练员站在场地中间（参见图1.19）。教练负责喊动作选项，球员根据教练指令执行相应的动作。教练可以使用12~19英尺（3.7~5.8米）的罚球区做参考来指导球员领会进攻中的空间和时间概念。教练员与第一组球员一同启动；距离前面的球员15~18英尺（4.6~5.5米，最佳距离）时，下一组球员开始启动。各组之间的距离为15~18英尺（4.6~5.5米）。

**动作选项**

- 所有球员从快速姿势开始使用快速启动技巧。球员进入场上时，应该以快速姿势做好准备。
- 顿步：从一侧底线开始，移动到另一侧的底线，期间保持双手高举并使鞋底与地板发出摩擦声。善于利用地板，使之成为自己的优势；使用短小快速的步伐。
- 变速移动：快速启动后，交替进行两次或者三次快速和慢速移动。尽量快，并使用不同形式的步伐（避免保持同一种步伐模式）。
- 急停：在罚球线处、中场线以及对面的罚球线处执行急停动作。
- 快速转身：急停后执行完整的前转身和后转身（转两个半圈）。
- 余光慢跑：4名球员同时以半速慢跑，眼睛在注视远处篮筐的同时，使用眼角的余光与两侧的队员保持在同一条水平线上。
- 跨步急停并执行180度变向。
- 连续跨步急停：连续向前和向后移动，从底线到罚球线（跨步急停并转身），回到底线（转身），从底线到中场线（转身），回到罚球线，然后到对面的罚球线，回到中场线，然后到对面的底线（参见图1.20）。

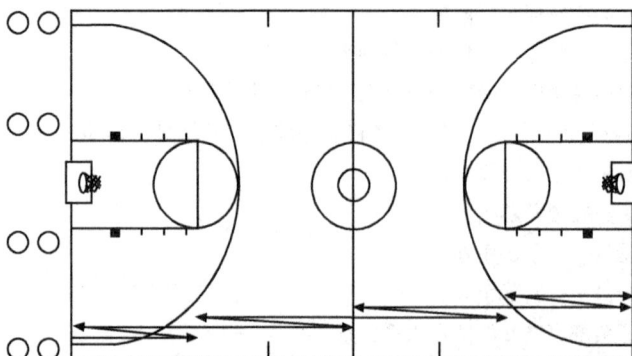

图1.20 连续跨步急停

- 间距慢跑（一种也可以用于变速移动中的更加高级的技术）：第一组4名球员听到命令后以自己的速度开始移动，与领导球员（通常是最左侧的球员）保持等距。距离前面的球员15~18英尺（4.6~5.5米）时（进攻球员之间比较合适的间距），队列中的下一个球员开始移动并始终与前面的球员保持这一距离。用于变速移动中时，间距慢跑是一项比较有挑战性的任务。4名球员从左至右保持在同一条直线上，并与前面的队列保持15~18英尺（4.6~5.5米）的间距。

教练员可以在球员处于任何急停姿势时叫停，让其保持姿势不动，以便检查球员的姿势是否正确，并对存在的错误进行纠正。球员可以模拟运球动作或者做无球疾跑（防守时）。如果使用防守急停，两只脚需要一直保持活跃状态。

教练员还可以进一步与球员进行哨声停止练习：4名球员先启动，每次听到短哨声时做跨步急停（或者急停）动作，然后返回并疾跑，直到下次哨声再次响起。第二组球员在第一组球员后，第二个哨声响时开始启动。一直持续这种练习，直到一名球员到达对面的底线并且所有球员都已上场训练过。这是一种非常好的练习方式。

**教学要点**

- 每个循环（往返）中都采用不同的移动方式。
- 每一个队列的第一名球员应该在底线处采取快速姿势站好，做好移动的准备。球员要按照教练的指导和命令采取相应的动作。
- 开始移动时，球员横向和纵向之间应该保持相等的距离。
- 除非另有指示，否则处于后面的一组应该在上一组到达罚球线附近（15~18英尺，即4.6~5.5米）时开始移动。
- 所有的组都移动到对面的底线处并重新整队，第一组采取快速姿势并准备返回。
- 回顾启动、迈步、停止以及转身的要点。

## 队列练习：快速起跳

**目的**：提高争抢篮板球和投篮时的跳跃技术。

**设施**：半场场地（最低要求）。

**过程**：4列球员站在底线处，教练员站在中场附近。可以在一次完成的往返循环中加入快速起跳的动作。第一波球员听到"前进"命令时从基本姿势开始快速向前移动。无论何时，教练做拇指向上的手势时，球员急停并快速起跳。在教练员再次做向前跑动的OK手势之前，队员需要在原地不断重复快速起跳的动作。前面的组再次向前跑动后，底线处的下一组开始从基本姿势向前跑动。不断以这种模式重复练习，直到所有的组全部到达对面的底线处为止。教练员必须始终位于球员的前面，这样所有的球员才能看到他做出的手势。可以选择分别在罚球线、中场线以及对面的罚球线处执行三次快速起跳的动作，也可以分别在罚球

**要点提示：**
手臂举起，双手高于腰部。

线、中场线、对面的罚球线以及对面的底线处做强行起跳抢篮板球以及颌下持球（双手持球置于颌下）的动作，每个全场可以执行4次这种动作。

**教学要点**

- 执行快速起跳时手部成环形姿势。
- 快速起跳，落地时做好再次起跳的准备。

## 列队练习：争抢篮板球时的起跳和转身

**目的**：提高争抢篮板球时的跳跃技术。

**设施**：每队一个篮球。

**过程**：每个队的第一名球员持球向前迈步。通过使用基本的起跳技巧，球员向前面高抛篮球，使用2+2的抢篮板球技巧抢球并置于颌下。以快速姿势落地时，球员的肘部应该抬高并朝外，以便保护篮球。接下来，执行后转身并迈步将球传给队列中的下一名球员。

**教学要点**

- 手臂成环形并下沉的姿势；强行起跳时，使用手臂的爆发移动来带动腿部的爆发。拿到球后将球置于颌下护球。
- 后转身：转身时以肘部引导，使用PPF的方式。
- 保持身体处于较低的水平位置。

## 列队练习：快速姿势、启动、迈步、起跳、转身和停止

**目的**：通过练习如何在正确的时间点上快速准确地执行所有技术来提高身体控制移动的能力。这是一种理想的时间热身训练方法。

**设施**：全场场地。

**过程**：球员分成3列或4列站在底线位置。教练员站在中场位置并做半场或者全场身体控制移动的命令。球员进入并保持快速姿势，在教练的指示下以较低的体位执行各种动作。教练员可以在训练过程中检查球员基本身体控制移动的能力。

**教学要点**

- 强调每种具体技术正确的技术要点。
- 使用进攻快速姿势执行各种动作。

## 列队练习：启动、停止和转身

**目的**：本练习的目的是通过全面的热身训练来提高快速姿势、快速启动、急停、快速转身以及无球传接球技术（训练的后期会加入篮球）。

**设施**：底线到罚球区顶点之间的区域。

**过程**：球员分成4列站在底线位置，每列至少有两名球员。听到"准备"命令时，每一列队的第一名球员踏入场地并进入无球快速进攻姿势（想象中的三

威胁姿势）。开始练习时，教练员需要喊出"直接突破""前进"或者"交叉突破""前进"的命令。第一名球员使用惯用手运两次球，模拟运球突破的动作（使用较长较低的步伐），然后执行急停动作（将球置于颌下并采用三威胁姿势）。接着执行后转身并模拟单手传球的动作（迈步并传球，执行比较夸张的跟随动作）。队列中的一下名球员采用快速姿势，双手置于每侧的肩膀附近，为想象中的传球提供两个目标。接下来，做双脚滞空、双手接球的动作（球和双脚都在空中），然后重复直接突破动作。然后教练再喊出交叉突破、运球和传球的命令。对于右手为惯用手的球员来说，移动时需要执行交叉突破到左侧、左手运球、急停、PPF后转身以及使用非惯用手做单手传球的动作。在教授和检验了传接球技术后，教练在训练中加入篮球并进一步练习启动、停止和转身的动作。使用非惯用手进行身体控制移动练习时，练习的数量应该是使用惯用手时的3倍。

**教学要点**

- 传球：双脚在地面上时传球；迈步传球；为特定目标快速传球；传球时使用夸张的跟随动作。
- 接球：双脚离地接球；接球时干净利落（双眼注视篮球，双手紧抓篮球）；接球时采用快速姿势。
- 强调启动、迈步、停止和转身时的技术要点。

# 第 2 章

# 高级身体控制

篮球运动的基本技术是成功的关键——其中包括学习如何进行无球跑动。

弗莱德·泰克斯·温特（Fred "Tex" Winter），
长期担任芝加哥公牛队和洛杉矶湖人队助理教练。

对教练员来说，最难的教学任务就是指导球员如何在不持球时进行移动（篮球运动的焦点）。进攻时，球员80%的时间都在进行无球跑动。

本章将讲述无球跑动时个人技术的重要性。很多教练员发现众多年轻球员在进攻时经常过多地被篮球所"吸引"，并总是想获得篮球（参见图2.1）。教练员必须花时间指导球员如何进行无球跑动，并在进攻时掌握足够的进攻距离和正确的进攻时机，这些与持球移动同样重要。教练员可以帮助球员，激励他们有目的地进行无球跑动，明白正确的距离和时机是团队进攻中成功的关键。

图2.1　篮球的位置和团队间距

## 无球跑动的概念

要有效地进行无球跑动，球员在场上必须掌握并牢记一些特定的基本技术。

- 保持机敏并牢记所有的移动都是以地面作为起点的。
- 移动时保持干净利落（移动动作明显）、平衡和速度。
- 要有目的地移动，掌握合适的距离和时机。球员必须注意队友的移动，并持续关注整个球队的进攻策略。
- 解读防守情形和球的位置。所有的个人移动都必须遵从整个球队的状况，并与篮球的移动和位置以及对手的防守情形息息相关。要通过移动到场上的无人区域使自己获得空位，以便接队友的传球。
- 在切入或者移动时，使用声音或手势与队友进行交流。球员在场上不能过多地进行语言上的交流。
- 获得空位或者外切。无球跑动的基本目的是让自己获得空位，以便接队友的传球。因此，比赛中要尽量让自己获得空位；如果无法获得空位，可以向外切。保持15~18英尺（4.6~5.5米）的距离（年轻球员需要保持12~15英尺，即3.6~4.6米的距离，高校球员或职业球员需要保持18~21英尺，即5.5~6.4米的距离）。
- 获得空位并采用完美的接球姿势——距离控球队友15~18英尺。理想情况下，这个距离也可以允许球员获得传球、投篮或者运球等多种选择。接球时面向篮筐，或者在接到球后通过转身（旋转）动作使自己面向篮筐。在指导前场进攻球员执行接球后面向篮筐的技巧时，可以遵循以下步骤：篮筐（眼看篮筐准备投篮，同时看到前面的地面）、低位（观察内线，寻找为低位队友传球的机会），以及行动（传球或者向篮下突破）。努力使球员养成在场上自动按顺序执行这些步骤的习惯。球员每次接到球后都应该选择篮筐–低位–行动（RPA）的步骤。

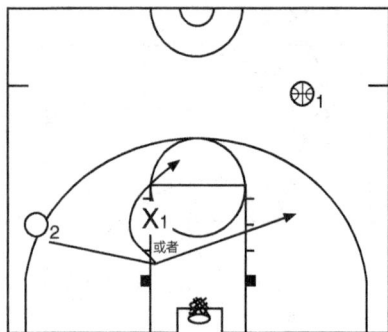

图2.2 摆脱防守球员（移动到防守球员的视线之外）

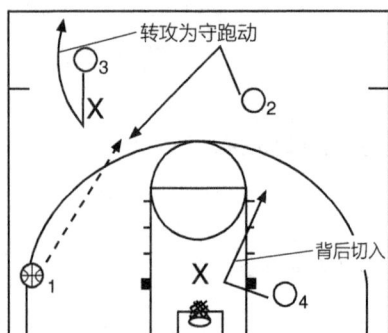

图2.3 迎球跑动（接传球-O₂）

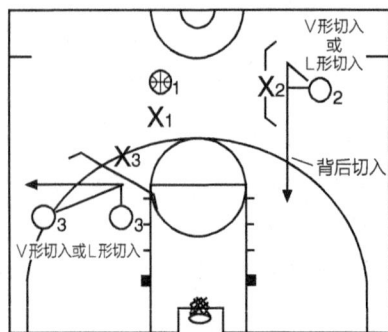

图2.4 靠近并获得空位。O₃向X₃处移动，然后快速执行V形切入或L形切入动作，获得空位并接队友传球。O₂朝试图阻止O₁传球的X₂移动，然后使用背后切入的方式移动到篮下

- 使自己成为演员：无球跑动是一种发生在进攻和防守球员之间的持续竞争方式。通过使用逼真的假动作让对手猜测你的下一步动作（对手需要一定的反应时间）来设置诱饵，以便迷惑防守球员。

- 摆脱防守球员：移动到防守球员的视线之外，并迫使他们执行转头动作。大多数防守球员都会背对篮筐并且眼睛注视在篮球上，因此进攻球员可以移动到防守球员后面的底线位置，使自己远离篮球（参见图2.2）。这个位置是完成切入的最佳位置，因为防守球员很难预测到你的移动位置。这种技巧在破解区域联防时特别有效，因为防守球员会将注意力放在篮球上。

- 迎球跑动。移动去接队友的传球时，球应该朝着传球方向迎球并保持空位状态，也可以在防守球员前面突然转攻为守跑动，或者在防守球员后面执行背后切入动作（参见图2.3），使自己先于防守球员抢到球。

- 靠近并获得空位。这种方式有悖于常规的思维方式，因为球员会错误地认为可以通过远离防守球员的方式使自己获得空位。实际上，靠近防守球员，然后快速离开获得空位的方式更加有效，如图2.4所示的O₂和O₃。这种有效的移动方式允许进攻球员先于防守球员执行某个动作，而防守球员还需要一定的反应时间，因此进攻球员的速度更快。有效的假动作V形切入或L形切入通常是一种由慢到快的移动方式。

- 应用所有这些概念时，保持适当的距离（除了切入或掩护之外，需15~18英尺，即4.6~5.5米），同时选择正确的移动时机（晚比早更好）。

## 基本的无球跑动或步伐

基本的无球跑动需要球员通过有欺骗性的假动作来迷惑防守球员。球员需要在开始时使用缓慢的动作并保证动作的规范性，然后不断加快速度，直到可以掌控比赛节奏。

## V形切入

特殊目的的切入或移动（快速步）还包括假动作切入或V形切入：能够形成
V形的基本执行或者变相切入。执行V形切入时，需要将身体重心放在与目标移
动方向相反的那只脚上（臀部下沉进入切入姿势），引导脚在前，使用另一只脚
执行迈步动作。例如，使用右脚蹬地发力，而左脚向左侧迈步。通常情况下，V
形的一侧是朝篮筐方向移动、远离篮筐或者朝防守球员移动。V形的另一侧是快
速变向切入以获得空位。初学者也可以在做假动作时使用短小的顿步（获得平
衡），然后以正确的角度快速发力迈步。在指导年轻球员执行V形切入动作获得
空位时，可以使用"假动作突破"（fake-and-break）这一
术语。V形移动的第一部分是朝篮筐或防守球员移动（假
动作）；执行这一动作时应该选择较慢的速度，然后快速
执行V形移动的最后部分（切入）以便获得空位。突破
时，双手朝移动的方向移动。球员设立掩护或者准备投
篮时，需要执行突破移动（使用双手示意队友自己处于
空位）。通常情况下，突破移动时朝球移动，但也可以是
朝着篮筐移动，如O₂面对X₂防守时执行的背后切入移动
（参见本书第24页的图2.4）。V形切入是一种以60~90度快
速变向的切入方式（角度为90度时，称为L形切入）。

背后切入是一种重要的移动方式——距离篮筐15~18
英尺（4.6~5.5米）——防守球员占据传球路径时使用，如
前面的图2.4所示。要执行这种移动，切入球员需要先靠
近获得空位，并执行由慢到快的V形切入或L形切入，直

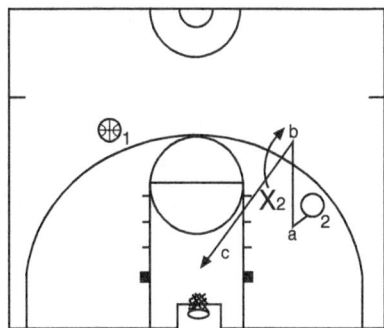

图2.5　背后切入：（a）执行V形切入获
得空位；（b）背后切入前吸引防守球员并
发出假动作的信号（外侧手握拳并向下）；
（c）背后切入到篮下，并用引导手示意队
友自己处于空位

接向篮下移动（切向篮筐），同时在做假动作时使用外侧手进行交流（手臂向下
并握拳），突破时则使用引导手与队友进行交流（张开手掌，手臂处于水平位
置）。图2.5对这种移动方式进行了清晰的描述：切入球员通过V形切入的方式从
内向外移动时，仍然处于对手的防守之下，切入球员需要通过假动作吸引防守球
员并示意队友将要做假动作，同时与传球队友保持15~18英尺（4.6~5.5米）的距
离以便在外线创造足够的空间，进而执行背后切入的动作。球员在做背后切入时
应该果断快速，并且永远不要做背后切入的假动作，因为这样通常会使传球队友
产生迷惑，进而导致丢球的发生。

**要点提示：**
永远不要做背后
切入的假动作。

**要点提示：**
执行切入动作时
用双手进行交流。

## 前切和后切

V形切入有很多种类型，球员已经将球传给队友并想切到篮下寻找接队友回
传球的机会，进而破解对方的防守时，可以使用这些类型的V形切入方式。传切
配合是最有价值的进攻移动方式之一。传切配合是篮球运动中最先发展出来的
两人进攻移动方式。它分为两种形式：广泛使用的前切，这种形式允许进攻球
员在防守球员前面接球（很好的得分位置），另一种形式是后切，这种形式能够

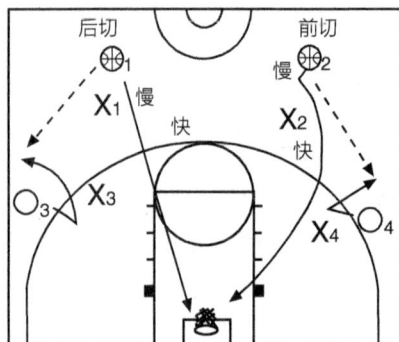

图2.6　前切和后切——传切配合

让进攻球员切到防守球员后面以便获得上篮优势（参见图2.6）。前切使用V形破解防守，而后切则是通过变速或者由慢到快的移动方式执行直接的直线切入。无论前切还是后切，都是朝着篮筐方向执行切入，并且结束于篮筐前面。执行切入时，前手或引导手置于前面成水平位置，以便向传球球员示意自己的意图（切入时使用手势进行交流），如图2.7所示。

图2.7　切入时使用手势进行交流：（a）前切，（b）后切

## 假动作移动

假动作移动是一种基本的移动方式，用于打乱防守球员的防守思路，例如分散防守球员的注意力，使其不能针对控球球员实施协防或包夹防守。让球员学会做各种迷惑性的假动作，可以使用欺骗性的眼神、夸张的身体动作以及其他视觉和听觉动作来误导防守球员。

## 投篮移动

进攻球队出手投篮且篮球位于空中时，每一名进攻球员都应该进入争抢篮板球的位置，或者根据自己的位置和角色准备执行防守任务。投篮之后，球员需要果断地做出决策，而不是站在原地观察篮球。观众才是观察篮球的人，而球员需要不停地跑动并总是做好投篮不中的准备，抢篮板球或者回防，在每次进攻中都做好自己的本职工作。

### 指派移动

指派移动是指在特定情况下，根据战术需要为单个球员指定某种移动切入动作。教练员可以为球员指派抢篮板球、跳球、界外球、罚球以及队形设置等任务。所有的球员必须在正确的时间快速准确地执行指派给自己的任务。这一点是非常重要的；距离和时间的掌握是跑动过程中两个基本的要素。

## 掩护跑动

通过设立和使用掩护使队友获得空位，进而执行传球或者突破，是一种无私的团队跑动方式，同时也是基本的个人进攻技术。中学生水平的球员才能学习如何设立和使用掩护（小学生水平的球员应该集中学习更多的基本的无球跑动和概念等方面的知识）。

### 掩护的类型

掩护可以按照以下几个方面进行分类：位置（有球掩护或者无球掩护）、使用类型［背后掩护（背对篮筐），在防守球员后面或盲区设立掩护和向下掩护（背对篮球），在掩护球员前面或侧面设立掩护］、用于掩护的身体接触类型（身前还是身后），参见图2.8。

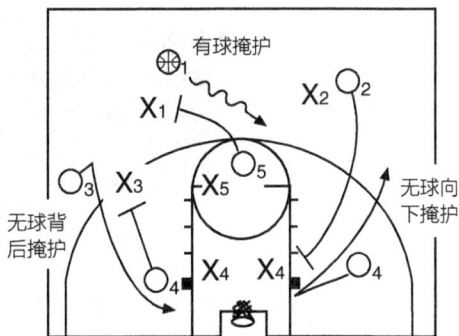

图2.8　掩护的类型

教练员应该培养出属于自己的有效的掩护理论：针对某个特定位置或者场上区域的掩护（位置掩护），或者针对防守球员的掩护（球员掩护）。对于进攻球员来说，球员掩护通常更为有效，但是这种方式也可能导致更多违规或非法掩护的发生。本书的作者更喜欢球员掩护，也就是掩护某个对手，而不是某个位置或者自己的队友。

### 设立掩护

设立掩护是一种基本的移动方式：球员应该执行声音较大、速度较快的急停动作，双脚分开并与肩同宽，双手置于掩护之外（参见图2.9）。应该在防守球员想要移动的路径的垂直方向设立掩护；掩护力量要足够大，使防守球员能够看到并听到掩护的存在。设立掩护的球员应该发出较大的声音、降低身体高度并使用合规的动作——执行急停动作后采用快速姿势——设立掩护以及与防守球员接触时能够被他人听到。球员应该降低身体高度，并做好与对手进行身体接触的准备。合规的掩护动作包括使用正确的姿势以及合规的手部动作。向下掩护可以身贴身设立，但是背后掩护会给防守球员留出至少一步的变向空间。为了避免违规的手部接触动作，球员应该用一只手紧握另一只手的手腕（通常是投篮手，以便起到保护作用），并将双手置于身体前面的关键部位。对方防守能力比较强时，切入球员通常会被阻挡，而掩护球员却能在对方执行换防或者协防时获得空位机会。

还存在其他几种掩护方式。防守球员比较分散时，可以使用向下掩护（朝向篮筐）；防守压力较大或者防守球员实施密集防守时，可以使用背后掩护（远离篮筐）；防守球员密集站在内线时，可以使用向外掩护（远离球和篮筐）。需要随时做好与防守球员进行身体接触以便对其进行阻挡的准备。球员还应该通过手势或声音信号提醒队友掩护的存在。

图2.9　身前掩护：使用声音较大且脚间距较宽的急停动作，保持手臂位于掩护之外。（a）男子球员用手紧握投篮手的手腕并置于腹股沟区域上；（b）女子球员手臂交叉置于胸部区域上

## 使用掩护

难度最高的掩护技巧是通过执行朝篮筐方向移动的V形切入（参见图2.10）来吸引防守球员进入到掩护中。一个重要的要素是要耐心等待掩护的设立：教练员应该指导切入球员耐心等待，只有设立掩护的球员喊"前进"后才开始执行V形切入动作。这种移动当时被贡萨加大学（Gonzaga University）的汤米·劳埃德（Tommy Lloyd）所推崇。但是很多其他教练员则坚持另一种方式，即切入球员在执行切入动作前应抓住掩护球员的球衣或身体，这些技巧能够迫使切入球员等待并观察掩护的形成。

　　球员执行切入动作时应该尽量靠近掩护球员，以便使自己与其进行肩部接触。远离篮球执行掩护时，球员通过掩护时应该降低身体高度并将双手举起准备接球。进攻球员进行突破，通过掩护球员时应该双手上扬。在有效的掩护战术中，时间掌控是一个非常关键的因素：球员在执行移动动作前，必须先等待掩护被完全设立，并观察防守球员的位置，以便做出正确的反切动作。

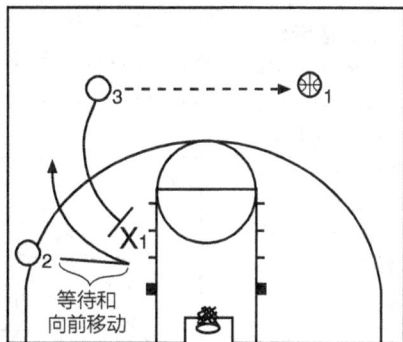

图 2.10　使用掩护。$O_2$ 执行 V 形切入前需要等待

　　对于设立和使用掩护的两名球员来说，他们都有得分的机会。切入球员在等待时观察防守球员的位置，然后执行相应的切入动作使自己获得空位。例如，如果防守球员试图通过掩护，那么掩护球员可以相应地向外切（执行外线投篮）。这样，切入球员可以获得内线低位投篮得分的机会，而掩护球员则可以在外线高位投篮得分。防守球员不够果断或者技术不成熟时，切入球员通常会获得空位。当防守球员的防守能力比较优秀时，掩护球员则更容易获得空位并投篮得分。

## 有球掩护

　　挡拆配合是一种基本的二人配合战术，所有阶段球员都能够使用。犹他爵士队的卡尔·马龙（Karl Malone）和约翰·斯托克顿（John Stockton）的内外线配合造就了篮球史上最经典的挡拆战术示例。当掩护的对象是持球球员时，可以使用挡拆战术。使用有效的挡拆战术且防守球员没有换防时，运球球员会获得投篮空位（运球突破上篮或定点跳投），如图 2.11 所示。顺序是 $O_1$ 执行 V 形切入获得空位时，$O_2$ 传球并针对防守球员 $X_1$ 设立掩护（快速跳过去设立掩护）。这种情况下，$X_1$ 试图摆脱掩护（防守球员没有换防的情况下）却被对手阻挡，而 $O_1$ 可以获得空位并投篮（带球上篮或者定点投篮）。

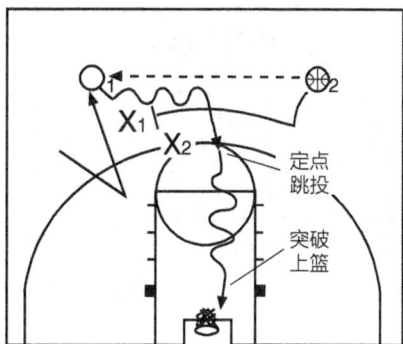

图 2.11　挡拆配合——防守球员原地不动（没有进行换防）

　　为控球球员设立掩护且防守球员执行换防时，设立掩护的球员则可以拆到篮下并获得空位。针对掩护球员执行的挡拆配合如图 2.12 所示。控球球员使用掩护时，掩护球员向后转身半圈并朝向篮下滑动，使自己位于控球球员和最初的防守球员 $X_1$ 之间。掩护球员使用合适的后转身动作，以便将篮球一直纳入自己的视线范围内。控球球员至少运球两次通过掩护，并吸引换防的防守球员 $X_2$（运球吸引），然后传球（通常使用击地传球的方式）给拆到篮下的掩护球员。在这种情况下，掩护球员应该执行"挡拆后外切"（pick and pop）动作——向外面移动接队友的回传球并执行外线投篮。

　　对于所有的掩护战术来说，如果掩护被有效地设立，那么都存在两个得分机会：如果防守球员没有执行换防，那么非掩护球员会获得空位；如果防守球员执行换防，那么掩护球员就会获得空位。对于水平较高的球员来说，应该指导他们努力寻找这两种得分机会。

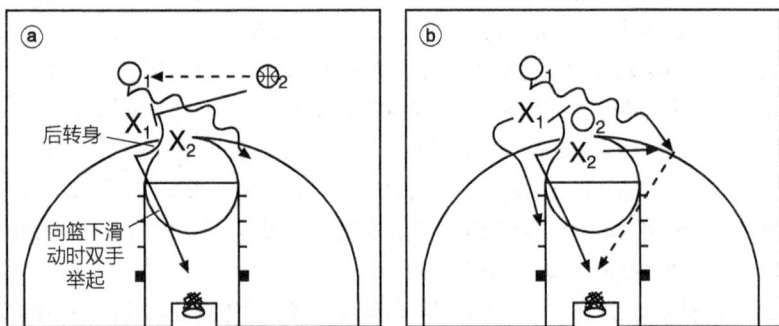

图2.12　挡拆配合——防守球员换防：（a）掩护站好位置并用左脚进行后转身，同时运球球员利用运球切入越过掩护球员，（b）向前传球给掩护球员并推进到篮下

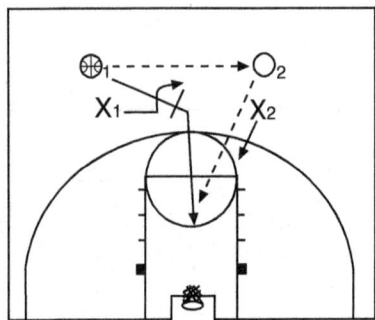

图2.13　滑动掩护

在两人掩护战术中，另一个比较高级的选择是防守球员在掩护设立的早期执行换防时，掩护球员滑动掩护或执行掩护假动作，然后切到篮下。这种有球掩护的方式如图2.13所示。

### 无球掩护

这是一种远离篮球设立掩护的方式，由常规掩护中的两名球员外加一名传球球员共同执行。无球掩护可以按照切入球员针对防守球员破解掩护所采取的措施进行分类。

- 掩护球员试图通过掩护时（参见图2.14）可以使用弹切（pop cut）的移动方式。$O_1$传球给$O_2$，并针对离球较远、防守$O_3$的防守球员$X_3$设立掩护。如果防守方不进行换防，那么$O_3$会获得外线投篮空位（第一种选择）。如果$X_1$执行换防，那么掩护球员$O_1$可以在对方进行换防时闪切到球侧并执行内线投篮（第二种选择）。通过掩护时，球员之间应该通过举起双手的方式与队友进行交流，示意队友自己即将执行切入动作。
- 防守球员绕过掩护跟随切入球员进行防守时，可以使用曲线切入（curl cut）的移动方式（参见图2.15）。在第一个选择中，防守球员原地不动，切入球员获得内线投篮空位（曲线切到篮下）。如果防守球员换防，那么掩护球员$O_1$就会切到球侧并获得外线投篮空位（第二个选择）。前波士顿凯尔特人球员及名人堂球员拉里·伯德（Larry Bird）完美地演绎了这种掩护切入方式。绕过掩护时，球员应该用向前移动的内侧手（引导手）与队友进行交流。

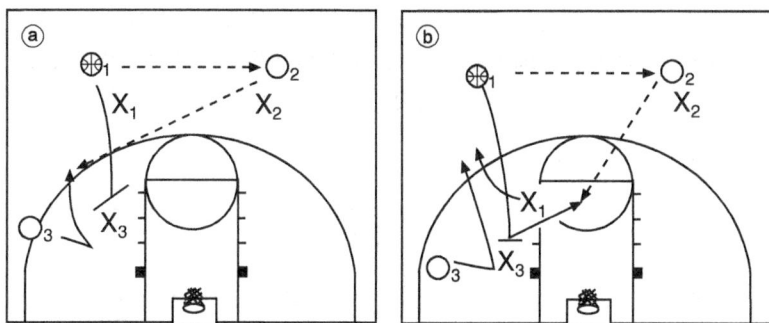

图2.14　弹切：（a）没有执行换防，（b）执行换防

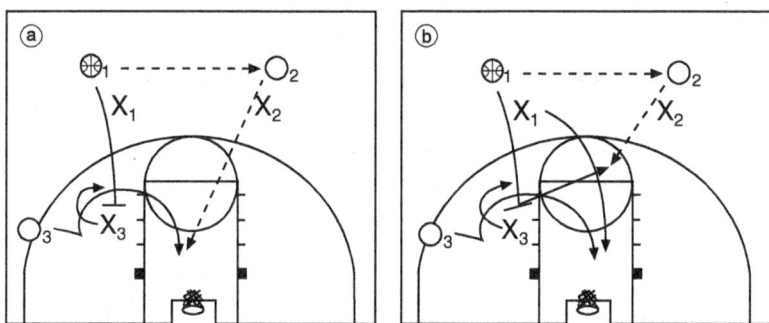

图2.15　曲线切入：（a）没有换防，（b）执行换防

- 防守球员预测到进攻球员要执行弹切动作时，可以使用闪切（flare cut或 fade cut）的移动方式（参见图2.16）。如果防守球员原地不动（没有执行 换防），那么切入球员可以远离篮球闪切到外线获得空位机会（第一种选 择）。切入球员执行闪切远离掩护球员时，掩护球员可以重新设立掩护， 以便将防守球员阻挡在内线区域。如果防守球员执行换防，那么掩护球员 可以向内闪切（滑动）到球侧，以便在内线获得空位机会。切入球员执行 U形切入（闪切）时可以使用双手向上摆动的方式示意队友。

- 切入球员执行弹切动作而防守球员通过了掩护时（参见图2.17），可以使 用背后切入（back cut）的移动方式。在第一个选择中（没有换防），切 入球员执行弹切动作，但是被对方阻挡，然后使用O₁的背部掩护切到篮 下。切入球员的移动顺序是切到篮下（向内）、弹切（向外），然后再切 到篮下（向内）。对方没有执行换防时，切入球员移动到篮下执行内线投 篮。在第二个选择中（执行换防），掩护球员O₁在对方执行换防时向外闪 切到球侧获得投篮机会。切入球员执行向外切入动作时，使用外侧手握 拳并下垂的方式与队友进行交流。背后切入也可以在不使用弹切移动方 式的情况下单独使用：切入球员在朝掩护移动时等待一段时间，防守球 员预测到对方的弹切动作，并没有理会掩护的存在（参见图2.18）。掩护

**要点提示：**

执行后切时，永 远不要做后切的 假动作。

球员喊"前进"时，切入球员快速朝篮筐执行背后切入的动作，并使用前手示意队友自己的上篮意图。对方执行换防时，掩护球员可以滑动切到罚球线区域。有一点非常重要，那就是要提醒球员永远不要执行背后切入的假动作。

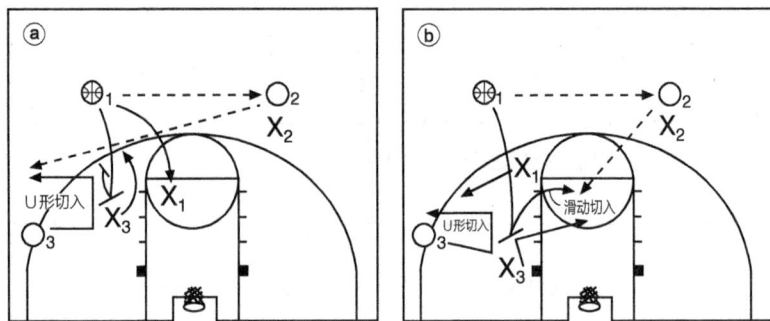

图2.16 闪切：(a) 没有换防，(b) 执行换防

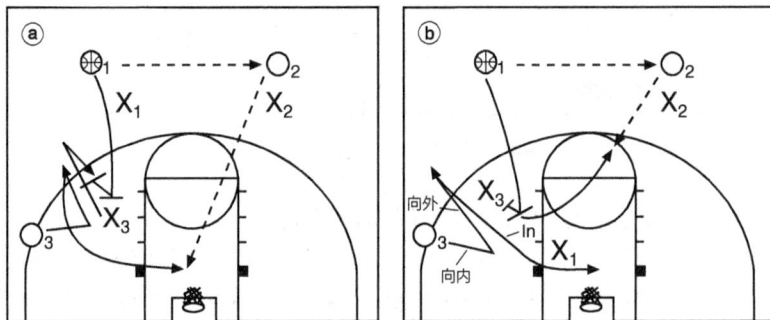

图2.17 背后切入：(a) 没有换防，(b) 执行换防

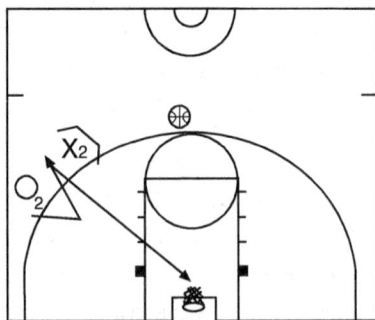

图2.18 快速向后切入

## 无球跑动的教学要点

- 移动时将地面作为动作执行的起点。
- 移动时要果断。
- 要带着目的移动。
- 解读防守球员和球的位置并相应地做出反应。
- 努力获得空位或者向外移动，不要原地不动。
- 了解并使用完美的接球位置（到球的距离为 15~18 英尺，即 4.6~5.5 米）。
- 善于表演；占据主动并使用具有逼真的假动作。
- 摆脱防守球员。
- 朝着球跑动（迎球）。
- 靠近获得空位。
- 设立掩护时提示队友。
- 设立掩护时使用较大的声音并降低身体高度，设立合规掩护；以快速的跳跃姿势设立掩护。
- 在防守球员的移动路线上以合适的角度阻挡或者设立掩护。
- 使用掩护时，等待队友的"前进"信号，使用 V 形切入或者快速向掩护球员移动，使自己擦过掩护（肩并肩或者适当的身体接触）。
- 挡拆配合以及有球掩护的两个选择。
- 无球掩护切入方式：弹切、曲线切入、闪切和背后切入。
- 每种掩护的两个得分选择：切入球员和掩护球员。
- 执行背后切入；永远不要做背后切入的假动作。

## 问题解答

　　进行无球跑动时，对距离和时间的掌握非常关键，这种移动被认为是一种需要顾及全局的移动方式，是一种比较高级并且实施起来比较困难的移动，需要耐心和对细节的关注。对于大多数无球跑动来说，执行得晚一些比过早取得的效果会更好，尤其是执行切入移动时。

　　无球球员出现失误时，会导致整个移动过程出现失误。球员需要注意及时复位，需要时向队友寻求帮助，完成一个动作后立即进入下一个姿势，以便为下一步动作做准备。在进攻过程中更是如此，因为这时的每个错误都可能导致丢球。球员应该努力避免在一件事上犯两次错误，并学习从错误中获得经验和教训。错误也能够提高学习效果，学会对错误进行分析然后改正并忘记，使自己以后不再出现同样的错误。

# 无球跑动练习

　　这些练习的目的，是指导球员如何进行无球跑动中大多数具有挑战性的移动方式。尽管球员更倾向于提高自己的控球技能，而对无球跑动练习并不热心。

## 列队练习：无球跑动

**目的：** 通过模拟基本的无球跑动，指导学员如何执行这些动作。

**设施：** 半场场地（最低要求）。

**过程：** 球员在底线位置分成4个练习队列。每个队列的第一名球员向场上做无球跑动，想象球就位于场地的中央（参见图2.19）。

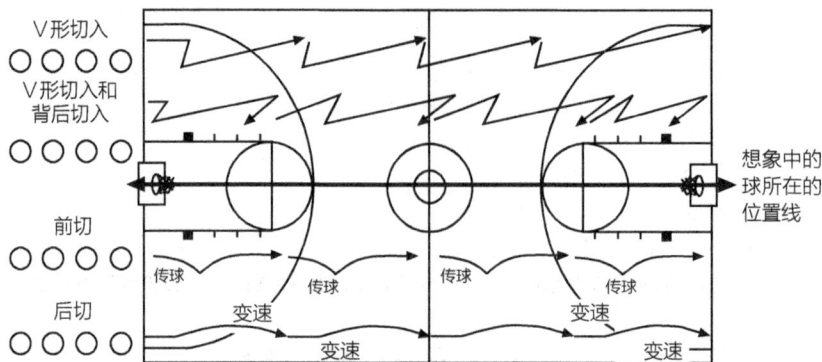

图2.19 队列练习：无球V形切入、无球背后切入、无球前切和无球后切

### 选择

- V形切入获得空位（朝篮下以及篮球切入或者朝防守球员和篮球切入）：重复执行V形切入动作，然后急停并模拟接球动作，以这种形式走完全场。切入时双手向上进行交流。
- V形切入获得空位，然后执行背后切入：球员应该使用合适的步法和手部动作。使用双手进行交流——获得空位时举起双手，背后切入时外侧手向下握拳并贴近身体。
- 前切：向场地中央模拟传球动作，然后执行前切动作（V形切入，慢速离开并快速切到球侧），并在罚球线和中场线处执行急停动作。使用内侧手交叉并向上的动作进行交流。
- 后切：向场地中央模拟传球动作，然后执行后切动作（变速，由慢到快），并在罚球线和中场线处执行急停动作。使用双手向上或者前手向前的动作进行交流。

在每个罚球线和中场线位置执行急停动作。每次完成急停动作后，球员应该使用接球–面向篮筐的移动方式（首先急停，然后执行转身动作面向篮筐并观察全场局势）挑战想象中存在的防守球员。

## V形切入练习

**目的：** 指导球员在2打0和2打2的情况下执行基本的无球跑动动作。

**设施：** 每组一个篮球和一个篮筐。

过程：这个练习需要将球员分成两个队列，一列由后卫或者组织后卫组成，站在前面，另一列由前锋或者翼部球员组成，站在一侧（即两个外线球员组成的队列）。

选择：

- 一名前锋V形切入获得空位（假动作并突破），接到后卫的传球后，使用接球并面向篮筐的移动动作。
- 后卫球员可以向篮下执行前切或者后切的动作并接前锋传回来的球，然后移动到V形切入路线的末尾（传球配合），或者前锋可以持球向篮下运球突破（参见图2.20a）。
- 前锋执行抢篮板球的动作并将球传给队列中的下一名后卫，然后移动到后卫队列的末尾。
- 图2.20b中显示了前锋球员在后卫球员运球移动时执行背后切入（高级技术）。控球球员朝防守球员运球，并示意自己将执行背后切入，接球球员则通过外侧手向下的动作示意自己的切入动作。前锋球员应该在三分线外执行背后切入；使防守球员分散并执行背后切入。

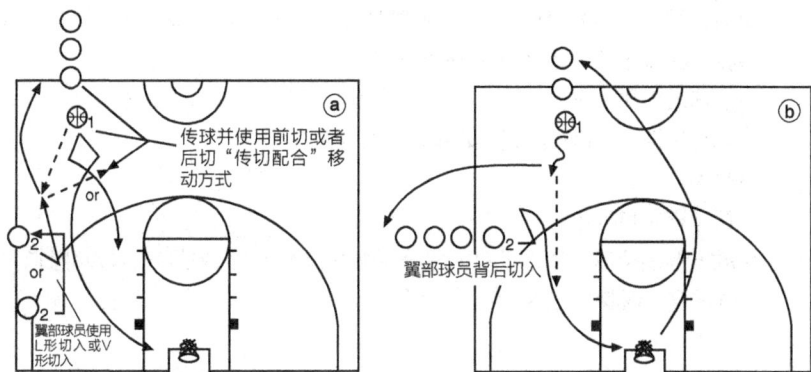

图2.20（a）　V形切入练习。（b）选择背后切入。$O_2$通过外侧手向下的动作示意自己将要执行V形切入动作

前锋球员执行V形切入时，可以使用向篮下移动的假动作并突破获得空位，也可以朝想象中的防守球员移动（L形切入）。达到比较满意的水平后，可以增加两名防守球员并执行2打2练习。练习时使用双手手势进行交流（参见图2.21）。

## 挡拆配合练习

目的：指导球员进行有球掩护和切入动作。

设施：每组一个篮球和一个篮筐（需要4组或4组以上球员参与）。

过程：两列外线球员，距离15~18英尺（4.6~5.5米）站立，使用掩护传球模式并阻挡防守控球球员的防守球员。步骤如下。

图2.21 切入时使用双手进行交流:(a)执行V形切入获得空位,(b)前切或后切"传切配合"(引导手)

- 2打0:选择切入球员(运球球员)得分或者掩护球员得分(拆到外线投篮或者阻挡后外切)。
- 2对2:防守球员原地不动(掩护球员得分),或者防守球员执行换防(拆到外线投篮得分或者阻挡后外切)。
  - 活球进攻和防守。
  - 球员轮换:到达对面底线处双方交换角色。
- 3打3:
  - 活球进攻和防守。
  - 胜方继续持球(如果进攻方得分则继续持球);如果防守方成功阻挡对方进攻,则双方交换角色。

### 3打0移动练习

**目的:**指导球员在无球掩护时选择两种得分方式;双球投篮。

**设施:**每组两个篮球一个篮筐,6名球员最佳。两名传球者(教练员或者球队的助理)。

**过程:**教练员先确定切入方式,切入球员喊出切入动作,然后加入两名防守球员,掩护球员或者切入球员必须解读防守球员的意图并执行切入动作,同时喊出切入方式(参见图2.22)。

### 3打3移动掩护练习

**目的:**指导球员在做无球掩护时选择掩护和切入方式。

**设施:**每组一个篮球和一个篮筐(6名或者更多球员)。教练员可以使用两个篮球分别为两种得分方式进行传球。

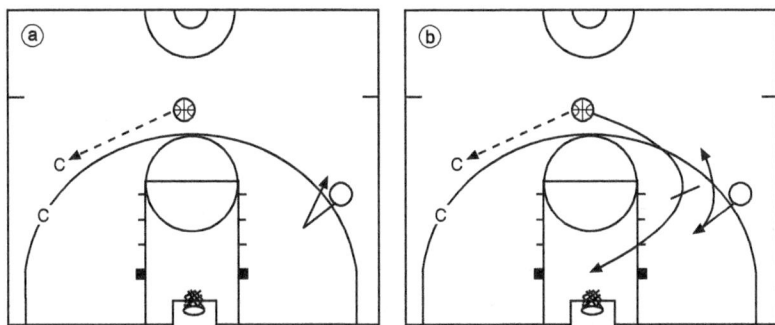

图2.22 3打0移动练习：（a）基本设置，（b）传球并执行无球掩护

**过程**：三列外线球员彼此距离15~18英尺（4.6~5.5米）站立，选择使用传球以及无球掩护的方式：弹切、曲线切入、闪切和背后切入。步骤如下所示。

* 3打0：
  - 弹切（切入球员向外切，掩护球员向内切入或者滑动）。
  - 曲线切入（切入球员向内曲线切入，掩护球员向外切）。
  - 闪切（切入球员向外执行U形切入，掩护球员向内滑动）。
  - 背后切入：（切入球员向内切，掩护球员向外切）。
* 3打3：
  - 防守球员原地不动（切入球员选择得分）。
  - 防守球员换防（掩护球员选择得分）。
  - 活球进攻和防守。
  - 胜方继续持球（进攻方得分后继续持球）。

**教学要点**

* 队友发出信号后快速设立掩护。
* 切入球员等待掩护完全设立（听到队友喊"前进"再移动）。
* 设置掩护时使用较大的声音并降低身体高度，设立合法掩护。
* 执行切入动作时使用双手示意队友，执行左右切入动作时都喊出相应的口令。
* 每次设立掩护时都存在两种得分选择。

# 第 3 章

# 控球

传接球是整个球队的进攻技术，而运球则是个人的进攻技术；因此传球应该是基本的进攻武器。

拉尔夫·米勒（Ralph Miller），名人堂教练

**控** 球包含所有持球进攻移动——传球、接球、运球、投篮、单人移动以及篮板球。在本章的讨论中，控球仅包括传球、接球以及运球的相关技术。

进行传球、运球以及投篮时，手臂的运动机制几乎都是相同的——每种技术的胳膊和手的运动都是相同的。传接球是最重要的个人有球进攻基本技术。投篮可以被视为向篮筐传球，而传球也可以被视为向接球队友进行的投篮。同样，可以将运球当成是对地面的传球，运球是次重要的进攻武器，不能错用，也不能过多地运球，这也是大多数球员容易出现的错误。球员应该首先选择传球，最后才选择运球。

为了提高控球技术中的平衡能力，还有一点非常重要，那就是要同时提高主导手和非主导手的控球能力。对球员来说，弱手运球的练习量应该是强手练习量的两倍或者三倍。

快速进入三威胁姿势（进攻快速姿势）——球员可以从这种姿势开始选择投篮、传球或者运球动作——应该成为一种自动进行的习惯性动作（参见图3.1）。处于三威胁姿势时，持球员应该使球贴近身体来护球（使球靠近腋窝位置，防止球被防守球员抢断）。球员应该努力不让球离身体太远；需要保持紧密的比赛节奏。这个保护区域也被称为"投篮口袋"（shooting pocket）即最佳投篮点。球员应该坚持使用接球并持球面向篮筐的动作：接球，采用三威胁姿势，然后转身面向篮筐，使自己看到整个前场的局势（尤其注意是否存在处于空位的队友，以便为其传球）。采用快速平衡的进攻快速姿势。球员必须果断做出决策，以最高速度移动的同时要保证对身体有良好的控制，时刻准备好传球或接球，然后才是运球。持球队员应该首先寻找向队友传球的机会（除非自己处于投篮范围内并有机会投篮得分），然后才选择自己运球，运球是转移球的最后一个选项。要在跑动过程中获得速度和平衡，应该采用传球优先于运球的基本理念。

**要点提示：**
练习控球技术时（传球、运球），非主导手的练习量应该是主导手练习量的两倍或者三倍。

图3.1 三威胁姿势（持球进攻快速姿势）：(a)侧视图，(b)前视图

# 传球和接球

传球和接球是最容易被忽视的两种篮球基本技术。为了成功地进行团队进攻，球员必须提高这些技术。在主攻得分中，有效的传球和接球能够衡量团队协作的水平，同时也是在进攻中控制比赛节奏的重要工具。对于团队进攻效率来说，一个重要的衡量标准就是将助攻得分（团队传接球）的数量与运球突破得分（个人技术）的数量进行比较。团队得分应该始终高于个人得分。

具备优秀传接球技术的球员通常都能成为球队的核心成员。在篮球教学中，良好的传球能够减轻防守压力并能破解对方的防守。因为传球是最快的转移球方式，并能更轻松地破解对方的防守，所以应该成为最基本的进攻方式。这种方式能够保证较高的速度和较好的平衡性。

"魔术师"埃尔文·约翰逊（Earvin Johnson）在大学和NBA比赛中都曾带领球员获得冠军，这也使他成为篮球运动历史上最优秀的传球球员之一。约翰·斯托克顿（John Stockton）以同样的方式在20世纪90年代带领犹他爵士队取得了非凡的成绩。菲尼克斯太阳队的史蒂夫·纳什（Steve Nash）则是当今篮球运动中最优秀的传球球员之一。

让球员相信传接球是基本的团队进攻战术，是实现进攻目标最有效的方式——快速转移球以便将球传给处于空位中的队友，创造得分机会。

# 传球原则

球员在运球前应该先寻找传球机会。接球时，应该遵从篮筐–低位–行动（rim-post-action，RPA）的原则。球员在自己的投篮范围内接到球后，应该进行接球并面向篮筐的动作，寻找投篮机会（篮筐）、将球传给内线的低位球员（低位），然后开始移动球（行动）。球员接到球后的第一本能是运球；要克服这种本能，需要不断强调投篮和传球动作。因为运球是一种个人技术，每次球员接到球后都会自然地进行练习，所以自然而然地就得到了提高。

只有教练员将所有与传球有关的技术教给球员，球员才能获得良好的传球技术。

- 双脚置于地面：大多数情况下，传球时双脚要置于地面上。使用快速步传球（使用迈步脚）以便获得更大的速度。
- 速度：传球时必须将球快速传出（在防守球员反应过来前）。传球动作应该清脆利落，但是力量不能过大或者太小。为了增加传球时的力量，通常会朝传球方向快速迈一步。球被快速传出时，接球时会发出"砰"的声音。传球力量过大时，接球时会发出很大的声音；传球力量太小时，则接球时不会发出任何声音。传球时的第一个准则是使其发出"砰"的声音（清脆利落地传球，力量不能过大或过小）。这种理念被长期担任芝加哥公牛队和洛杉矶湖人队的助理教练弗莱德·泰克斯·温特（Fred "Tex"

Winter）广为推崇。

- 目标：每一次传球时必须将球准确地传到目标位置（通常是远离防守球员）。接球球员通常会举起距离防守球员较远的那只手给传球队友作为传球目标；接球时，应该将双手举起，一只为队友的传球目标手，另一只举起的手臂用来封阻防守球员（参见图3.2）。
- 时间：球必须在接球球员处于空位状态时传出去，不能提前或者拖后。在正确的时间点上传球并发出"砰"的声音。在学习传球的过程中，可以进行夸张一些的跟随动作。
- 假动作：传球球员必须使用具有欺骗性的假动作来迷惑防守球员，因为后者一直在观察传球球员（尤其是眼神）并试图预测传球路线。传球者确定传球目标时，使用假动作，并将全场局势纳入到视线范围内。

图 3.2　获得空位：保持双臂举起姿势

- 通过迎球或者朝球移动的方式缩短传球路线（向外突然切出时除外）。

传球球员应该将所有的队友以及防守球员纳入到自己的视线范围中（在前场看篮筐，在后场看篮网），关注潜在的接球队友，但是不能一直盯着他。最佳方式是持球时以三威胁姿势观察全场局势（广泛注视）。接球时，如果处于空位（接球后面向篮筐）并且在自己的投篮范围内，球员应该准备投篮；如果没有投篮条件，则应该先尝试将球传给正处于空位的队友，然后再考虑自己运球（篮筐–低位–行动）。

球员必须学会无私地将球传给处于空位的球员。控球球员也可以在运球突破后传球（突破–分球）；他们可以运球移动并将球传给处于空位的队友使其投篮得分，以此来创造助攻机会。球员进行传球时，应该选择最简单直接的传球方式，使球穿过防守球员。指导球员不要抱着赌博的心态传球，传球时要运用智慧，而不能自以为是。大多数时间，球员进行运球突破时，在突破的末尾会首先进行急停动作，然后再将球传出去。传球时应该遵循双脚以地面作为起点并进行迈步动作的原则。贡萨加大学以及犹他爵士队的全明星球员约翰·斯托克顿就是通过简单直接的传球方式（即简单战术）一直保持NBA的助攻记录。

重要的传球原则有：

- 传球时双脚以地面作为起点（使用迈步脚）；
- 在正确的时间点上将球传到目标位置；
- 在正确的时间点传球，使球发出"砰"的声音（清脆利落）；
- 传球时使用假动作。

## 选择正确的传球方式

最快速的传球方式是空中直线传球。简单的几何原理（两点之间线段最短）证明了空中直线传球比吊传或者击地传球更快，如图3.3所示。因此，空中直线

**要点提示：**

在正确的时间点上将球传到目标位置。

**要点提示：**

传球时球速不能太快或者太慢，应该使球被接到时发出"砰"的声音。

**要点提示：**

使用简单直接的传球方式。

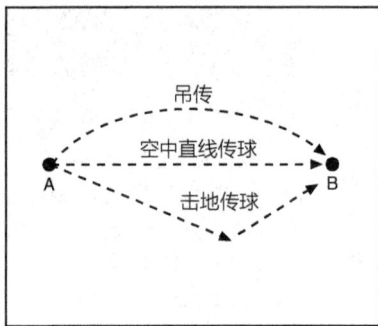

图3.3 传球类型以及它们的运行路线和距离

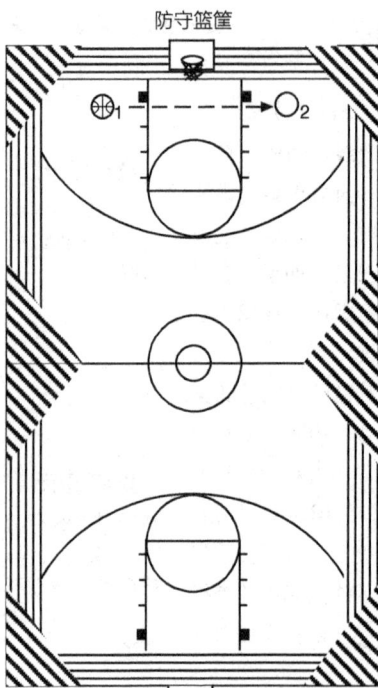

图3.4 传球或者接球的危险区域

传球是基本的传球方式。所有围绕防守进行的外线传球都应该使用空中直线传球这一方式。

吊传仅用于为进行快速突破的队友进行传球的情况，因为这种传球方式能够使他们跑动接球；或者队友进行低位战术时被对手挤到前面；或者当吊传是能够使球穿过防守球员的最佳方式时，都可以使用吊传。吊传是一种速度比较慢的传球方式。

只有接球球员处于以下情况下，才适合使用击地传球的方式：

- 处于内线并且身材比防守球员矮小；
- 处于底线位置的空位上；
- 进行背后切入；
- 紧急情况下。

### 特殊传球情况

不要在本方篮下横向传球，容易被对手抢断并上篮得分。其他危险区域包括边线和底角区域（参见图3.4）。在外线位置接来自底线的传球时，应该快速将球传到场上的另一侧以便测试防守球员的反应，以及队友对于协防侧的反应能力（测试另一侧或者通过反向传球迫使防守球员移动）。

## 传球的类型

在篮球运动中，所使用的传球类型必须符合当时的实际情况。例如，空旷区域或者外线区域最适合使用胸前空中直传和单手长传，因为这两种情况对速度的要求是第一位的，而对于近距离传球或者背后传球来说，最好的方式则是单手推送传球。

### 胸前传球

胸前传球是一种基本的空中直传方式，能够在进攻球员处于严密防守下或者开阔的区域时有效地将球转移，可以使用这种方法进行较远距离的传球。开始传球时，以三威胁位置开始，将球移动到胸前中央位置并紧贴身体。拇指朝上持球。传球时，球员伸展肘部并向下（向内），拇指向下。传球时拇指应该推动篮球使其产生后旋。时间比较充足时，球员也可以在传球时向前迈一步，但是不迈步时的传球速度更快。大多数时候，都可以选择迈步（快速地）并传球的动作。

进行较长距离传球时，需要环形移动篮球——在球被释放前向外、向下并朝着身体移动篮球。接球球员处于静止状态时朝喉部（脖子）位置传球，后面有防守球员时则瞄准脸部位置传球，接球球员附近有防守球员时，朝他的外侧手（双手目标，参见图3.2）进行传球。

**要点提示：**

胸前传球——拇指向上到拇指向下的位置。

## 胸前击地传球

在进行背后切入以及紧急情况时，建议使用胸前击地传球的方式，即当传球球员摆脱包夹防守或者防守球员占据传球路线时。进行这种传球，需要注意将距离接球球员三分之二的位置作为传球目标并向该位置做跟随动作，与胸前传球一样。传球的力量应该足够大，以便使球能够反弹到接球球员的胯部位置（通常大约为到接球者三分之二的位置）。开始传球时，拇指向上持球，传球时推动拇指，然后做拇指向下的跟随动作（参见图3.5）。在这种传球方式中，使球产生后旋非常重要，因为这能够增加击地传球的反弹角度，使接球球员更加轻松地接到球。要获得更大的力量，也可以在传球时向前迈一步（使用迈步脚）。

图3.5　击地传球：（a）拇指向上的起始姿势（传球目标是地面上的某个点），（b）拇指向下的结束姿势（向该位置进行跟随动作），接球球员双脚离地接球

## 头顶传球

球员接到球时，应该坚持快速进入三威胁姿势（接球并面向篮筐）。然后可以将球快速从头顶越过防守球员传给队友。一个比较好的传球方式是将球从防守球员头顶反向传到场上的另一侧，称为跳传（skip pass）。这种方式在破解区域联防时特别有效。进行这种方式的传球时，将球举起并可以做一些假动作。球员需要保持高举篮球的动作，从一开始就保持肘部伸展的状态，使用手腕和手指传球；球应该位于头部上方，不能向后偏移。

进行头顶传球时，拇指最初位于球后，然后发力推球，球被传出后拇指向前（参见图3.6）。头顶传球时，球很容易下沉，因此向较高的目标位置传球（通常是接球球员的头部位置）；球向下沉时，接球球员不容易接到。为了获得更大的传球力量，可以在传球时向前迈一步。

传球距离不同，头顶传球的方式也会有所区别。抢到防守篮板以及向外分球时，头顶传球的距离一般比较长，可以进行跳传，将球从场上的一侧传到另一侧（底角到另一侧的翼部位置、翼部位置到另一侧的翼部、其他长距离传球或者其他一些特殊情况）。短距离传球包括高位向低位传球或者由上至下、外线到低位的传球以及其他一些情况下的外线传球，大多时候是为离得最近的球员传球。为了增加传球力量，较长距离的头顶传球需要在传球时向前有力地迈一步，完全施展手臂和拇指的力量并进行完整的跟随动作。进行头顶传球时应该选择空中直传的方式，而不是击地传球方式，这是因为头顶传球的传球起点位置比较高。

**要点提示：**

头顶传球：拇指由后向前，高举篮球，肘部弯曲。

图3.6　头顶传球：（a）拇指向后的起始传球位置（高举篮球，肘部伸展），（b）拇指向前，手掌向外（使用手腕和手指，向上传球）

## 单手长传

传球距离很长时（通常大于半场距离），可以选择使用主导手手臂进行单手长传的传球方式。传球时，球员应该尽可能地延长双手在球上的时间，站立时身体与边线平行，而双脚与底线平行，然后后脚固定，迈动前脚将球从耳朵旁边传出，类似于棒球运动中接球手的传球方式。同时需要进行正确的跟随动作，包括手臂完全地向下和伸展，并以拇指向下的动作结束（参见图3.7）。进行这种传球方式时，应该只选择使用主导手的手臂，并使用另一只手做传球假动作并起固定篮球的作用。要一直使用后脚作为旋转脚，而将前脚作为迈步脚（使用PPF概念时除外）。

**要点提示：**

长传：尽可能延长双手在球上的停留时间。

图3.7　长传：（a）开始姿势：将球置于耳朵旁边，双手置于球上，（b）向后拉：可以以这个姿势做传球假动作，（c）传球时向下摆动手臂（拇指向下）

## 单手推传

单手推传或敲传（flick pass）是最重要的进攻传球方式，能够使球快速地穿过近距离的防守球员。这种传球方式适合距离较近的防守球员以及15~18英尺（4.6~5.5米）远的距离。传球时可以选择空中直传或者击地传球的方式，并可以由三威胁姿势开始；开始传球时肘部要弯曲（目的是获得更大的力量）。传球球员应该着重防守球员身体的一侧，特别是尽量使球从他的耳朵位置穿过，因为这里通常容易出现最大的空隙，发现空位后，将球从防守球员手臂的上方或者下方传出去。球员解读防守球员时，可以使用垂直方向的假动作（参见图3.8），球员向下做假动作时可以从上面传球（空中直传），或者向上做假动作（可以做投篮假动作）然后从下面传球（击地传球），解读防守球员的手臂姿势并做简短快速的假动作。防守球员手臂向下移动时，使用空中直传的方式使球快速从他的耳朵旁边传出去。

球员从优势侧进入三威胁姿势时，快速将球从一侧移动到另一侧，并着重从防守球员身体的一侧传球：手臂成环形姿势并上下移动以便获得速度和平衡。

**要点提示：**

防守球员手臂向下时，将球快速从他的耳洞旁边传出去；在防守球员身体一侧垂直移动篮球。

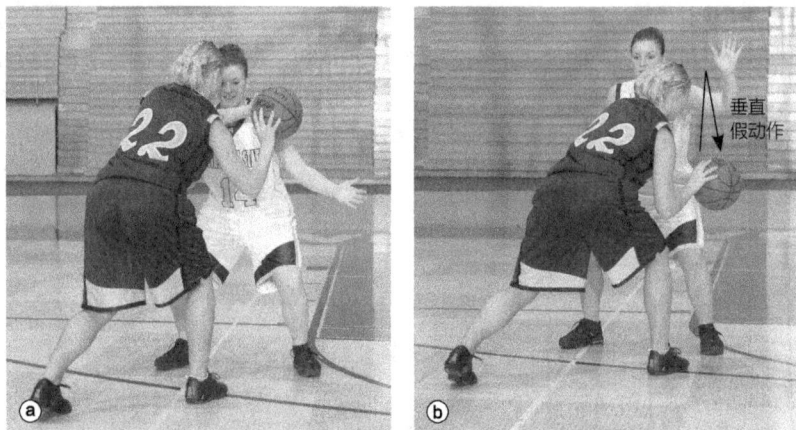

图3.8 推传或者敲传：（a）使用三威胁姿势并着重从防守球员身体的一侧传球；防守球员手臂向下时，从其耳洞旁边的高度传球，（b）防守球员手臂向上时，使用垂直的假动作（向上做假动作，从下面传球）

## 接球原则

接球时需要球员做好一定的准备。潜在的接球球员应该以快速姿势站立，双手高举并且必须处于空位中，同时要在正确的时间点上为传球球员提供传球目标。

迎球跑动接球是另一个接球原则，除非球员向篮下进行背后切入或者切出动作。被对方严密防守时，接球球员必须朝球跑动直到拿到球位置，这样能够确保不丢球。球员应该在距离球15~18英尺（4.6~5.5米）远时进行切入动作（即缩小传球路线）。

无论何时，球员都应该尽可能地采用双脚轻微离地的接球方式。接球者双脚跳起接球，然后持球急停并进入三威胁姿势（常规情况），或者将球置于颌下护球（处于对方压迫时），这样能够确保对身体的控制并且不会丢球，同时快速转身进入快速姿势（可以以任意一只脚为轴旋转，这也是急停的优势）。最后，所有的接球球员在接到球后都应该面向进攻篮筐，以便将全场局势和篮筐纳入视线范围内。

**要点提示：**

接球时双脚离地。

在篮球运动中，使用双手是球员应该培养的一种好习惯。他们应该坚持使用双手接球。在接球的三种方式中，第一种是双手向上（两个拇指靠近），可以在球被传到身体中间以及腰部以上的位置时使用（参见图3.9a）。第二种方式是双手向下（两个拇指分开指向两侧），可以在球被传到身体中间以及腰部以下的位置时使用（参见图3.9b）。第三种方式是停球并抓住，球被传到身体的一侧时可以使用：球员使用一只手停球，然后使用另一只手抓住篮球；双手应该立即置于球上（参见图3.9中的c和d）。

图 3.9 接球：（a）腰部上方，（b）腰部下方，（c）一只手停球，
（d）双手抓住

接到球时，接球球员应该使手腕和肘部自然放松，这有时候被称为"发展软手"（developing soft hands）。同时，双眼应该紧盯篮球，直到用双手抓住球为止。球员在接球时也要善于使用眼睛，结合双手和双眼接球的方式被称为"点击接球"（catching with a click）。条件允许时，球员可以使用腕背接球并将球移动到"投篮口袋"的位置（参见图3.10）。

最后，接球球员接球时应该主动迎球或者朝球移动来缩短传球路线，接球时双脚离地，除非在严密防守时进行背后切入动作。重要的接球原则有：

- 双脚离地接球；
- 接球时使用双眼和双手；
- 迎球，朝球移动。

图 3.10 使用腕背接球并准备投篮

传球和接球的教学要点

- □ 指导球员学习三威胁姿势；转身接球和观察场上局势时将球贴近身体护球。
- □ 帮助传球球员提高他们的速度，使用传球目标以及掌握正确的传球时间。
- □ 指导球员在传球时双脚以地面为起点，干脆利落地传球。
- □ 指导球员使用双手进行传接球并尽可能使用双手控球。
- □ 指导球员使用双脚离地的方式接球（球在空中，脚在空中）。
- □ 指导球员使用双手和双眼接球。
- □ 指导接球球员将球移动到"投篮口袋"的位置或者置于颌下护球。
- □ 指导球员接球并立即扫视全场局势（接球并面向篮筐或者接球时双脚朝向篮筐）。
- □ 训练接球球员如何应对不良传球并采用双手举起并随时移动的姿势。

## 传球和接球时的交流

完成每一次传接球是传球球员和接球球员共同的职责，不但要成功，更要努力追求完美。成功的传球取决于球员的交流，尤其是来自接球球员的交流。每一个潜在的接球球员都应该随时做好接球的准备（采用双手举起的快速站姿），喊出传球球员的名字告之自己处于空位并使用双手进行交流（处于空位时举起双手，进行曲线切入时一只手向内，进行背后切入时外侧手握拳）。传球球员则必须决定是否传球。一些教练喜欢让传球球员传球时喊出接球球员的名字。在传球前以及传球的过程中，传球球员需要使用眼睛和声音与接球球员进行交流。但是球员之间不能进行过多的语言交流。

**要点提示：**

接球球员：获得空位，做好准备，要球，双脚离地接球并面向篮筐。

## 运球

运球是一种触觉技术，而并非视觉技术，球员应该学会在不看着篮球的情况下向前场运球，关注进攻篮筐（眼睛看着篮筐）并观察全场局势（通过眼睛余光）。在后场将篮筐纳入视线范围，能够使运球球员揽到整个场上局势以及处于空位的队友。在前场将篮筐纳入视线范围，则能够获得传球目标并使球员养成每次接到球后都寻找投篮机会的习惯（篮筐–低位–行动）。在前场时，运球的基本目标应该是通过移动将球传给队友投篮得分。球员运球时，应该进行活球移动，通过向篮下运球通过防守球员进行篮下突破，或者将球传给处于空位的队友。无法通过传球而想将球推至前场，希望更好的位置以便为队友传球，进行进攻战术以及向冲出重重防守或者包夹防守（两名防守球员同时防守运球球员），也可以选择运球。

**要点提示：**

只有活球移动、突破防守、使队友获得空位、向前场推进、进行相关战术或者摆脱防守时才应该选择运球。运球时要带着特定的目的。

## 运球技巧

　　球员在进行运球时，应该首先伸展肘部并放松手腕和手指，使用手腕、手以及一小部分前臂进行运球动作。实际上，运球就是与地面进行传接球动作。使用手指和手掌控制篮球（手掌后部不能接触到篮球）；手指自然地分开并成握杯状（参见图3.11），球员应该轻抚篮球并在运球时保持稳固，同时降低身体高度。运球时应该尽量离地近一些以便获得更快的运球速度。

**要点提示：**

运球是一种触觉技术；看着篮网和整个场地或者篮圈和半场。

图3.11　运球:（a）使用手指和手掌运球,（b）肘部伸展，手腕和手指放松将球推向地面

　　球员在运球时应最大限度地保持与球的接触。这一原则需要将手部置于球上：手不能离开它的垂直位置，将手置于球下翻转运球或者托球等都是违规的运球方式（参见图3.12）。活球移动开始运球时，手必须在中枢脚离开地面前从手上离开。

　　强烈建议你在运球结束时使用急停的方式（参见图3.13）。这是防止走步以及护球的最佳方式，同时能够节省对于传球和投篮来说至关重要的时间和空间。面对严密防守时，应该停止运球，进行急停并将球置于颌下护球。

　　将球置于颌下护球时，球员应该采用快速姿势并将球置于颌下位置，手指向上，肘部向外和向上（球员应该尽量占据较大的空间以便护球）。

　　球员应该学会使用任意一只手运球，尽管惯用手是运球时的首选，但是也应该提高弱手运球的能力。相对于惯用手来说，使用弱手运球的练习量应该是前者的两倍或者三倍。被对方严密防守时，球员应该始终使用距离防守球员较远的手运球，并使用身体和另一只手（手臂）来护球。运球时应该尽量降低运球高度并使用类似坐着一样的姿势（参见图3.14）。

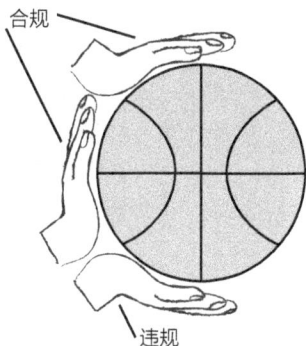

合规

违规

图3.12　运球规则：手部位置

图3.13 停止运球时进行急停并将球置于颌下区（或者采用三威胁姿势）

图3.14 面对贴身防守时的运球：使用身体和另一只手护球，保持腿部紧绷以及快速姿势（低运球和控制性运球）

## 运球策略

运球的一般原则是运球时应该带着坚定的目的性进行移动。向篮下突破时，运球球员应该穿过防守球员。目标是通过一次运球在前场投篮得分；只是在原地运一次球而进行移动的做法是不可取的，这称为"掉球（dropping the ball）"。球员已经接到传球后，进行运球突破（突破–分球）是最佳的选择，这样能够避免被迫向防守球员（已经为球员的突破做好了防守准备）方向运球的情况出现。

为了不使自己在运球过程中陷入困境，球员需要记住的一个指导原则是，要尽量避免运球到对方包夹范围中（两名防守球员之间）；运球球员应该随时注意防守球员动向并对其设置的包夹陷阱保持高度警惕，同时还要避免向球场的底角位置运球（参见图3.15）。

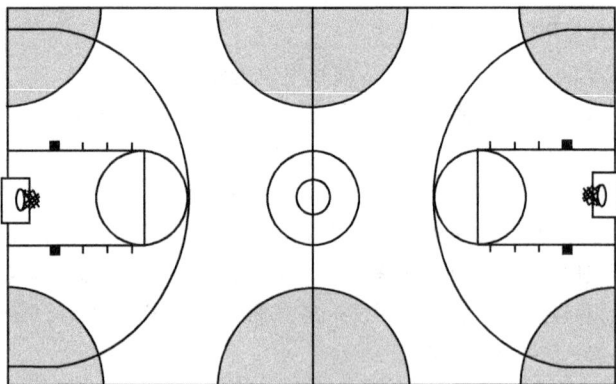

图3.15 运球时不要使自己陷入困境，不要向球场的底角位置运球

　　球员在运球过程中应该保持对球的控制，以传球或者投篮作为运球的结束，在结束前最好进行一个急停的动作（双脚从地面开始迈步或者传球）。运球球员应该在正确的时间使用正确的移动方式并观察全场局势，包括自己的队友和防守球员。

### 运球移动的类型

　　球员应该在正确的时间使用正确的运球类型。没有被严密防守时，应该在防守球员周围使用低运球或者控制性运球的方式，球员处于空位并需要将球推进至前场时，则可以使用快速运球的方式。所有的运球移动在变向时都应该快速果断。

　　**低运球**。控制性运球或者低运球是每个球员的首选，同时也是最简单的运球方式。运球时使用双脚错开的姿势——膝盖弯曲，球侧的脚在后。另一只手（手臂）用于护球，防止球被防守球员抢断——但不能向后推或勾住防守球员，只是保护球就可以了。基本的身体运动方式是滑步移动，与防守滑步或者小短步类似。

　　球员通过在距离防守球员较远的身体一侧运球以便对球提供保护，保持在较低的高度并在后脚附近快速有力地运球。

　　**强力运球**。强力运球是低运球或者控制性运球的高级形式。进行这种运球时使用滑步（迈步滑动或者推步）移动和低运球，因此可以借助前腿和臀部、前臂来护球。进行时在膝盖下方运球，高度位于后腿附近，可以尽可能得远离防守球员。运球球员使用推步移动方式向前场推进。球向前移动时，球位于后脚的附近或者前面（参见图3.16a）；球员向后移动时，球位于后脚的附近或者后面（参见图3.16b）。采用这种姿势时，球员可以使用更高级的运球移动方式（本章后面会介绍），例如后拉交叉运球、转身运球或者假动作转身运球，这些运球的目的是创造一定的空间以便投篮得分。球员应该在运球过程中一直将视线越过肩部观察场上局势：在后场时观察篮网（目标），在前场时则观察篮圈。这种方式能够使运球球员观察到整个场上的局势。

**要点提示：**
面对极大的防守压力时，可以使用强力运球的运球方式。

　　**快速运球**：进行快速运球或者高位运球时，球员应该向前推球并跟在篮球后面跑动，使篮球始终保持在自己的前面。可以在较高的位运球——腰部位置附近——以便获得更快的速度。运球的速度越快，球员在运球时距离球就越远，运球位置也更高。

　　**变速运球**。变速运球或者停顿运球，是通过由慢到快地改变运球速度或者停止并再次启动的控制性运球来实现的。减慢运球速度或者进行停止动作时，运球球员应该稍微挺直身体以便使防守球员松懈下来。这种移动方式就是在防守球员减慢速度或者被停止假动作迷惑时穿过他们。这也是另一种通过由慢到快的移动，使球运球员进行突破并获得空位的移动方式。

　　进行变速运球或者停顿运球时，球员应该通过身体挺直或者犹豫停顿的动作使自己看上去想要投篮或者传球。如果是在自己的投篮范围内，球员可以做向上

**要点提示：**
变速运球是一种由慢到快的移动方式。

拉球准备，进行跳投的假动作；如果处于投篮范围之外，则可以眼睛看着球场的另一侧，并假装自己要向那一侧传球一样。

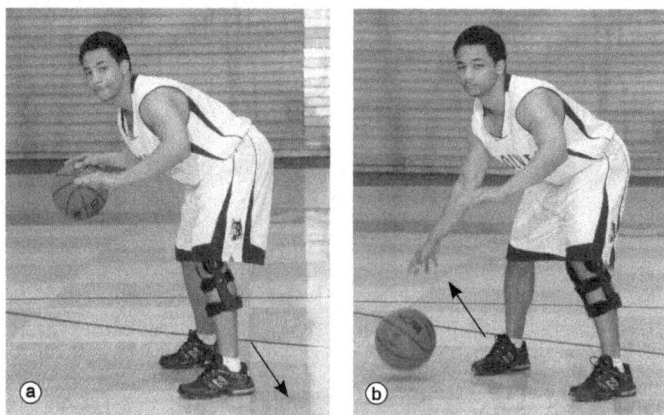

图3.16 强力运球：（a）向前拖动，（b）向后拖动

　　**交叉运球。**运球球员与防守球员之间存在足够大的空间，以及运球球员具有足够大的动力来通过防守球员时，可以选择交叉运球或者转换运球这种基本的运球方式（参见图3.17）。面对静止不动的防守球员时，一定不要在腿前面进行交叉运球的动作。防守球员停止防守动作静止不动时，应该在防守球员的一侧使用交叉运球通过对方。进行这种运球动作时，应该降低运球高度并使球快速通过身体。正确的技巧应该是从右至左进行Z字移动或V形切入时，进行从右至左的推动运球动作（反之亦然）（参见图3.18）。防守球员在球侧封阻运球球员的前进路线时，可以使用这种移动方式。指导球员在防守球员靠近前就进行这种移动（因为需要一定的交叉运球空间），并且要快速通过防守球员。

图3.17 交叉运球：（a）低运球（单手），（b）在身体前面交叉低运球，（c）低运球（另一只手）

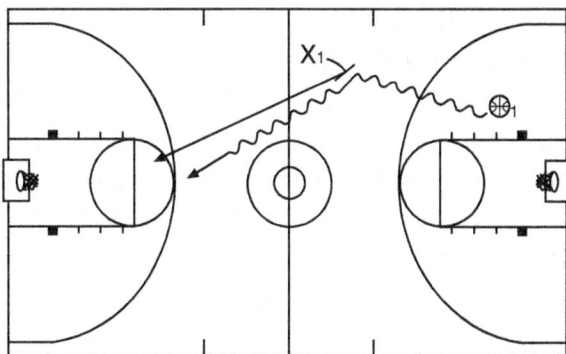

图3.18 从右至左交叉运球；右脚蹬地，迈左脚进行进攻 Z 字移动，同时球从右手交叉运至左手（快速低运球）

**头肩移动**。头肩移动或者内外移动是一种高级形式的移动方式。它是一种使用惯用手通过防守球员进行的运球动作（参见图3.19）。

图3.19 头肩移动和内外移动：（a）将身体重心放在右脚上，在身体右侧运球，（b）左脚进行 Z 字形移动，头部和肩膀向左做假动作，（c）右脚移动通过防守球员

　　球员应该使用惯用手运球，并通过向相反方向做假动作继续移动。做假动作的方式是，使用另一侧的脚拃 Z 字移动，同时向同一方向做头肩假动作，还要保持球的节奏与移动的节奏一致。移动通过防守球员时，应该使用惯用脚。节奏应该是右－左－右（球员在身体右侧运球），对于左手是惯用手的球员来说，节奏则是左－右－左。这种假动作移动的优势在于，在使用惯用手通过防守球员进行运球移动时，运球球员可以面向并观察防守球员的动作。对于右手是惯用手的球员来说，进行步骤应该是运球时右脚蹬地，左脚、头和肩向左做假动作；使用右脚向前迈一大步通过防守球员，同时向前推动运球；使用左脚向篮筐迈步通过防守球员，同时臀部与防守球员接触以便对球提供保护。

　　**头肩交叉移动**。头肩交叉移动，或者称为内－外－内移动，是另一种高级的移动方式。运球球员将球从惯用手运至另一只手并在同一侧通过防守球员，同时保持面向防守球员的姿势（参见图3.20）。这种移动方式的起始动作与头肩移动类似。交叉运球时要使用低运球方式穿过身体运至另一侧，同时从惯用手一侧进行Z字移动方式移至另一侧。步法是右 – 左 – 右 – 左，这样从左至右移动时，能够进行从右至左并反向移动的动作。进行步法动作时应该掌握合适的运球节奏。必须要在防守球员靠近前开始移动，否则运球过程中容易被对方抢断。这种移动方式的步骤与头肩移动方式类似。对于右手是惯用手的球员来说，向左移动脚、头和肩；然后移动回右侧（短小的步伐）；使用左脚迈一小步的同时将球从身体前方的右侧交叉运至左侧；再向篮筐方向迈右脚通过防守球员。

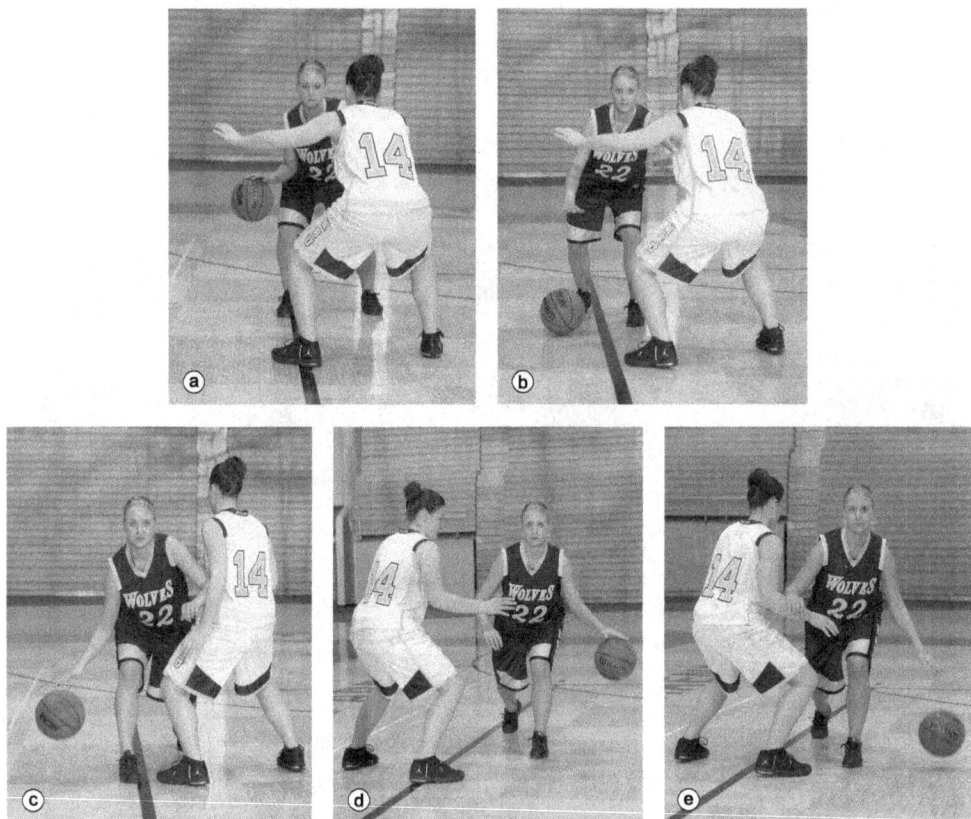

图3.20　头肩交叉移动或者内 – 外交叉移动：（a）将身体重心放在右脚上，在身体右侧运球，（b）左脚做Z字移动，（c）重新将身体重心置于右脚上，（d）将球从身体前面的右侧交叉运至左侧，（e）向篮下突破

**转身运球**。被对方近距离严密防守时，使用转身运球或者旋转运球能够对球提供最大的保护。进行这种方式的运球时，身体始终保持在篮球和防守球员之间，如图3.21所示。这种运球方式的劣势是运球球员会暂时无法看清全场局势，包括防守球员和队友所在的位置，因此可能比较容易陷入对方的防守包夹中。转身运球的步法是使用急停、后转身以及锐角的Z字方式从右向左移动（反之亦然）。以左脚为轴（或者右脚）进行270度后转身的同时，右手（或者左手）向回

**要点提示：**
进行转身运球时，将球拉回到臀部位置运球。

拉球直到转身动作结束为止，并使用右脚（或左脚）迈第一步。要一直保持贴近身体运球——拉球的动作与从枪套中拉出手枪类似。指导球员学会向回拉球，并使球贴近臀部和腿部以便阻止防守球员进行抢断。完成后转身动作后，球被交换至另一侧的手中，这时球员又可以看到全场局势了。篮球被从右手转换至左手时，移动的角度也会随之从右前方转至左前方（反之亦然）。

图 3.21　转身运球或者旋转运球：（a）低运球，（b）急停－后转身，（c）向回拉球（使球贴近臀部），（d）进行换手并通过防守球员

　　向后运球。想要远离防守密集的区域或者包夹防守时，可以使用向后运球或者称为摇摆运球的方式。使用右手（左手）运球时，球员应该采用低运球或者强力运球姿势，左脚（右脚）向前指向密集防守或者包夹的区域，然后快速向后强力运球远离防守球员。球员与防守球员之间又出现了一定的空隙后，可以运球突破上篮或者通过防守球员。在摇摆运球或者向后运球后再选择交叉运球的方式能够获得非常好的效果。移动方式是先朝防守球员移动，再向后移动，然后突然变向通过防守球员。通过人员密集的区域时，最好选择在胯下运球或者背后运球的方式，因为这样能够更好地护球，而不是在前面进行交叉运球的方式，尤其是面

**要点提示：**

向内移动后再出来，通过向后运球通过防守球员。

对近距离防守的球员时。

**后拉交叉运球。**这种运球方式是将其他几种运球方式结合在一起，包括强力运球（陷入人员密集或者包夹的困境），接下来是向后运球（摆脱困境或者创造空间），然后在胯下交叉运球并通过防守球员，这是一种高级并且重要的运球移动方式（参见图3.22）。这种移动方式的优势在于能够使运球球员成功应对防守的同时，还能够看到整个场上的局势，并且能够帮助那些控球能力相对较差的球员成功应对风格强悍且行动快速的防守球员。在面对困境或者被包夹前，运球球员应该进行控制性运球，再强力向外运球以便创造一定的空间，然后通过快速进行交叉运球（内－外－通过）通过另一名防守球员（通常是位于外侧的球员）。

图3.22　后拉交叉运球：（a）被包夹时，使用低控制性运球，（b）使用向后滑步并强力运球摆脱困境，（c）交叉运球并通过防守球员以创造一定的空间

**背后运球。**背后运球是一种流行的运球方式，它用于交换运球手（通常是从惯用手交换到非惯用手）并通过在右侧（左侧）进行严密防守的防守球员。进行这种移动时，稍微向左（向右）变向并从运球球员的左侧（右侧）通过。内侧脚不动，使用外侧腿迈步通过防守球员。左脚（右脚）向前移动时，球在背后从右侧移动至左侧（反之亦然），使用左手（右手）继续运球。球员可以通过站在原地并在身体一侧进行悠悠球（yo-yo）式的V形运球来学习如何协调运球进而步法（参见图3.23）；运球球员使用一只手来回运球，另一侧的脚置于前面。球从

前面运至后面时，可以使用左侧脚迈一步将球移动到背后（参见图3.24）。

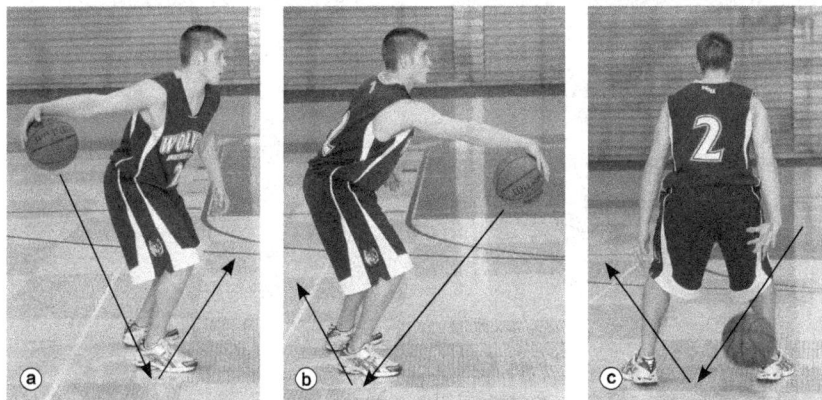

图3.23 背后运球的步骤：（a，b）从前至后来回运球（在身体的一侧或者从前至后运球），（c）背后来回运球（在背后从一侧运球至另一侧）

图3.24 背后运球（右手到左手）移动：（a）使用右手运球，（b）在背后将球从右侧移至左侧，（c）使用左手继续运球，移动通过防守球员

**跨下运球。**跨下运球可以用于摆脱防守压力以及将球从一侧（一只手）转移到另一侧（另一只手）。使用右手运球时，可以将球从跨下运至左手，同时左脚或者右脚朝前迈步（最好是右脚）。使用左手运球时方法相同。进行跨下运球时，应该快速强力地运球，同时保持在较低的位置运球（球员使用另一只脚迈步时在两腿之间运球）（参见图3.25）。球员可以通过慢步向前走并且在每迈出一步都在跨下运一次球的方式来练习运球和步法的协调能力。

进行跨下运球时，外侧脚急停，球在两腿之间进行移动，通过防守球员时，迈一个快速的变向步，同时球从一只手转移到另一只手上。然后外侧脚从防守球员处拉回以便保护篮球。想要摆脱防守压力、观察全场局势以及通过防守球员时，跨下运球是最佳的运球移动方式。

**要点提示：**

使用单脚急停，然后在两腿之间快速运球。

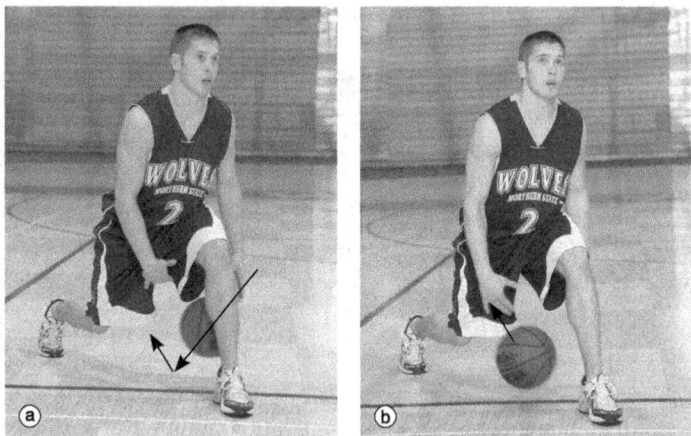

图3.25 胯下运球：（a）使用左手运球，（b）一只脚在前并在两腿之间运球

## 运球的教学要点

- 保持抬头。前场时看篮网，后场时看篮圈。
- 使用手指和手掌控球。
- 自然稳定地运球；与地面进行传接球运动。
- 在防守球员周围或者贴近防守球员，降低身体高度并保护篮球（身体成坐立姿势，保持腿部紧绷并使用手臂阻挡对手）。
- 运球末尾使用急停并将球置于颌下护球，急停后准备传球。
- 传球是第一选择，而运球是最后的选项。

# 基本控球练习

有关控球技术的练习通常深受广大球员的喜爱。教练员需要不断强调速度、动作正确性及时间节奏。球员则应该从较慢的速度开始练习这些技术，然后不断加快速度直到自己适应比赛时的节奏为止。

## 控球练习

**目的：** 指导球员如何控球并熟悉篮球——观察、倾听并感受。

**设施：** 每名球员一个篮球，一个直径为6英尺（1.8米）的场地。

**过程：** 球员分散站在自己的区域内并进行以下这些练习动作——首先保证动作的正确性，然后再提高进行速度。

**8字快速运球：** 以右手或者左手开始进行练习。在两腿之间内外进行8字运球。开始时使用较慢的速度并保持在较低的位置运球。球员熟练后可以逐渐加快运球速度。这个练习没有时间限制，但是1分钟20次或30秒钟内10次可以视为优秀。

**拨球**：开始练习时双脚分开，与肩同宽。一只手在腿前持球。将球弹向空中然后双手交替拨球。使用手指尖接球并在30秒钟内尽可能快速地拨球。如果进行得当，那么篮球会一直在两腿之间运动。评估标准：优秀：81~100次，良好：61~80次，一般：40~60次。

**跨坐拨球**：开始练习时双脚分开，与肩同宽，膝盖弯曲，双手持球在前。在两腿之间轻轻向上拨球。双手移动到腿后面并在球落地前接球。再次向空中拨球并将双手尽可能快地从后面移动到前面。在球不落地的前提下尽可能提高速度。持续练习30秒钟。评估标准：81次或以上是优秀，61~80次是良好，40~60次是一般。

**节奏练习**：围绕右腿运球。拿球时左手在前右手在后。松开篮球，迅速替换双手并在球弹地一次后接球。向后移球并开始围绕左腿运球。反方向的运球时左手拿球。持续练习30秒钟。评估标准：33~40次是优秀，21~32次是良好，10~20次是一般。

**双腿和单腿**：在腿后面拿球并绕到前面。球到达右手时，分开双腿并只使球绕过右腿。并拢双腿并使球围绕双腿移动一次，然后分开双腿并使球围绕左腿移动一次，之后再次并拢双腿运球。篮球应该始终朝着同一个方向移动。然后再使用左手持球进行练习。持续练习30秒钟。评估标准：51~70次是优秀，36~50次是良好，25~35次是一般。

**绕腰练习**：右手持球移动到背后并使用左手接球；要完成一个连续的运动循环，再将球绕过身体移动到前面并使用右手接球。尽可能快速地持续练习30秒钟。然后再使用左手持球开始练习。评估标准：51~70次是优秀，36~50次是良好，25~35次是一般。

**绕头练习**：右手持球，背部向后，将球绕到头后并使用左手接球，然后在绕到前面并使用右手接球，这就完成了一个循环。反方向的练习是先使用左手持球进行练习。持续练习30秒钟。评估标准：51~75次是优秀，41~50次良好，30~40次是一般。

**从后向前8字练习**：开始练习时右手持球。将球从两腿之间移动到左手；球在左手上时，将其移动到左腿后面并从两腿之间移动到右手上。反方向的练习时从前向后进行8字练习，将球在腿前面从右手移动到左上。持续练习30秒钟。评估标准：66~85次是优秀，46~65次是良好，30~45次是一般。

**一次反弹8字练习**：开始练习时双脚分开，与肩同宽，膝盖弯曲。右手持球，使球在两腿之间击地反弹并使用左手在腿后接球；球在左手上时，将球移动到前面并在两腿之间击地反弹，然后用右手接球。反方向的练习是将球移至腿后并击地反弹至前面的右手和左手上。评估标准：41~50次是优秀，31~40次是良好，20~30次是一般。

## 队列练习：传球和接球

**目的**：指导球员传接球技术以及全部基本的接球方式。

**设施**：每个队列一个篮球，半场场地。

**过程**：球员分成4列站在球场一侧的底线后面，教练员则位于罚球区顶端指挥练习。开始练习时，每个队列的第一名球员在罚球线位置面向底线作为第一个接球球员（采取准备接球的姿势）。底线处的球员首先持球。传球时，传球球员传完球后快速移动并替换接球球员的位置。要注意的关键是，球员传球时应该双脚位于地面上，而接球时双脚则位于空中（略微离地）；传球球员要做比较夸张的跟随动作，传球时发出"砰"的声音并朝目标点精准传球；接球球员则需要提供传球目标，接球时运用眼睛和双手。首先保证动作的正确性，然后再努力提高进行速度。可以参考一些步骤。

- 胸前传球：空中直传、击地反弹。
- 推传或者敲传。
  - 右侧（空中直传、击地反弹）或左侧。
  - 左侧（空中直传、击地反弹）；快速贴近身体护球（环形）或者右侧。
  - 解读防守；尽量从防守球员耳朵旁传球并首先选择空中直传的方式（向高处做假动作时从低处传球，向低处做假动作时则从高处传球）。
  - 传球球员传球并做防守姿势（指定的手部姿势）。
- 头顶传球：接球、靠近身体护球；将球置于头顶。
- 长传。
  - 仅使用主导手传球。
  - 面对边线并朝传球方向迈步（移动到罚球区顶端或者更远的距离）。
  - 先做假动作然后再传球。

## 双人传球和接球练习

**目的**：指导球员如何在运球后使用任意一只手进行推传的传接球方法。

**设施**：每两名球员一个篮球，全场场地。

**过程**：球员分成4个队列站在球场一侧的底线后面，每个队列最内侧的球员持球。持球球员做向内护球的动作并使用与搭档相反一侧的手进行运球突破，与此同时，搭档与运球球员平行向前移动。如果使用任意一只脚作为中枢脚，那么运球球员进行急停并使用最近的手为搭档进行推传。如果使用的是PPF概念，在右侧使用右手运球的球员迈步并使用左手进行左侧PPF传球。在左侧，球员则应该使用右脚迈步（左侧PPF）并使用右手进行传球。搭档双脚离地接球并重复运球突破的循环动作。接球球员在对方传球前应该说出传球球员的名字。完成的过程如图3.26所示。当前一组球员距离自己15~18英尺（4.6~5.5米）的位置时（大约在罚球线附近），下一组球员开始进行传接球练习。

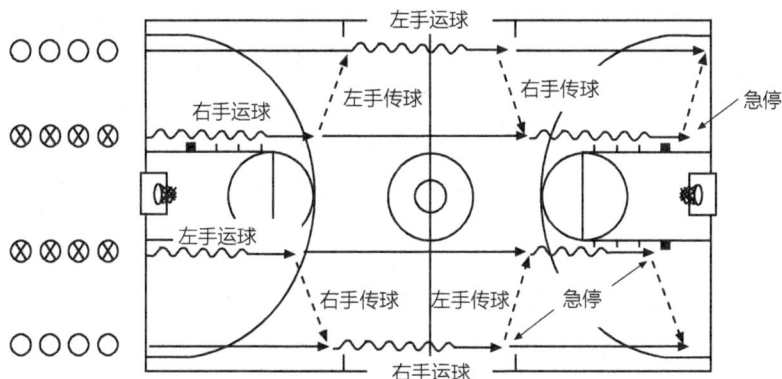

图 3.26 双人传接球练习

## 2 打 1 远距离传球练习

**目的**：指导球员如何在中间有一名防守球员的情况下进行传接球。

**设施**：每三名球员一个篮球，15~20 英尺（4.6~6 米）的场地空间。

**过程**：球员每三个人一组；两名进攻球员之间距离 15~18 英尺（4.6~5.5 米）远。一名防守球员位于中间（参见图 3.27）。每 30 秒钟或者球被抢断时轮换防守球员。可以使用以下的步骤进行练习：

- 防守球员就位，采用指定手形（上、下）；
- 防守球员靠近传球球员或者远离传球球员（指导传球球员朝防守球员做假动作，延长对方的反应时间）；
- 活球防守和进攻。

**要点提示：**

传球时双脚置于地面上，持球朝防守球员做垂直假动作，接球时快速精准并双脚离地，保持 15~18 英尺（4.6~5.5 米）的距离。

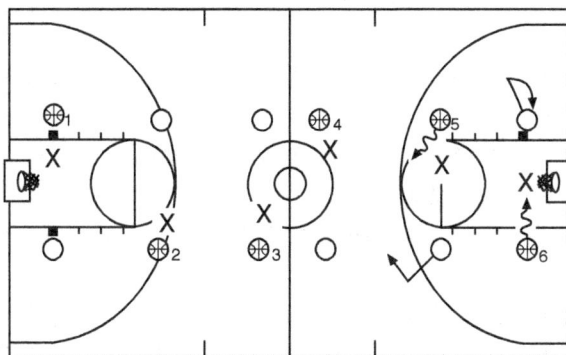

图 3.27 2 打 1 传球

## 移动中双人传球练习

**目的**：指导两名球员在移动并面对一名防守球员时如何传球和接球。

**设施**：两名球员一个篮球，直径为 15~18 英尺（4.6~5.5 米）的场地区域。

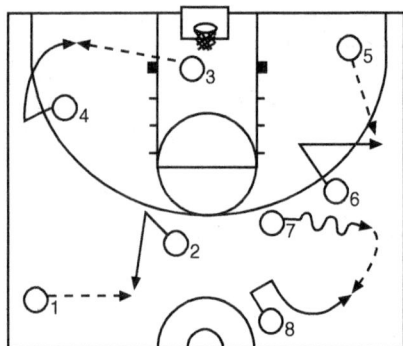

图3.28　移动中双人传接球

**过程**：球员两人一组，并分配一个篮球和一块场地：一名传球球员和一名接球球员（参见图3.28）。接球球员处于空位，双脚离地接搭档传球、急停、接球并以三威胁姿势面向传球球员。传球球员然后变成接球球员。这个练习需要进行连续的传球和接球。所有传球和接球都应该按照相应的规则进行。例如，球员传球时双脚应该位于地面上，而接球时双脚应该离开地面。其他练习的方面包括接球、运球突破、急停和传球。接球球员需要掌握自己的切入的时间，以便使自己刚好在传球球员准备传球前获得空位。

## 对墙传球练习

**目的**：指导球员在没有搭档的情况下进行传球和接球练习。

**设施**：每名球员一个篮球，一面墙或者反弹设备。

**过程**：利用墙面或者其他目标可以练习所有基本的传球方式。市场中售卖的反弹或者传球、篮板球辅助设备，能够很好地帮助球员进行这些练习。这种练习方式的优势，在于能够使篮球准确地返回到球员手里并能将准确的传球效果直观地反应给球员。练习时应选择以下几种传球方式：胸前传球。击地反弹传球、头顶传球、长传以及推传。球员在向着墙面传球时应该双脚位于地面上，而接球时双脚应该位于空中。可以利用反弹设备来增加传球的速度和强度，直到出现错误为止（出现错误意味着应该进行更多的学习）。球员应该不断进行练习，直到达到正常比赛的节奏。

## 队列练习：站姿、启动和技术分解

**目的**：指导球员从快速姿势和快速启动开始练习各种所选的步法技术（直接突破、交叉突破）。

**设施**：每个队列一个篮球，4个队列站在底线位置。

**过程**：第一个阶段，无球练习

- 在罚球线、中场线、对面的罚球线以及对面的底线位置进行快速启动和急停动作。
- 进行快速启动和急停动作并进入2打2篮板球模式（在4个位置）。
- 在两次想象的运球动作后进行快速启动和急停动作，进行后转身PPF，迈步并做向队列里下一名球员传球的动作。

第二个阶段，有球练习

- 重复第一个阶段中的各种动作，重点练习进行动作时迈出的第一步，即使用较长较低的步伐（直接突破和交叉突破）。

## 队列练习：启动、停止和转身

**目的**：指导球员综合练习运球、启动、停止、传球、接球和转身等各种动作。

**设施**：每个队列一个篮球。

**过程**：每个队列里的第一名球员持球采取进攻快速姿势（三威胁姿势）。听到命令后，球员向前运两次球通过罚球线，进行急停并使用PPF概念向后转身（非主导脚），面向底线处的接球球员（下一名球员），迈步并进行推传，然后移动到队列的末尾。开始练习时，教练员可以指定任意形式的传球以及进行突破或者交叉突破。

## 综合运球练习

**目的**：指导各种基本的运球控球技术。

**设施**：每名球员一个篮球（或者每两名球员一个篮球，一名是运球球员，另一名充当教练员的角色），半场场地。

**过程**：球员分散站在自己的运球区域内，在中场的圆圈位置面向场地站立。每个球员按照教练员的命令进行以下这些种类的动作。

### 1. 原地控制性低运球

–右手控制性低运球（命令：右低）。

–换手（右手换到左手，反之亦然）（命令：换手）。

–左手控制性低运球（命令：左低）。

### 2. 移动中强力低运球

–右手低运球（命令：右低）。

–右手换到左手或者反之亦然（命令：换手）。

–左手低运球（命令：左低）。

–向前拖曳滑步（命令：前）。

–向后拖曳滑步（命令：后）。

球员开始练习时应向头顶高抛篮球，球落到地面再次弹起时开始进行低位运球。

### 3. 节奏推动运球和拉动运球（悠悠球形式）。

–在身体两侧（侧面悠悠球）。

–在身体前面（前面悠悠球）。

–横向在两腿之间（侧面到侧面）。

开始练习时，教练员要发出命令时要尽量慢一点，目的是确保以较慢的速度和较高的高度运球，进而保证技术进行的正确性；然后逐渐增加命令的发出速度使球员进行更快速的低运球，直到出现错误为止。相对于惯用手来说，球员使用非惯用手练习的数量应该是前者的2~3倍。教学时需要强调，球员应该以坐立的姿势进行练习（身体处于较低位置），保持抬头（看着篮网）并使用强力的低运球（连续重击篮球），在保持正确进行的基础上不断加快进行速度，直到出现错误为止，不断练习以便使球员达到并适应比赛时的节奏。

### 全场运球练习

**目的**：指导球员控球运球技术。

**设施**：每个队列一个篮球（最低要求），半场场地（最低要求）。

**过程**：采用队列练习形式，球员在底线位置组成4个队列。运球移动练习采用循环练习模式。球员在移动中要始终看着对面场地的篮网。教练可以场地的两侧（边线）为球员提供有关球的位置、防守球员以及球员自己位置的相关反馈信息。可以在场地上放一些桩型障碍物来充当防守球员的角色。

**选择**

- 高运球或者速度运球：球员使用一只手将球运至场地对面，然后使用另一只手运球返回至起点。
- 变速运球：球员交换使用快速高运球和控制性低运球方式，将球运至场地对面，然后使用另一只手以同样的方式返回至起点。
- 全场采用胯下运球的方式。
- 向后和交叉运球（后拉交叉运球）：球员在罚球线、中场线、对面的罚球线位置想象自己运球进入了对方的包夹中，进行急停并将球置于颌下护球。
- 重复进行后拉交叉运球，向前运球三次，向后运球两次，交叉运球并向前移动。在全场场地重复这个动作循环。
- 球员按照教练员发出的信号使用特定的运球方式并稳定地进行急停动作。
- Z字运球、交叉运球或者转身运球：球员以三威胁姿势开始进行Z字运球，使用V形切入以及交叉或者转身运球在全场运球。
- 双球运球（高级）：球员在进行所选择的运球移动动作时可以使用两个篮球进行：节奏低运球（双手）、非节奏低运球（双手）、节奏高运球（双手）、非节奏高运球（双手）、由高到低（右高左低或反之亦然）。球员开始运球时可以使用强力的低运球，然后再转为高运球并变换节奏（一高一低），接下来再加入变向运球和速度运球，最后，将各种运球方式结合在一起进行。
- 进行双球运球时可以采用以下步骤。
  - 原地：节奏低运球，非节奏低运球、节奏高运球、非节奏高运球、由高到低和由低到高、雨刮器式运球（侧面悠悠球式运球），从前到后悠悠球式运球。
  - 移动到半场运球（使用全部5种运球方式）。
  - 从中场线到底线运球（使用全部5种运球方式并加入换手动作）。
- 运球训练
  - O–D Z执行运球
  - 1打1进攻得分：在罚球区顶端添加一名执行防守假动作的防守球员；添

加一名负责防守的球员。

–1打1全场（一人两球；一人一球）：目标是通过罚球区线。

## 对墙运球练习

**目的**：指导球员在有挑战的情况下练习控球技术。

**设施**：平整的墙面，每名球员两个篮球。

**过程**：每个球员队列（4人或者以下）使用一个墙面，使用惯用手和非惯用手进行以下动作。

**选择**

- 一只手，一个球（左手和右手）。
  - –重击。
  - –全方位（环式）。
  - –由高到低。
- 两只手或者两个球。
  - –重击。
  - –全方位。
  - –由高到低和由低到高。
  - –双球顿球（非节奏）。
  - –双球（一球重击，一球移动）。
  - –双球（两球环式）。

## 控球基础练习

**目的**：提高基本的运球、传球和接球技术。

**设施**：篮球、网球和场地。

1. 内场练习：这是一种被棒球名人堂游击手奥奇·史密斯（Ozzie Smith）所推崇的控球训练方式。篮球运动员使用这种方式进行控球训练时，可以手持一个网球并找一个墙面，采用较低较宽的快速姿势、脚尖微微向上，站在距离墙面大约20英尺（6米）的位置。球员朝墙面上距离地面大约6英寸（15.2厘米）的位置大力抛球，并使用双手和双眼接反弹回来的球。球员可以逐渐缩短与墙面之间的距离，以便增加训练难度。练习过程中应该始终采用侧臂抛球的方式，不要高举手臂抛球，以免伤害到肩袖肌肉群。

2. 运球和花式技巧：这是一个专门针对非惯用手进行的练习，需要球员在运球时视线要离开篮球。球员在使用非惯用手运球的同时，使用另一只手抛和接网球。要增加练习的难度，可以向更高处抛网球，采用不同的接球方式，或当网球位于空中时使用不同的运球移动动作。教学要点是尽量压低身体并采用较宽的脚间距，并在运球时使用较大的力量。球员应该不惜一切代价保持对运球的控制，包括对网球的控制；练习过程中始终不要停止运球。

3.搭档运球和抛球：两名球员在彼此之间互相交流的同时，使用非惯用手运球并进行下手抛球和接球动作。球员在练习过程中应始终坚持运球。

4.搭档运球和高抛球：两名球员在使用非惯用手运球的同时，彼此为对方进行高举手抛球。要增加练习的难度，球员可以随机拉开彼此之间的距离。

5.搭档三球传球：球员在练习时可以选择使用两个篮球和一个网球，或者选择两个网球和一个篮球。两名球员使用单手推传或者敲传的方式为对方传球，开始练习时使用惯用手进行，然后双方可以通过转换到非惯用手来增加练习的难度。对于这个练习，交流至关重要。球位于空中时，双脚要离地接球，而传球时也应该朝着接球球员的非传球肩膀方向进行。手持两个球（三个球中的两个）的球员在练习时首先进行传球。

6.搭档不良传球反应：球员两人一组，一人持球，两人距离彼此15~20英尺（4.6~6米）站立。彼此以快速直接并且不准确的方式为对方传球。接球球员接球并将球置于颌下护球。教练员也可以通过下手传球［软球形式（soft style）］为球员传球，以测试其反应能力。接球球员接球时应该采用快速接球姿势。球员接球时应双脚离地，移动双脚并让身体位于传球路线的前面。

7.搭档背对传球球员：两名球员使用一个篮球，彼此之间距离15~20英尺（4.6~6米）。没有持球的球员背对传球球员并采用快速接球姿势站立。传球球员喊出接球球员名字的同时快速传球。接球球员必须快速跳跃转身，面向传球球员并使用双手接球。双方交换角色并重复练习。双方应该根据需要尽可能快地传球，以便测试搭档的反应能力。接球时应发出"砰"的声音。

8.后拉交叉连续步骤：使用一个篮球，球员开始时以静止姿势站立，与球相对的脚位于前面，按照以下步骤进行练习。

–在右侧推拉运球，获得节奏感。

–交叉运球到左侧并重复。

–推拉运球两次或三次，交叉并重复。

–重复上面的动作，但是先迈一小步，然后再向前迈一个弓步。

–向前运球两次或三次，向后运球两次或三次，交叉并重复。球员的前脚应该指向自己要移动的方向。

# 第4章

# 投篮

进攻的主要目标，就是每次到达前场时都能够成功地完成
投篮。

摘自《皮特·卡利尔战术》(*Pete's Principle*)，皮特·卡利尔
(Pete Carnic)，曾任普林斯顿大学篮球队主教练，
现在是奈史密斯名人堂教练员

投篮应该是最被人们所熟知的一种篮球技术——每个球员都对投篮得分很感兴趣。只要提供一个篮筐和一个篮球，即使是初学者，也会自然而然地开始执行运球和投篮动作。

投篮是球员最喜欢，也是练习最多的篮球技术，球员一个人就能练习这种技术。同时，练习的效果也是立竿见影的。大多数教练员都认为，只要进行足够多的练习，所有的球员都能成为优秀的投手。当然，最优秀的投手还必须具备一定的身体天赋。尽管如此，任何球员都可以通过练习，掌握良好的投篮技术并成为出色的罚球球员。

篮球运动中有两个基本目标，其中之一就是通过良好的投篮进行得分。而另一个目标就是阻止对手投篮得分。本章指导球员如何进行身体训练（正确地练习篮球技术）以及如何通过精神训练来建立信心，使自己每次都能正确地执行投篮动作，并提高自己的得分效率（提高投篮命中率）。

# 常规投篮

**要点提示：**
按照比赛节奏及比赛时的投篮位置进行投篮练习。

球员和教练员都应该认识到常规投篮（field-goal shooting，即除罚球以外的投篮）得分和罚球得分，是与赢得比赛息息相关的两个最重要的战术因素。因此对于球员来说，通过精心的准备以及使用正确的精神方法和投篮技术不断地建立投篮信心至关重要。球员按照比赛节奏进行练习时，不能进行过多的投篮练习（无论是身体上还是精神上）。进行团队练习时，教练员也不会给球员太多的投篮练习时间。因此，要提高自己的投篮命中率，球员需要认识到利用其他时间进行投篮练习是必要的。

## 一般概念

教练员应该指导球员如何成为得分球员，而不仅仅是投手。任何人都可以投篮，但是能够在比赛中连续得分的能力才是最具价值的。为了最大程度地提高投篮命中率，球员必须学习何时投篮、何时传球，以及自己的投篮范围和投篮命中率较高的投篮位置。图4.1中提供了针对各水平球员的最低投篮命中率。

练习的目标应该至少再高5%，因为在正式比赛中投篮命中率会比练习时的低一些（参见表4.1）。那些立志成为最优秀得分球员的精英球员应该设置更高的目标。

投篮命中率是衡量投篮效率最基本的标准。球员需要注意自己练习以及比赛时的投篮命中率；特别是新手或那些没有达到所在球员级别目标命中率的球员，他们需要接受完整的投篮指导。如果球员的命中率在目标命中率附近或者高于目标命中率，他们应该勇于在比赛中接受新的理念，并将投篮命中率作为自己在练习或者比赛时的自我反馈，进而评估自己所处的水平以及是否取得了进步。球员必须学会如何使自己逐步适应比赛的节奏——按照正式比赛的节奏来设定自己在练习时的得分目标。投篮命中率有助于确保球员在提高自己的得分技术时，认识到自己的真实水平以及比赛情况。

表4.1　　　　　　　　　　　常规投篮命中率的基本目标

| 球员级别 | 练习 % | | 比赛 % | |
|---|---|---|---|---|
| | 两分球 | 三分球 | 两分球 | 三分球 |
| 小学 | 35 | 无 | 30 | 无 |
| 初中 | 40 | 无 | 35 | 无 |
| 高中 | 45 | 35 | 40 | 30 |
| 大学 | 55 | 45 | 50 | 40 |
| 职业球员 | 55 | 45 | 50 | 40 |

可以通过不断强化基本技术以及身体力量来提高投篮技术。教练员在训练7级以下的球员（11~12岁或者更小的学员）时可以选择使用较小的篮球和较低的篮筐。球员可以在早期，即第4~第6级时（9~11岁），先学习正确的投篮技术，然后再使用常规尺寸的篮球和篮筐。年轻的球员应该先学习易于掌握的技术。通过对设施的调整，能够使球员学习正确的技术，同时还能够使他们更加快速地建立信心。

要了解专门针对年轻球员而编写的完整的训练指导，可以参考另外一本同类型的著作，由杰里·克劳斯（Jerry Krause）、柯蒂斯·詹斯（Curtis Janz）和詹姆斯·科恩（James Conn）编写的名为*Basketball Skill Progressions, NABC's Handbook for Teaching*（Coaches Choice 2003）的作品。该书详细介绍了针对不同级别的球员的篮球技术教学内容（采用按顺序进阶式的方法）。即使一些年轻的学员想要使用较大的篮球和较高的篮筐，他们也必须在早期按步骤打下坚实的技术并掌握正确的技术。在学习的早期就使用大球以及10英尺（3米）高的篮筐对于学员技术的提高并无益处。

传球、接球以及急停是投篮中最重要的基本技术。球员应该学会首先通过移动（使用正确的步法）获得空位，然后进行投篮。接球时必须面向篮筐，采用三威胁姿势并准备投篮（同样使用正确的步法）。

指导球员在运球时尽可能在离篮筐较近的位置投篮。他们应该通过不断接近篮筐的方式破解对方的防守——直到能够选择带球上篮的投篮方式。

英文中的首字母缩略词，例如BEEF和ROBOT，可以用来帮助球员学习一些关键的投篮概念。年轻球员可以使用BEEF原则学习正确的投篮技术。

B——Balance（平衡），每次投篮时最重要的基本要素。投篮从地面开始，在球员拿到球前需要执行正确的步法——首先弯曲膝盖，脚步同时做好投篮准备。曾经长期担任高校和职业教练员的凯文·伊斯特曼（Kevin Eastman）用一句话来概括步法的重要性："双脚成就跳投"，意思就是要成功执行跳投，需要执行正确的步法。

E——Eyes（眼睛）。要获得准确度，球员必须尽早锁定目标（至少在1秒钟内获得完全的专注）并且更加关注某个目标点（首选的目标点是篮圈后部的中心或者篮板上矩形区域的上角位置）；俗话说"眼睛成就带球上篮"。

E——Elbow（肘部）。通常情况下，球员应该将手臂的移动限定在垂直的平面上，特别是要保持手部向上和向内并位于篮球下方（除了跳投[pedestal-pocket]投篮方式）。

F——Follow-through（跟随动作）。球员应该执行完整的手臂跟随动作（肘部锁定），常规投篮时坚持1秒钟，罚球时坚持跟随动作直到篮球通过篮网为止。手腕完全伸展，手指向下（形成鹅颈状，另一只手向下成漂浮的降落伞状）。跟随动作必须稳固，同时保持灵活。正确的投篮角度是水平位置上方60度。投篮结束时双手位于较高位置（在高处出手并让球飞向篮筐）。要获得正确的投篮弧度，"向高处投，而不是向外投"是一个非常关键的投篮准则。55~60度的投篮角度能够使篮球以45~55角进入篮筐，这是最理想的入筐角度。

约翰·布恩（John Bunn）是奈史密斯名人堂教练，同时也是一名受过专业教育的工程师，他在其1955年编写的名为《教练科学原理》（*Scientific Principles of Coaching*）一书中认为60度是最理想的投篮角度。他认为投篮时应该根据球员的力量尽可能采用较大的投篮弧度。他还发现，相对于投篮力量过大，大多数没有命中的投篮都是由于投篮距离不足导致的。

一种名为诺亚方舟（Noah's Arc）的新技术能够对投篮进行精确的评估，提供每一次投篮的弧度和入筐角度的即时反馈。将投篮动作和投篮弧度记录下来，进行分析并输入计算机；每一次投篮后，可以将入筐角度精确地反馈给球员。除了牢记教练强调的向上投不要向外投这一准则，投篮球员还可以利用现代技术评估自己的肌肉记忆。理想的投篮角度是55~60度，这能够产生45~50度的理想的入筐角度，这些数据能够即时反馈给球员。研究显示，很多球员在投篮时都存在投篮角度问题，导致篮球入筐角度过低。事实上，篮球入筐角度小于35度时，只会给球提供9英寸（22.9厘米）的移动范围。要解决这个普遍存在的问题，教练员需要不断强调60度的投篮角度，或者使用计算机程序提供的肌肉记忆数据进行练习。

对投篮弧度的总结，就是球员通常在投篮时需要根据自己的力量尽可能产生较高的弧度，进而获得良好的投篮效果。优秀的投篮具有较高的一致性——开始、结束和投篮弧度。为了使得分机会最大化，每名球员必须找到自己理想的投篮弧度（平衡准确度和力量）。

球员还应该借助于ROBOT原则来提高自己的得分能力。

R——球员应该选择有效的投篮范围（range）（训练时，两分球最低目标为50%以上，三分球最低目标为33%以上）并且有节奏的进行投篮（感觉自己的投篮）。

O——良好的投篮需要投篮球员处于空位（open）状态（面前没有对方球员双手阻挡）。

B——良好的投篮始终具有较好的平衡（balance）。投篮由地面开始，因为球员应该先使双脚做好准备。奈史密斯名人堂球员和教练员约翰·伍登认为，平衡效果极大地取决于步法（以及头部位置）。可以通过投篮前后双脚的位置来评估投篮效果。在完成定点投篮或者跳投后，双脚落地时应该稍微向前（大约6英寸，即15.2厘米），而不是向后或者向左向右。头部是投篮时保持平衡的关键；球员应该使头部稍微向前倾，尤其是在投篮前。

O——良好的投篮是连续的一次（one-count）动作，球员双脚做好准备，篮球从做好准备的手中一次正向朝篮筐移动（如果没有特别需要，不要在投篮前向下降低球的高度或者摆动腿部）。

T——没有队友（teammate）处于比自己更好的投篮位置时，球员应该双脚离地向上投篮，只有队友确实处于更好的投篮位置时才为其传球。

---

### 投篮的一般教学要点

- 投篮动作由地面开始——双脚和双手做好投篮准备（双脚成就跳投）。
- 进攻快速姿势——将身体重心置于整个脚上以便获得较好的速度和平衡，投篮手一侧的脚指向篮筐。
- 完全的专注——在1秒钟内将篮圈或者篮板确定为目标（关注）。
- 投篮手——使用整个手拿球，采用投篮区姿势护球。
- 手部动作——手部从侧面向外和向上移动进行投篮动作。
- 向高处投球，使球飞向篮筐——向上投球，不要向外投，在水平位置上方以60度角投球；使用手指推球使球后旋（感觉）。
- 完整的跟随动作——采用稳固而放松的跟随动作（常规投篮坚持跟随动作1秒钟，罚球时坚持到篮球入网）。
- 建立信心，只记成功，莫谈失误。
- 使用积极的自我对话；专注（投篮前）、感觉（投篮过程中）以及每次投篮后进行反馈（投篮成功时使用"好"之类的词鼓励自己；投篮不中时找出问题所在）。
- 行动快速而不是匆忙。投篮时快速准备，但是不能匆忙投篮。
- 保持垂直方向移动；保持手臂与篮球在同一个平面上移动（使用跳投除外）。球员需要使用双手向上拾球并快速投篮。
- 使用身体和精神练习法（看、听、感觉完美的投篮动作）。
- 使用BEEF原则。
- 习惯并应用ROBOT概念。
- 按照正式比赛时的位置和节奏进行练习。
- 练习直接投篮、传球投篮以及运球后投篮等方式。

## 建立投篮信心

掌握了身体方面的技巧后，球员可以开始关注投篮的精神方面了。信心是一种心理优势，构建于精心的准备之上，能够在练习和比赛中使球员不断获得成功。恰当的准备，包括精神上的准备和技巧等关键要素，能够使球员构建投篮信心。

最重要的精神优势方面的技巧包括投篮准备、投篮执行以及投篮后技巧。

1. 投篮准备：球员应该提早锁定投篮目标并关注投篮目标1秒钟的时间。球员还必须学会不被外界所干扰，头脑中只有篮球和篮网。可以使用口头语"专注"来提示自己保持全神贯注。

2. 投篮执行：研究表明，球员更多地关注从开始（投篮区）到结束（完整的跟随动作）整个投篮过程时，更能够提高他们的技术。在每一次的投篮过程中，使用"感觉"这个口头语能够提醒球员增加他们的投篮意识。

**要点提示：**
记住成功，莫谈失误。

3. 投篮后技巧：心理控制方面的研究指出，每一投篮后通过控制自我对话来建立信息是非常重要的。球员进行投篮时，反馈就是"记住成功，莫谈失误。"在这个过程中，需要投篮球员强调并欣赏那些成功的投篮，不要在意那些失败的投篮，只是对其进行分析然后忘掉就可以了。球员永远不要过于在意那些失败的投篮。投篮不中时，只需让球员注意出现错误的地方并继续练习或者比赛。可以使用下面的一些口头语来提示自己。

- 成功投篮——好、进了、噢等口头语。
- 投篮不中——注意投篮时出现错误的位置（投篮距离过短、距离过长、向左、向右）。优秀的球员能够找到更具体的原因。

**要点提示：**
专注、感觉、反馈（投篮成功时说"好"，投篮不中时说出投篮位置）。

4. 总结：在练习的过程中，球员需要在每次投篮时都使用口头语对自己进行提示——专注、感觉、反馈（投篮成功时说"好"，投篮不中时说出投篮位置）。信息是日积月累才建立起来的，是在长期保持较高命中率的情况下获得的。

正确的练习能够使投篮球员成为得分球员——这也是良好投篮的秘密。让球员花费足够的时间正确地练习投篮。练习能够使技术变成永恒的习惯；因此，球员必须学会如何正确地进行练习（身体上和精神两方面）——按照比赛中的位置和节奏进行练习。然后再单独练习精神层面——花3~5分钟在脑海中回忆那些成功投篮或者某个具体投篮的场景，想象完美投篮应该有的外观、声音以及感觉（看、听并感觉）。在脑海中呈现完美投篮的画面时，球员每天至少重复25次诸如"专注""感觉""好"或"进了"这类口头语。只有将身体练习与精神练习结合在一起才能取得最大的进步。

## 投篮力学

特定的投篮身体技巧，也称为投篮力学，包括在投篮过程中身体、双脚以及双手的移动。

单手定点投篮与跳投的移动方式几乎是相同的。基本的区别在于跳投不过是在跳跃到最高处前执行顶点投篮。应该指导球员使用正确的投篮力学并进行练习。中等弧度的投篮（投篮角度大约为60度）是最好的投篮弧度（几乎是垂直轨迹）与可实现的、最精准的投篮力量之间的最佳折中方式。大多数初学者的投篮角度达不到理想的60度角。使用常规的投篮区姿势，投篮手一侧的脚、肘、腕、手与篮球处于同一个垂直平面上，将球向上举起从脸前穿过（参见图4.1）。手以及手臂的运动在顶点投篮和跳投中是相同的——投篮力量均来自于腿部。篮球运动中的后旋力量是由手指推动篮球产生的，能够增加篮球接触到篮圈后的反弹角度（即产生更加垂直的反弹轨迹），还能够增加篮球进入篮筐的概率。同时，还会使球在飞行过程中更加稳定。球员在投篮时可以通过用手指推动篮球的方式使球在运动过程中产生后旋的力量。

除了这些一般的投篮力学要点，球员还应该学会一些具体的基础知识，例如如何保持正确的身体姿势、如何持球以及如何进行投篮时的各阶段动作。

图4.1　垂直平面投篮

## 双脚就位，保持平衡

良好的投篮首先要双脚就位以做好准备（膝盖弯曲），主导脚稍微向前并以快速姿势或者进攻的三威胁姿势指向篮筐（参见图4.2）。球员的头部处于平衡状态并稍微向前，身体基本面向篮筐（肩膀并非正对篮筐——主导手一侧的肩膀稍微向前）。球员应该将投篮手一侧的脚指向篮筐并成坐立姿势（双脚成就跳投）。执行跳投投篮时（稍后会进行介绍），双脚需要正对篮筐。

步法是投篮的基础，能够保持身体的平衡。担任俄克拉荷马基督教会大学（Oklahoma Christian University）教练，同时也是名人堂教练的丹·海思（Dan Hays）使用一套独特的方法指导球员执行正确的定点投篮与跳投的步法。球员双脚并拢站立。投篮手一侧的脚稍微向前移动，使非投篮手一侧脚的脚趾与另一只脚的中点对齐。然后投篮手一侧的脚横向移动，进而双脚就位并保持平衡，可以准备投篮。

**要点提示：**

双脚就位——双手就位（采用投篮区姿势持球）。

图4.2　平衡的投篮姿势：（a）双脚就位的三威胁姿势（前视图），（b）双脚就位的三威胁姿势（侧视图），（c）双脚就位的跳投（pedestal-pocket）姿势（方形站姿）

## 目标

以篮筐上的篮圈作为投篮目标时，应该关注篮圈上想象中的中心点（完美目标）或者篮圈后面作为投篮目标。

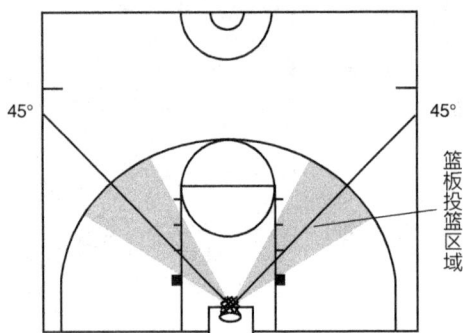

图4.3 以45度角将篮板作为投篮目标

为了精准地投篮，需要有一个目标点，大多数投篮不中的情况都是因为投篮距离过短造成的，而大多数投中的情况都是以篮筐的后半部分为目标点执行的。一些教练更喜欢将篮圈的前部作为目标点。在进行有角度的投篮时（与篮板成45度角），球员可以将篮板上矩形区域的上角位置作为投篮目标点。教练员应该提醒球员投篮时让球击中篮板上的目标点以便使球向下反弹，以正确的弧度落入篮圈（篮板投篮经常会出现投篮过低或者过于平直的现象）。在执行篮圈投篮或者篮板投篮时，球员应该提前锁定投篮目标并在1秒钟内获得完全的专注。可以执行篮板投篮的最佳区域如图4.3所示。篮圈投篮和篮板投篮的投篮弧度都是相同的；一般来说，中距离投篮时篮球所处的最高点应该与篮板的最高点处于同一高度。投篮时应该向高处投球并使球飞向篮筐，向高处自然投篮并使球产生后旋（尤其执行篮板投篮时），向上投球而不是向外投球。

**要点提示：**

完全的专注——提早锁定目标（篮圈或者篮板）。

双眼应该一直关注投篮目标（除了在投篮后眼神跟随篮球的飞行轨迹移动时，每周都要进行相关的练习，以便检查自己是否能够正确地使球产生后旋，本书后面将会进行介绍）。

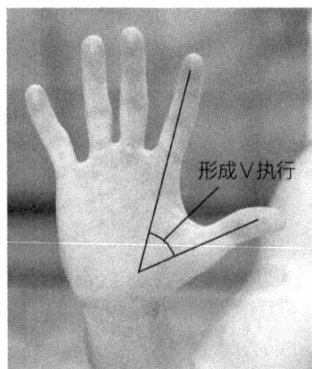

图4.4 正确的投篮手持球方式：使用除了手掌根部之外的整个手掌（拇指与食指成70度角，形成V执行）

## 投篮手

投篮球员的另外一个任务是要学会如何正确地持球。投篮手的手指应该自然地伸展，除了手掌根部以外的其他位置（参见图4.4）。拇指与食指指尖的角度大约为70度（并非90度）。球员应该使拇指和食指成V执行，而不是L。球员（面向教练员）举起投篮手并尽可能地伸展手指（90度角），然后再稍微放松手指（拇指与食指成V形）将球放在投篮手的整个手掌上，同时将手掌在身体前面高举（参见图4.5）。持球时，球员可以在一侧双手持球并旋转篮球使投篮手位于篮球后部和下部，进而形成投篮姿势。这种技巧被称为"锁定并载入"（locking and loading）进入投篮区。

这种技巧能够使投篮手每一次投篮时都能将投篮手放在相同的位置：投篮区总是处于相同的起始位置。

锁定并移动篮球进入三威胁的投篮区位置（每次投篮都从同一个位置开始），球员应该首先将球放在整个手上并置于身体前方的一侧（参见图4.5a）。然后非投篮手抓住投篮手的手腕使其锁定进入起始位置（参见图4.5b）。然后将非投篮手放在篮球的顶部以便进入投篮区位置（参见图4.5c）。

图4.5　锁定并载入：（a）将球置于整个手上，（b）锁定手腕位置，（c）将球移动至投篮区位置

　　将篮球移动至投篮位置后，投篮球员应该向后弯曲手掌并向内移动，腕部和肘部形成L形（可以在手腕后部看到皮肤褶皱）。将球置于手上，就像高举一只想象中的托盘一样。侧面投篮区的位置如图4.6中所示。锁定并载入技巧能够确保每次投篮始终从相同的起始位置开始。

　　肘部（L形）保持高举并向内，位于手腕前面（参见图4.6）。初学者可能会降低起始的肘部位置，但同时肘部仍然位于手腕前面以及投篮手一侧脚的上方。年轻球员一般还会持球过低，进而无法获得足够的动力，将手腕拉到肘部前面，在这个过程中，无法获得足够的投篮力量。投篮力量来自于腿部；而胳膊的投篮力量是不变的。球员犯的最多的错误是，当投篮手一侧的脚指向篮筐，使用腋窝或者肩膀投篮区投篮时，投篮手一侧的肘部通常会向外倾斜。优秀的球员会通过上移手部的方式来纠正这种错误。这样的跳投投篮是一种中距离投篮方式，本书后面会对此进行介绍。

图4.6　常规的侧面投篮区——肘部向上并向内，置于手腕前面，垂直使手部保持平衡

## 平衡手

　　平衡手［或者称为书挡手（bookend hand）］仅用于保持篮球的稳定，并不用于投篮。这个术语更加适合来描述非投篮手的位置和功能，最早是由俄克拉荷马基督教会大学的教练丹·海思提出来的。平衡手保持在篮球一侧，以避免出现拇指拖曳的情况；但并不用于指导篮球的移动路线。球被投出时，平衡手会稍微向上和向外移动，然后以垂直路线远离篮球，手指尖与投篮手的手腕处于同一水平位置。肘部保持稍微放松的状态。对于平衡手来说，球员比较普遍的错误是使用

拇指推动篮球（投篮时），手掌跟拉动篮球（置于球下并拖动篮球）以及投篮后立即旋转非投篮手（它应该处于静止的状态）。这些错误可能是因为在投篮过程中伸展非投篮手所在的肘部而导致的。图4.5c中显示的是正确的投篮区位置以及平衡手的位置。平衡手的位置也可以通过将拇指以正确的角度指向投篮手拇指来描述。

　　教练员在没有球的情况下介绍整个手以及锁定并载入的概念时，可以让球员将投篮手放在身体前面，手掌朝上，手指分开成持球姿势。球员应该想象自己的手掌上有一个篮球，如图4.7a所示。然后球员用非投篮手握住投篮手的手腕并进行旋转，直到无法继续旋转为止（锁定为止，如图4.7b所示，但没有篮球）。最后，球员应该将平衡手放在投篮手上（手掌对手掌）并载入想象中的篮球以进入最后的投篮区（参见图4.7c）。所有这些动作都可以在无球的情况下进行，目的是确保球员能够理解每次投篮时都从相同的位置（投篮区）开始这种感觉。可以通过推动肘部尖端位置的方式来模拟投篮动作，将想象中的篮球投出，同时保持跟随动作。

**要点提示：**

平衡手置于一侧——投篮前稍微向上移动。保持平衡手的肘部弯曲。在垂直位置手指向上，拇指指向后方。

图4.7　锁定并载入（无球状态）：（a）整个手持球，（b）锁定投篮手手腕或者向内旋转，（c）使用非投篮手载入投篮手，（d）推动肘部尖端位置向上投篮，将想象中的篮球投出，同时保持跟随动作

## 投球

　　推动肘部的尖端位置向上投篮，如图4.7d所示，这需要用手指向上和向前推动篮球或者用力弯曲手腕。球员应该想象自己使球越过一个玻璃电话亭的顶端或者越过一个7英尺（2.1米）的防守球员。手指向上推动篮球（手指推动篮球并且手腕弯曲）时会使球产生后旋（参见图4.8）。篮球最后离开食指和中指。

　　后旋会使球柔和地击中篮圈，减慢速度并弹球入网。后旋还会使球保持一致朝投篮目标移动。球员可以每周通过无目标垂直投篮或者在常规投篮后追随球飞行的方法来检查自己投篮时篮球产生的后旋效果。球员不能养成观察篮球的习惯，而是应该始终关注投篮目标。

正确的投篮角度是水平位置以上大约60度。对于大多数球员来说，他们的投篮角度都很低，这会减少球从上方进入篮筐的可能性，进而降低投篮命中率。教练员应该指导球员向高处投篮并使球飞向目标（向高处投而不是向外投）。

投篮过程中普遍存在的问题往往集中在投篮后篮球飞行的弧度上。较低弧度的投篮一般会减少篮球入网的区域。因此，很多球员会努力获得理想的投篮弧度。投篮弧度越高，用于推动篮球所需的力量就越大，结果是力量增加了，但是准确率却下降了。球员和教练员都应该注意如何使用最小的力量获得理想的投篮弧度，使球平顺且有节奏地从手中投出。55~60度的投篮角度能够使球以理想的45~50度进入篮筐。

### 投篮弧度的重要性

下面介绍的是篮球进入篮筐时辐射的角度（入篮角度）。

1. 投篮角度为水平位置上方90度时，目标区域为100%。

2. 投篮角度为水平位置上方51度时，目标区域为55.6%。

3. 投篮角度为水平位置上方31度时，目标区域为33.3%（空心球所需的最小入网角度大约为35度）。

4. 投篮角度为水平位置上方20度时，目标区域为22.2%。

5. 投篮角度为水平位置上方9度时，目标区域为12.2%。

来自卡尔加里大学（University of Calgary）的研究表明，理想的投篮角度范围应该在52~55度之间。要以更高的角度投篮，需要更大的投篮速度和球速，而这些都会影响投篮的准确性。鉴于实际的学习情况，在给球施加的力量与投篮的准确性之间，最佳的方式就是以55~60度的角度投篮。

执行跳投投篮时，会从头顶或者中间起始位置投篮，应用这个原则会更加容易。向上（而不是向外）投球时，手指向上推球并最后离开篮球使球产生后旋（参见图4.9）。

> **要点提示：**
> 向高处投球并使球飞向篮框（以60度角向上投篮使球产生后旋）

## 跟随动作

投篮的最后一个步骤是执行完整的跟随动作，包括完全伸展肘部（锁定肘部）、胳膊向内侧旋转并弯曲手腕（有控制的弯曲）。球员的一只手的手形应该成鹅颈状，手指像伸进罐子里的姿势，看上去就像将手放进一个篮子里或者抓住降落伞在空中漂浮一样，并保持这种姿势（参见图4.8）。手和手指要稳固，但同时还要保持灵活。完整的跟随动作能够确保每次投篮都能以同一个姿势结束。

要提高自己的投篮技术，首先应该应用正确的投篮力学原则和技巧，如本章前面介绍的。球员必须学习正确的技巧并以此作为投篮的身体基础。

- 双脚做好准备，保持身体平衡。
- 将球移动至投篮区（相同的起始位置）；使用整个手持球（形成V执行），锁定并载入；篮球（双手抬球），使用平衡手护球。
- 投球并执行完整的跟随动作（相同的结束点）；以60度角向上投篮（并非

> **要点提示：**
> 执行完整的跟随动作并保持（常规投篮时保持1秒钟，罚球时保持到篮球入网）。

向外投篮），保持跟随动作。

- 在投篮结束时保持身体平衡——头部前倾。

图4.8　向高处投球并执行跟随
动作（投球角度为55~60度）

图4.9　跳投投篮——向上投

# 投篮类型

虽然基本的投篮力学原则根植于定点投篮和跳投，但是同样可以应用于近距离投篮（包括带球上篮）以及长距离投篮上（例如三分球投篮）。低位球员在投篮时同样可以使用这一原则。

## 带球上篮

所有球员都应该学会在以一条腿起跳时能够使用两只手执行带球上篮。这一技巧的应用原则是左腿起跳时使用右手带球上篮，而使用右腿起跳时则使用左手执行带球上篮。如果要想跳得更高，可以在跑动的最后一步用力蹬地以便将向前的冲力降到最低，同时获得最大的向上冲力。无论何时，如果可能，教练员还应该让球员利用篮板，除非执行底线运球突破以及扣篮动作。球员只有在防守压力最小时才适合使用扣篮这一投篮方式。

**接近篮筐。**球员可以选择进攻或者加速接近篮筐这种比较积极的方法。球员执行带球上篮动作时，可以选择以下方式执行进攻移动：双手向上拾球（运球时使用自由手护球，拾球贴近投篮手一侧的肩部——通常是与起跳脚相反的一侧——保持球位于远离防守球员一侧的胸部位置）。使用双手拾球（参见图4.10a）并将球贴近身体远离防守球员进行护球。球员应该保持篮球远离臀部位置并且避免拾球远离自己的发力位置（胸部上方或者肩膀附近区域）。双手拾球并贴近身体移动篮球，能够防止向外移动篮球进而被防守球员抢断（参见图4.10b和c），并且能够防止移动篮球时将球暴露在防守球员面前。球员执行运球突破动作时，最后一次运球应该与最后的内侧脚的跳跃步互相配合；球员使用左脚（相反的脚）跳跃，右手带球上篮方式时，称为反向移动，如图4.11所示。使用左脚起跳时，右侧（反方向）膝盖朝篮筐方向上抬（膝盖与同侧的肘部就像从弹簧上弹起一样）。教练员应该指导初学者在带球上篮时使用快速跑动的方式。对于右手运球和投篮球员来说，应该使用右脚执行最后的跨步移动动作，而将左脚作为起跳脚。要注意的是，在执行最后的带球上篮动作时，球员应该提前锁定目标（通常是篮板）并且专注目标至少1秒钟；眼睛成就带球上篮。

**要点提示：**
单脚带球上篮：反向移动，双手拾球，向高处的篮板柔和投篮。

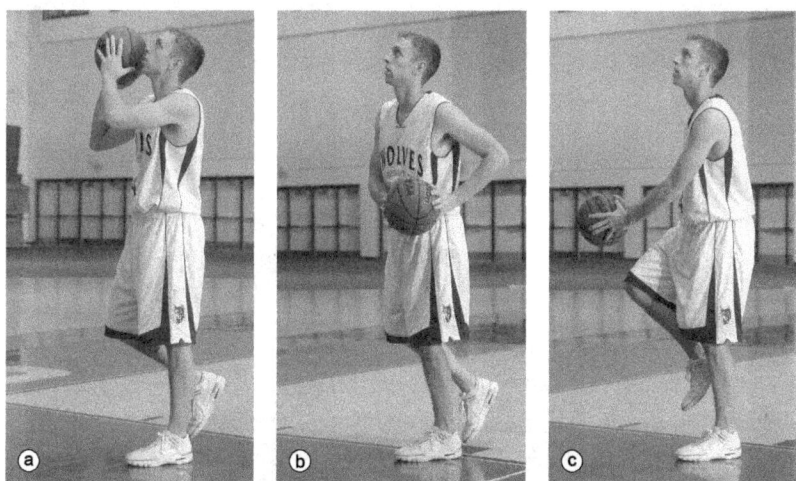

图4.10 带球上篮：（a）双手拾球，（b，c）不要向外来回移动篮球

**起跳**：在球员起跳（参见图4.12）并在到达最高点前向上抬起反方向的膝盖（与起跳脚相反）。其他的技巧包括：善于将篮板作为自己的优势、使用柔和的力量进行投篮（向高处柔和投篮）、专注于篮球和投篮目标。对于单脚起跳带球上篮来说，教练员可以指导球员学习基本的抄手上篮或有推手带球上篮（手掌朝向目标，参见图4.12），以及低手上篮或者掏手带球上篮等，执行后一种方式时使用柔和的力量并且投篮手的手掌朝上（参见图4.13）。

**强行带球上篮**。这种上篮方式需要球员面向底线执行急停动作并双脚起跳带球上篮。执行急停动作时需要较大的力量并保持平衡。相对于单脚起跳带球上篮来说，强行带球上篮速度较慢，但是力量更强。接近篮筐时，球员需要面向底线或者篮板落地，急停后双脚指向底线（双脚同时落地）。参见图4.14。球员使球贴近远离防守球员一侧的外侧肩膀位置，并且双脚起跳以篮板为目标单手带球上篮。

图4.11 带球上篮——反向移动

图4.12 抄手或者推手带球上篮

图4.13 低手或者掏手带球上篮

图4.14 强行带球上篮：(a)急停，(b)强行投篮

**要点提示：**

执行三分球投篮时，需要从腿部获得力量和冲力，肘部向内（常规投篮区）执行完整的跟随动作。

## 三分球投篮

　　相对于一般的两分球投篮来说，执行三分球投篮时球员需要做一些调整。投三分球的球员必须培养自己在不向下看三分线的情况下就知道其位置的能力（留意并知道三分线在哪）。长距离投篮会产生长距离的篮板球，因此抢篮板球的队友也必须进行相应的调整。在比赛的过程中掌握比赛进程以及双方得分情况对于所有的投篮都很重要，但对于三分球投篮来说则更加重要。只有球员朝着三分线移动执行急停或者转身动作时，才应该尝试进行三分球投篮（参见图4.15）。这些类型的移动方式能够提供三分球投篮所需的力量，还能够使初学球员的三分球投篮变得更加轻松。需要注意的是，投篮时需要弯曲膝盖以便获得更大的冲力，主要的投篮力量来自于腿部，肘部成L形并执行完整的跟随动作。对于大多数球员来说，三分球投篮都是定点投篮。

瓦尔帕莱索大学（Valparaiso University）的荷马·德鲁（Homer Drew）指导他的球员在执行三分球投篮时使用6种传球方式，包括：

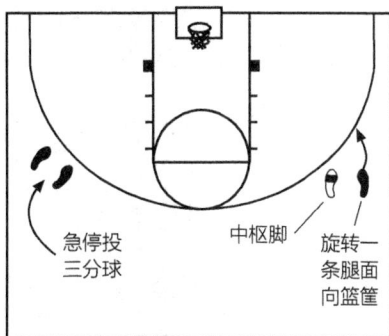

图4.15　三分球投篮步法

- 由内向外传球；
- 进攻篮板球——向外传球；
- 突破并传球（分球）；
- 快攻三分球；
- 高吊传球（有掩护或者没有掩护）；
- 掩护并外切。

## 跳投投篮

对于具备较大力量（尤其是身体中部和上部力量）的球员，以及大部分投篮都是距离篮筐较近的定点投篮和跳投的内线球员来说，他们可以使用一些略有不同的投篮方式。要更加深入地了解这些技巧的训练方式，可以参考由斯科特·贾米特（Scott Jaimet）编写的《完美的跳投》（*The Perfect Jump Shot*）一书（Elemental Press, 2006）。书中介绍的方式与本书前面所介绍的投篮技巧有所区别，可能并不适合大多数球员，但是却拥有自身的优势，包括更高的投篮弧度、更好的平衡、更对称的动作以及能够增加投篮时的灵活性。这种技巧是专门针对那些上半身力量比较强大的精英球员而设计的。

贾米特认为，应该将注意力放在4个因素上：平衡、节奏、伸展和对称。前面介绍的单手定点投篮或者跳投，极大程度上取决于投篮的节奏、完全的伸展以及平衡。而平衡取决于基本的步法，但是与球员身体一侧的投篮区情况也息息相关。将篮球移到球员头顶以及身体中间附近的位置有助于获得更好的平衡。头顶和额前投篮区就是跳投投篮位置。球员应该双手抓球，投篮手成V执行，然后锁定篮球并适应双手将球移动到跳投投篮区，如图4.16所示。在执行传统一侧的投篮区或者比较居中的跳投投篮时，整个手应该始终放在篮球下面。球员应该使用双手抬球并将球移动至投篮区。跳投是一个平衡触发点，也是投篮的起始位置。球员从这个位置通过推动触发点向上（并非向外）朝篮筐投篮（参见图4.16c）。中间位置或者跳投位置具有独特的优势，能够使球员向上投篮，而不是向外投，

**要点提示：**
在跳投投篮动作中，篮球位于头部的正上方，眼睛和耳朵之间。

**要点提示：**
肘部形成正确的角度，拇指以正确角度置于篮球之上（跳投投篮）。

这就避免了一个最普遍的投篮错误——由于投篮弧度过低而导致篮球进入篮筐的区域变小。

图4.16 跳投投篮:(a)拾球并形成V执行,(b)锁定并载入篮球以形成帐篷状,完全的关注——注视"帐篷"的下方,(c)折叠"帐篷"并保持跟随动作

球员使用跳投投篮方式时,臂部和双脚的位置也必须进行调整。投篮手(位于球下)和平衡手(位于球侧)此时应该以几乎相同的方式置于球上。双脚采取更加平行的站姿,两个肘部以平衡和放松的位置向外指,形成帐篷状(肘部位于最下方,篮球位于最上方,参见图4.16b)。前臂和上臂在肘部形成所需的90度角。这种投篮方式的另外一个优势,是投篮球员能够更早地锁定投篮目标,并且不会受到胳膊或者篮球的干扰。球员在投篮时应该形成帐篷状的姿势,并将球置于投篮区,位于头部上方,眼睛和耳朵之间。教练需要强调的是,球员的肘部应该位于眼睛位置的高度,胳膊在肘部形成正确的角度。这些能够使投篮球员更容易地向上投篮(而不是向外投)。球员从他的触发点投篮时,手臂需要完全伸展(投篮手的手臂、肘部以及手腕),执行完整、稳固,但柔和的跟随动作。跳投时,在跳跃的最高点向上投篮,执行定点投篮时则是在脚尖触地时向上投篮。

需要注意的是,球员使用跳投投篮技巧时,双脚和双臂应该处于互相对称的位置(参见图4.16)。身体直接面向篮筐并保持平衡,在投篮前、投篮过程中以及投篮后,保持这种对称的姿势。跳投投篮的完整执行顺序如下所示。

1.使用急停(或者转身)方式进入面向篮筐的快速站姿状态。成坐立投篮姿势并面向篮筐;持球时手腕应出现皮肤褶皱(参见图4.16a)。

2.使用双手向上拾球,拾球时手腕弯曲出现皮肤褶皱,快速将球移动到跳投投篮区——形成帐篷状(参见图4.16b)。锁定并将球载入到跳投投篮区;将球移动至触发点位置,拇指以正确的角度置于球上。

3.完全伸展腿部跳跃,并在1秒钟内专注目标(通过"帐篷"下方的V形区域注视目标)。

**跳投投篮教学要点**

▫ 面部和肩膀正对篮筐，采取双脚平行的站姿。形成坐立的投篮姿势并从腿部发力。

▫ 快速锁定并将篮球移动到跳投投篮区。双手快速拾球，手腕弯曲并能看到出现皮肤褶皱。

▫ 肘部向外形成帐篷状并将球置于触发点位置。手臂、肘部与拇指形成正确的角度。提前将注意力放在投篮目标上（篮圈的后部或者篮板上矩形区域的上角位置）。

▫ 腿部完全伸展起跳；身体竖直向上或者微微前倾。

▫ 拉动触发点向上投篮（不是向外投）并执行完整的跟随动作；折叠"帐篷"进行投篮。

▫ 以快速站姿平衡落地。

4. 在跳跃的最高点位置将球投出，执行完整的跟随动作（参见图4.16c）。拉动触发点并折叠"帐篷"（类似于跳伞时的姿势并保持1秒钟）。

5. 在起跳点稍微向前的位置平衡落地。

## 低位强行投篮

强行投篮，是针对低位球员从强行带球上篮而衍生出来的一个变种，是背对篮筐的球员所使用的最基本的得分移动方式。防守球员在侧面位置（身前侧面）进行防守时（参见图4.17）可以使用这种投篮方式。如图所示，进攻低位球员位于底线位置，位于底线处的那只手接队友传球（传球得分）。接到球后（接球并将球置于颌下护球，如图4.18a所示），进攻球员保持下半身状态，通过后半转身或者用腿部来封阻防守球员（参见图4.18b），然后立即双手双脚同时起跳将球朝篮筐移动。图4.19中显示的是双脚起跳急停落地后，在前脚位置从颌下开始执行一次运球的移动方式。低位球员落地时面向底线，并从颌下开始向上朝篮筐或者篮板强行投篮（参见图4.20）。

图4.17　低位——侧前防守

低位强行投篮可以通过两种方式来实现：球员在罚球区内接球，通过无运球（紧靠腿部动作）的方式强行投篮；球员在罚球区外接球，通过运球并起跳的方式（双脚到双脚）强行投篮。这两种方式的投篮都被称为"角度篮"（angle basket），能够使进攻球员借助身体位置的优势以低位球员角度朝篮筐移动。

## 低位勾手投篮

最擅长使用低位勾手投篮的人是路易斯·阿尔辛多［Lew Alcindor，后改名为卡里姆·阿卜杜·贾巴尔（Kareem Abdul–Jabbar）], 他曾经是Power Memorial High School（纽约市）、加利福尼亚大学洛杉矶分校（UCLA）以及NBA的球员。贾巴尔发明了"天勾"（skyhook）这种投篮方式, 并达到了炉火纯青的程度。他在洛杉矶湖人队时的教练帕特·莱利（Pat Riley）曾经这样描述贾巴尔的这种投篮方式: "所有运动历史上最可怕的武器。"

图4.18 低位强行投篮: (a) 接球并将球置于颌下护球, (b) 向后半转身封阻防守球员

图4.19 强行投篮: (a) 起跳, (b) 急停并将球置于颌下护球

美国球员曾经通过背对篮筐的打法, 依靠自身的身体和位置优势称霸世界篮坛。"天勾"的打法非常适合贾巴尔, 因为这种打法需要极大的精神上的驱动力。正如贾巴尔所说的: "每个人在投篮后都想看到篮球, 使球始终位于自己的视线内。"但是低位勾手投篮实际上无法使球员在投篮后看到篮球, 因为球是从后面绕过头顶飞向篮筐的。贾巴尔说: "这种投篮方式需要决心、节奏, 以及手感和不

断的尝试。"这说明低位勾手投篮需要坚定的信念和意愿（强烈的试错心理），以及不断的练习（Wolff，2002）。

有时，低位投篮被称为"小勾手"或"现代勾手"，球员在低位背对篮筐接队友传球。低位投篮的最佳位置在罚球区外侧靠近拦截位置附近（参见图4.21）。这个低位到中间的位置就是罚球区的外侧，在第一个或者第二个罚球区附近的区域。低位球员应该位于低位线上或者附近区域，也就是在传球球员和篮筐之间的直线上。

图 4.20　强行投篮：强行向篮筐移动

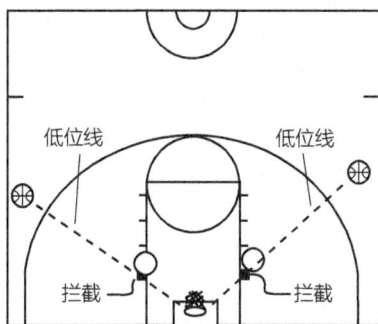

图 4.21　在拦截位置执行低位背打战术

在低位背对篮筐接队友传球时，球员应该使用双手接球并将球置于和颌下护球。进攻球员在低位时，也应该使用双手球并将球置于颌下的强力位置护球。实际上，任何球员在接到传球后都应该采用快速站立姿势并将球置于颌下护球。执行低位投篮动作时，步法是以底线位置的脚作为中枢脚，向后执行半转身进入罚球区。另一只脚尽可能大步地迈进罚球区，形成背对篮筐的平衡姿势。理想情况下，这只脚应该是与底线互相平行的。非中枢脚击地时，中枢脚随着膝盖的抬高而升起并转身面向篮筐，与常规的带球上篮一致。然后将球从颌下位置从头部的一侧移动到头部上方，手臂完全伸展，手掌朝下进行投篮（肘部锁定）。图4.22介绍了完整的低位投篮顺序，其中包括以下这些基本步骤。

- 低位背打时双手作为传球目标——成坐立站姿（图4.22a）。
- 接球并将球置于颌下；接队友传球并将球置于颌下的强力位置——相对于位置来说，不丢球更加重要（图4.22b）。
- 使用底线处的脚作为中枢脚向后执行半转身，迈步进入罚球区，迈步脚与底线平行（图4.22c）。
- 将球向上移动到头部上方，手臂完全伸展，在篮球出手前保持篮球贴近身体（图4.22d）。
- 转身执行低位投篮动作（图4.22e）。

- 以快速站姿落地，并做好投篮不中的准备；快速站姿双手举起，准备抢进攻篮板球（图4.22f）。

图4.22 低位投篮：（a）低位背打——使用双手作为传球目标准备接队友传球（图中的传球目标是左手，因为低位球员接到球后将朝着中间位置投篮得分），（b）迎球并将球置于颌下——可能时使用急停的方式，（c）迈步进入罚球区，迈步脚与底线平行，（d）使用外侧肩膀护球，（e）向上移动篮球到头部上方，（f）执行跟随动作，面向篮筐，双手举起做好投篮不中的准备

## 低位勾手跳投

**要点提示：**

勾手跳投：内侧肩膀指向篮筐，在头部上方投篮并执行完整的跟随动作。

　　低位勾手跳投是低位球员勾手投篮的一个变种，比低位勾手投篮更简单，需要的技术水平也比较低，教学也更容易，它还具有更快的投篮速度。这种投篮方式适合所有的球员，可以在靠近篮筐以及面对高个球员防守的情况下，选择这种投篮方式。

　　这种投篮方式的教学步骤如下所示。

　　1. 在篮筐前面面向边线［本位（home base）］进行投篮（惯用手和非惯用

手）。如图4.23所示，球员投篮时类似于从深蹲姿势开始，篮球位于外侧肩膀一侧的颌下位置，投篮时直接从头上执行。需要注意的是，头上投篮时，手臂要完全伸展，手腕发力，内侧肘部或者肩膀指向篮筐。非惯用手的练习次数应该是惯用手的2~3倍。

图4.23　勾手跳投：（a）起始位置，（b）结束位置（不起跳）

2. 从本位执行勾手跳投——在将要跳跃至最高点时出手投篮，落地时双臂举起，做好投篮不中的准备。

3. 勾手跳投——从5个位置使用右手和左手执行勾手跳投（底线、45度角、本位、45度角、底线），如图4.24所示。

4. 在5个位置越过假想的防守球员或者投篮辅助装置，执行勾手跳投（双手举起）。

5. 强行移动到中路——一次运球强行移动到本位（篮筐前面或者罚球区）并执行勾手跳投（参见图4.25），或者在本位处做投篮假动作并执行勾手跳投（参见图4.26）。

6. 勾手跳投的终极版本，是在空中转身接球并在罚球区内落地（即向罚球区内为低位球员传球）。球被传出后，

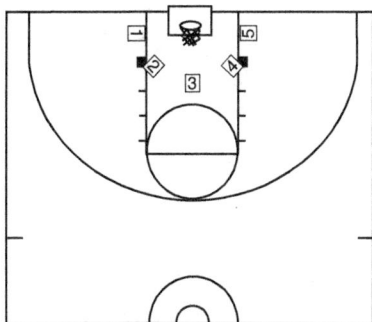

图4.24　勾手跳投的5个位置

低位球员双脚滞空接球并转身寻找篮筐，非投篮手一侧的肩膀指向篮筐。将球置于投篮手一侧的颌下护球。勾手跳投时双脚强力起跳并从投篮手肩膀直接向上投篮，锁定肘部并放松手腕执行跟随动作。执行步骤：接球并转身，勾手跳投并以快速站姿落地，做好投篮不中的准备。

## 投篮假动作

双脚和双手做好投篮准备（三威胁姿势或者投篮区）能够使持球球员更加快速并有力地执行进攻动作，同时能够允许球员使用投篮的补充动作——投篮假动作。

图4.25 强行移动到中路：(a)低位球员接球，防守球员位于底线一侧，(b)强行移动到中路——后转身封阻，(c)强行移动到中路——跳跃到本位，(d)在篮筐前面的本位处执行勾手跳投

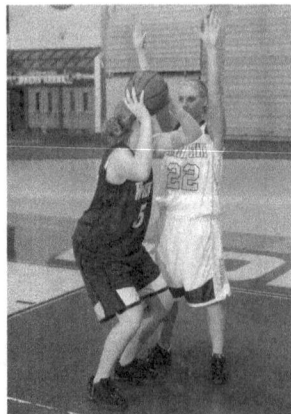

图4.26 投篮假动作——锁定腿部姿势，假动作的距离为2.5厘米，保持脚后跟位于地面上

　　进行投篮假动作的正确技巧是，球员持球（颔下持球、三威胁姿势或者跳投投篮区）快速在垂直方向移动篮球（眼睛保持注视投篮目标的同时，快速上下移动篮球1英寸，即2.5厘米的距离）。球员在上下做投篮假动作的同时，身体要保持快速站立姿势并且眼睛注视篮筐。不要立即移动，而是应该提供一点时间，以便对手对假动作做出反应。球员面向篮筐时可以使用投篮假动作。背对篮筐或者执行勾手跳投时，是否可以使用假动作，要看球员的脚后跟是否位于地面以及腿部是否处于弯曲状态。使用假动作时球员需要保持固有的站姿（参见图4.26）。

# 罚球投篮

　　常规投篮和罚球投篮的命中率是与比赛胜负直接相关的第一

统计因素。球员和教练员需要认识到得分的重要性，并掌握正确的投篮技术，采用正确的方法进行练习。罚球投篮之所以特别重要，是因为这是一个心理技巧和身体技巧兼而有之的投篮方式（信心至关重要），在罚球时比赛时间会暂停，而过去35年罚球命中率并没有提高（NCAA篮球趋势统计，2006）。实际上，罚球投篮是一个团队技术，每个团队成员都应该精通这种技术，忽略年龄或者性别因素，至少要达到全国的平均水平。

正因为罚球非常重要，团队应该拿出一定比例的时间对此进行练习；20%~25%的得分、投篮以及比赛的胜负是由罚球决定的。鉴于练习时要均匀地进行防守和进攻练习，因此花费在罚球上的练习时间应该是10%~12%。一个小时的十分之一是6分钟，因此每小时应该拿出5分钟的时间练习罚球技术，将这种时间安排当成一种规则，无论是常规赛还是季后赛时的练习，每小时都应该拿出至少5分钟练习罚球。

**要点提示：**
每个小时花费5分钟练习罚球技术。

比赛中要达到的命中率应该按照不同的年龄段进行设定，如表4.2所示。可以通过这些标准，检验球员是否需要完全或者部分接受本书中的指导，以便提高自己的罚球投篮能力。由于在正常比赛中的表现会比练习时有所下滑，因此练习时的标准应该比比赛时高5%。

**要点提示：**
首先按照正确的投篮规则进行练习，然后再加入竞争因素（加入目标、防守球员及各种复杂情况）。

表4.2　　　　　　　　　　　　　罚球命中率目标

| | 练习 | 比赛 |
| --- | --- | --- |
| **球员级别** | **%** | **%** |
| 小学 | 55 | 50 |
| 初中 | 65 | 60 |
| 高中 | 75 | 70 |
| 大学 | 80 | 75 |
| 职业球员 | 85 | 80 |

## 罚球技巧

与常规的投篮相比，罚球技巧的区别在于它在特定的地点进行（脚的位置），且有一套特定的程序，投篮的末尾还要停顿一下以及配有夸张的跟随动作。球员应该在每一次罚球时都使用简单一致的动作。完整的罚球技巧如图4.27所示。

球员应该了解良好投篮应该具备的外观、声音和感觉，最终达到能够闭上眼睛执行罚球的程度。投篮时应该掌握正确的节奏——不能太过放松或者太紧张。比较重要的身体力学原则如下。

- **找到投篮点**：每次罚球时站在与罚球线的中点对齐的位置——投篮手一侧的脚、轴、手、球和眼睛与篮筐处于同一个竖直的平面上。每一次罚球时，投篮手一侧的脚应该在同一个位置，并且向前指向篮筐或者稍微向左一点。将主导脚或者前脚（右手投篮球员的右脚，左手投篮球员的左脚）

**要点提示：**
身体各个部位准备就位。

图4.27 罚球：（a）站在罚球线中央，身体重心向前，（b）注视目标1秒钟，（c）执行完整的跟随动作（保持到篮球入网）

图4.28 跳投投篮位置

**要点提示：**

完全的专注：提前关注投篮目标并至少持续1秒钟（篮圈后部是较好的目标点）。

的脚尖置于罚球线的正中央。对于硬木场地来说，罚球线的中央会有一个钉子孔，可以用作参照物。对于其他场地来说，需要自己进行标记。将前脚放在中央，脚趾指向同侧篮板的角（即右脚指向篮板的左边角，反之亦然）。将另一只脚放在比较舒适的位置，双脚分开，与肩同宽，双脚错开平衡站立。相对于平行站姿来说，这种姿势更好一些，能够使球员的肩膀肌肉得到放松，同时使投篮手的手臂直接位于与篮筐同一竖直平面内。执行跳投投篮时，双脚采用并拢的平行站姿，眼睛和篮球处于同一条线上（参见图4.28）。

- **完全的专注**：投篮时应该专注于篮筐的中央或者篮圈后部。球员在执行任何投篮时，都应该做到心中只想着篮筐或者让对方为自己的犯规付出代价。应该提前就关注目标并持续1秒钟的时间（专注、感觉和反馈的精神法）。

- **投篮末尾弹跳动作**：在投篮的末尾，球员应该停顿一下，使身体和精神镇定下来并集中注意力，然后执行弹跳动作以获得节奏感。停顿后，所有的运动应该是向上朝着篮筐进行的。这种方式被称为"一体式投篮"（onepiece shot），所有运动都是朝向篮筐的正向运动。球员应该保持简单利落的投篮动作，使用更简单的正向运动来代替那些不必要的上下移动。

- **投篮程式**：应该将一套完整的投篮动作养成一个固定的投篮程式。教练员应该帮助球员每次都使用同一个方法执行相同的动作——不断的重复能够更容易使其成为一种固有模式。投篮前应该先做一个深呼吸，并使其成为投篮程式的组成部分（使用鼻子吸气，用嘴呼气）。球员可以坚持将手放在球上的同一个位置。大多数球员会将手指肚放在球囊的接缝上。球员应该在保持简单的同时花些时间认真总结出自己的投篮程式；有时候，在投篮程式中规避运球动作是最佳选择。最后，可以借助一些口头语使自己在投篮时更加专注。

- **完整的跟随动作：** 手臂完全伸展且手掌朝下，这是跟随动作中的关键要素。球员投篮时应该用脚尖蹬地——从腿部获取力量。执行跟随动作时，上臂应该位于水平位置上方55~60度角。向高处投球并在篮球入网前保持跟随动作。投篮后，手呈放在篮子里的姿势。脚尖着地或者略微向前跳动。保持跟随动作并将身体重心前移。

### 罚球投篮教学要点

- 保持投篮的简单性和一致性——简化运动路线，并且每次投篮时都使用相同的方式进行。
- 每天进行投篮练习（例如，可以进行20次投篮并记录投中的次数）。
- 竞争（例如，一次投篮命中后可以再额外进行第二次第三次投篮）——每次投篮时都将其当成是比赛中的投篮，并设定具有竞争性的投篮目标。
- 记录——将成绩用笔记录下来，练习时设定的目标应该比比赛时高5%。
- 付出时间——无论日常训练还是比赛期间的训练，每练习一小时花5分钟进行罚球练习。

### 身体技巧教学要点

- 找到投篮点——每次投篮都在同一位置进行，前脚与地面上的钉子孔对齐。
- 使用投篮程式——每次都使用相同且简单的投篮程式动作；包括深呼吸（用鼻子吸气，用嘴呼气）、手指位于篮球上相同的位置、使用让自己专注的口头语以及在脑海中想象期望的投篮画面。
- 投篮末尾弹跳——带着节奏（弹跳两次或三次）朝篮筐正向运动（一体式投篮）。
- 使用完整的跟随动作——执行稳固但放松的跟随动作，并保持到篮球入网（保持身体重心向前，身体不要向前冲）。

### 培养心理优势教学要点

- 投篮程式——使投篮更自然并增强信心（说出口头语"进了"使自己更加专注、深呼吸并使用相同的拿球位置）。注视篮网，说出"进了"，并在脑海中形成相关画面。
- 完全的专注——提前锁定目标，可以选择篮圈后部的中点作为目标并注视1秒钟。
- 感觉——在投篮过程中说出"感觉"，使自己自始至终将注意力放在投篮上。
- 反馈——每次投篮后，记住那些成功的投篮（可以说口头语"好"以示庆祝）并忘记所犯的错误（分析错误然后忘记它们，可以使用口头语"短""长""右"和"左"来提示投篮位置）。

### 建立罚球信心

罚球信心的建立是一个渐进式的长期的过程，球员可以使用特定的精神技巧，包括前面介绍的投篮程式动作。球员需要在练习以及比赛期间，以正确的方式连续地进行罚球，需要提前锁定投篮目标并完全专注1秒钟的时间（可以使用口头语"专注"）。教练员可以指导球员在每次罚球投篮时都使用一些积极的想法，例如，要让对手为自己的犯规付出代价，心中只想着篮球入网的情形并注视篮球入网掠过网时的情形。罚球球员在罚球时可以使用口头语"感觉"来增强自己的投篮意识。要培养积极的投篮态度，也可以通过庆祝每次投篮命中，以及对投篮不中的罚球进行正确的反馈（例如，命中时可以使用口头语"好"，不中时可以使用"短""长""右"或"左"）这两种方法来实现。罚球球员应该自觉屏蔽所有消极的想法，只想那些积极的想法。信心来源于精心的准备工作，以及比赛中对各种技术的演练。球员需要在具有竞争的环境中练习罚球，使每次罚球都像是在比赛中一样。

小学阶段的球员可以使用较小的篮球、更低的篮筐（8英尺，即2.4米），以及距离更短的罚球线（9英尺，即2.7米）。适合初中阶段球员的篮筐距离则是12英尺（3.7米），篮筐高度为9英尺（请参见"篮球技术进阶"部分内容）。

**要点提示：**

精神技巧——投篮前注视篮网，并在投篮过程中说出口头语"进了"。

# 投篮练习

教练员在指导球员进行投篮练习时应该发挥自己的创意，使用分阶段的进阶式练习方法，包含全部基本的投篮技巧：无球步法、平衡练习、定点投篮、接传球后投篮以及运球后投篮等。首先强调正确地执行动作，然后再按照比赛时的环境和节奏练习投篮。

### 队列练习：投篮

**目的**：指导球员模拟比赛环境进行投篮练习。

**设施**：半场（最低要求），4个篮球（最低要求）。

**过程**：将球员分成4个队列站在底线处。本练习中不加入篮球和防守球员（稍后会加入篮球）。球员用距离底线最近的脚起跳后执行急停动作，进入投篮姿势。稍后练习中将加入篮球，并执行下手传球或者运球的动作。

**选项**

- 直线——球员在罚球线、中场线以及对面的底线位置执行无目标投篮动作，眼睛注视对面的篮筐。

- 进攻Z字——在每个变向位置进行投篮动作。大部分的移动应该采用横向移动的方式，这样球员能够更加容易选择距离篮筐最近的脚。

- 遵从教练指令直线投篮——4个队列中的第一名球员在听到"前进"指令时向前移动，第一名球员移动到前方15~18英尺（4.6~5.5米）时第二名球员开始移动。教练在场地侧面指定一个篮筐位置（可以选择边线与中场线的交叉处作为篮筐位置)。球员以基本的姿势有控制地向前移动，直到下一个指令。教练员喊"投篮"指令时，场上的球员要模拟接球急停动作，或者运球后投篮动作并朝向想象中的篮筐投篮。再次听到"前进"指令时，所有球员继续向前移动直到教练发出下一个指令。球员必须始终保持身体平衡和控制，准备进行投篮动作，向前场推进时向右投篮，返回时向左投篮。

## 问题解答

下面介绍的是一些普遍存在的投篮问题。

**问题**：投篮时失去平衡，投篮时身体向侧面或者向后移动。

**纠正**：具有平衡性的正确步法（双脚分开与肩同宽，成坐立姿势）是纠正这种问题的良方。平衡的急停或者跨步急停（一脚为轴，一脚转身）能够纠正这个问题。

**问题**：投篮弧度过低。

**纠正**：投篮区过低或者篮球离身体太远（悬在身前）。抬高侧面投篮区或者使用居中的跳投投篮方式。投篮时向上投，不要向外投，要朝篮筐上方投篮，而不是篮筐的位置。

**问题**：不能提前锁定目标。

**纠正**：保持专注并提前注视目标。运球或者接到传球后立即注视目标（可以使用口头语"专注"）

**问题**：各部位无法对齐或者存在方向问题。

**纠正**：球员应该以稍微错开的姿势（侧面投篮区）或者平行站姿（跳投投篮）使自己面向篮筐。使用常规的侧面投篮区时，确保篮球、投篮手、投篮手的肘部和肩膀、投篮手一侧的脚和膝盖处于竖直的平面上。使用跳投投篮方式时，确保触发点位于头部上方正中央，手臂和身体要对称。

**问题**：投篮时篮球不能快速投出。

**纠正**：通常来说，球员向上拾球进入投篮区（侧面投篮区）的动作较慢，持球位置过低，锁定并移动篮球到投篮区的距离过长或者在投篮过程中上下移动篮球（两步投篮）是导致这种问题的原因。应该提高动作的执行速度，缩短将球移动到投篮区的距离并使篮球完全正向地朝篮筐运动。身体不要向下移动，增加膝盖的弯曲幅度并成坐立姿势。

**问题**：投篮时身体向前冲。

**纠正**：这种问题通常是由球员没能专注于投篮节奏导致的。球员应该模拟比赛环境和节奏来投篮——应该遵循名人堂球员和教练员约翰·伍登的建议，即动作要快速但不能匆忙。

**问题**：动作不连贯。

**纠正**：这种问题通常是由每次投篮都使用不同的技巧导致的。每次投篮都应该使用相同的起点或者触发点和结束点（完整的跟随动作）。球员应该规范自己的投篮动作，并将其养成自动发生的习惯。

**问题**：无法快速建立信心。

**纠正**：教练员应该反复指导球员进行自我对话的投篮技巧（专注、感觉、反馈）。坚持按照比赛的环境和节奏进行投篮练习。应用BEEF和ROBOT的投篮原则。

- 有球直线投篮——每个队列的第一名球员以正确的技巧执行4次想象中的投篮动作（分别在罚球线、中场线、对面的罚球线和对面的底线处持球做投篮动作）。球员在对面篮筐处进行投篮动作，然后想象篮筐位于侧面。

此时，球员应该以篮筐一侧的脚起跳，并在落地时面向篮筐。球员持球在空中转身面向侧面，然后进行投篮动作。球员可以自己为自己传球并进行投篮动作（在想要投篮的位置为自己执行下手传球）。然后也可以执行运球后投篮动作。投篮时，在投篮位置稍微向前的地方以60度角投篮——执行夸张的跟随动作并保持到篮球落地。练习中不使用投篮目标；教练员应该强调要向上投，并在篮球落地前保持跟随动作。

## 带球上篮进阶练习

**目的：** 指导球员正确并快速地按照比赛形式进阶式执行带球上篮动作。

**设施：** 每名球员一个篮球（如果条件允许），每12名球员一个篮筐。

**过程：** 教练应该根据球员的年龄以及技术水平应用多个阶段的练习。

**带球上篮进阶练习**

- 队列练习——无球、持球、运球。在罚球线、中场线、对面的罚球线和底线处执行带球上篮动作。使用夸张的跟随动作。
- 以正确方式持球，使用外侧肩膀护球；执行单手带球上篮动作。
- 单队列运球带球上篮——每名球员一个篮球（6名球员一个篮筐）。开始练习时，持球形成快速站姿，并使用直接突破或者交叉突破从翼部位置运球。需要强调的方面包括提前锁定目标、双手抬球、向高处跳（在球落地前自己抢篮板球）——可以在球员与篮筐之间加入想象中的防守球员或者障碍物。
- 双队列带球上篮（12名球员使用三个篮球和一个篮板）。
    - 向内运球，对面的队列抢篮板球。
    - 对面的队列为自己传球。

**注意：** 接传球带球上篮的进阶练习方式是在肩部和颌下持球，然后跑向篮筐。

**运球追逐带球上篮：** 球员分成两人一组，每组一个篮球。持球球员站在底线后以及罚球线外侧。搭档（接球球员）站在罚球线和中场线中间。传球球员使用长传方式为接球球员传球，后者接球并朝场地的另一端快速运球并带球上篮，刚才传球的球员现在开始追逐运球球员（不能犯规，但是可以抢球）。另一端的球员同时执行相同的动作；将所有球员分成两个部分，每侧一部分球员。按顺时针顺序轮转，然后在变为逆时针顺序，这样能够确保非投篮手能够获得足够的运球和带球上篮练习。

**两分钟团队带球上篮：** 本练习需要4名教练员或者助理人员站在罚球区顶端位置为球员传球。将球员分成两个队列，分别站在全场两侧的底线后面。开始练习时先使用两个篮球，稍后再添加两个篮球。练习的顺序如下：每个队列的第一名球员带球上篮，无论命中与否，都将球传给同一侧的教练员并快速突破到边线罚球区的另一个篮筐。然后球员在中场线附近位置接第一个教练员的回传球并将球传给第二个教练员，再次接回传球执行带球上篮动作。场地另一侧的球员同时执行相同的动作（两球同时进行）。教练员可以通过增加两个篮球的方式提高训练的技术水平。

**教学要点**

- 单脚带球上篮——反方向（起跳脚和投篮手不在同一侧）。
- 双脚带球上篮——一次性发力或者双脚执行急停动作。
- 双手拾球并在远离防守球员一侧的肩膀处护球——平衡手驱动或者将球向上移动至肩膀处（不要左右摇晃）。
- 向高处跳，不要横向跳跃（最后一步用力蹬地）。
- 提前锁定目标——向上柔和投篮，尽可能利用篮板。

## 常规投篮进阶练习

**目的**：球员通过自己进行热身练习来提高投篮技术，其他情况下的投篮技术同时从中获得反馈信息，进而帮助自己提高。一些常规投篮进阶练习需要每天都进行，以便回顾其中的身体和精神技巧。

**设施**：每名球员一个篮球（条件允许的情况下）、一个篮筐，或者两个球员使用一个篮球（可以互相充当对方的教练员）。

**过程**：每个球员持一个篮球，并通过不断的练习检验自己的投篮技术。每次练习时，每个选项重复练习5次。

**选项**

- 双手击打篮球以提高使用整只手持球时的球感。将手放在篮球的侧面，轻轻向上抛球，然后双手用力接球，发出"砰"的声音，重复练习5次。球员每次拿到篮球以及进入球场上时都应该先执行这项练习。
- 单手手臂摆动进入投篮区，进行投篮动作并返回（无球）。球员也可以使用平衡手执行此项练习。每次重复5次。
- 无球电视机支架投篮练习——球员躺下，将投篮手的肘部置于地面，水平手持想象中的篮球（类似于电视机支架的姿势）。竖直投篮并保持跟随动作。每次重复5次。
- 有球电视机支架练习——执行动作与上一个练习相同，区别在于此练习是有球练习。篮球必须向上投出至少6英尺（1.8米）高（同时确保执行完整的跟随动作）。保持跟随动作1秒钟，然后接住下落的篮球。每次重复5次。
- 无篮筐目标的墙面或篮板投篮——开始练习时，投篮手持球，另一只手手掌朝上（形成V字），锁定并载入到投篮区，平衡手朝上但是不能接触篮球，然后向上朝墙面或者篮板投篮。
- 垂直投篮，即单手垂直向上执行无目标投篮，开始练习时，球员投篮手掌心向上持球。投篮球员需要将投篮手一侧的脚与场地上的任意一条直线对齐，然后投篮手翻转篮球进入投篮区，平衡手不能触球且要稍微偏离垂直位置。投篮手投篮并使球产生后旋，手腕发力，在篮球触地前保持跟随动作并检查球落地的位置（如果球员垂直向上投篮而不是向外投篮，那么篮球会落在直线上或者直线附近，距离球员 6~8 英尺，即 1.8~2.4 米）。重复练习 5 次。

- 近距离投篮或者称"柔和投篮"（soft touch）"杀手投篮"（killer），有目标进行投篮动作（篮圈或者篮板）。提醒球员练习时按照从内向外的方式进行，开始时离篮筐较近，然后逐渐远离篮筐。所有的投篮都应该在罚球区内进行。每个位置至少投篮 5 次（中级和高级阶段可以制订更高的目标）。

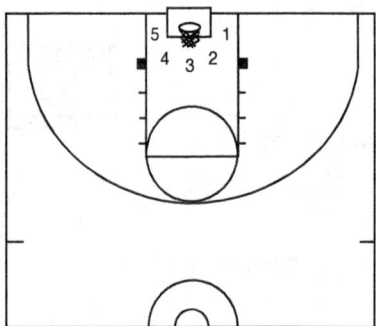

图 4.29　软接触或者环形投篮位置

环形投篮练习强调步法的运用：每名球员都在环形区域内移动，使用双手在胸前持球（将球置于颌下护球），在罚球区内运用正确的急停步法（从篮筐一侧的脚起跳，落地时双脚对准篮筐并准备短距离投篮）在 5 个位置进行投篮，如图 4.29 所示。顺时针完成 5 次投篮后，每名球员再按照逆时针的顺序完成 5 次投篮。以 45 度角执行的投篮时擦板投篮（位置 2 和 4）；在位置 1、3 和 5 处执行的则是篮圈投篮。练习时不允许运球——环形投篮练习着重练习的是双脚的位置以及双手对篮球的控制。每完成一次投篮绕环形区域移动。球员顺时针移动时，正确的步法是从篮筐一侧的脚起跳以便双脚能够立即执行急停动作并使球员面向篮筐，主导脚指向篮筐，双手立即就位（篮球位于投篮区内）。逆时针移动时从左侧脚起跳；顺时针移动时则使用右侧脚起跳。

还可以选择其他方式的热身步法练习，例如简单快速的绕圈传球接球练习，以及传球后投篮或者运球后投篮等。俄克拉荷马基督教大学的丹·海思开发出一套名为"海思步法"练习的方式，练习时从罚球区一侧的肘部位置到另一侧的肘部位置（可以在罚球区附近的任意位置从一侧到另一侧，中间的距离是 15~18 英尺，即 4.6~5.5 米）。传球投篮的步法从左侧肘部位置开始；球员面向另一侧的边线并使用双手手下传球的方法为自己传球并使产生后旋，将球抛向另一侧的肘部位置，并执行正确的步法移动去接传球（从篮筐一侧的脚起跳并面向篮筐急停落地）。球员使用双手快速接球并将球移动到投篮区位置。需要提前锁定目标并使用口头语"专注"，可以使用短快的投篮假动作来测试身体的平衡性，但是不是真的进行投篮动作。然后球员再面向另一侧的边线，使用反弹传球的方法在胸部或者投篮区的高度为自己传球，并重复从右到左的传球步法。此时，右侧脚变为起跳脚。将这个过程重复 10 次；向右和向左侧分别重复 5 次。整个过程演示的，是在保持身体平衡的前提下，从右向左移动快速接队友传球并进行投篮的动作。

接下来，将使用外侧手运球并投篮的动作重复 10 次；右手从右向左运球，左手从左向右运球。需要着重练习的地方是，球员从篮筐一侧的脚起跳时能够正确地为自己传球（即最后一次运球）。最后一次运球应该采用强力运球的方式，使球能够快速准确地进入到投篮区（运球后拾球），同时篮筐一侧的脚起跳执行急停动

**要点提示：**
每天都进行常规投篮进阶练习——每种方式练习 5 次：强力接球、直线投篮以及近距离投篮（柔和投篮）。每次练习时还应该练习传球投篮以及运球投篮。

作。练习时不进行投篮动作，但是可以做投篮假动作以
便测试身体的平衡性。

- 接传球后投篮练习要求向高处抛球，使用双手下
  手传球方式在合适的地点为自己传球，使用正确
  的步法以三威胁姿势落地，面向篮筐准备投篮。
  在接传球后投篮之前，可以先围绕三分线进行一
  些传接球步法练习（顺时针和逆时针）。不进行
  真的投篮动作——重点练习的是步法以及使用
  投篮假动作来检查身体的平衡性（参见图4.30）。
  拾球时，双手向上拾球并快速将球移动至投篮

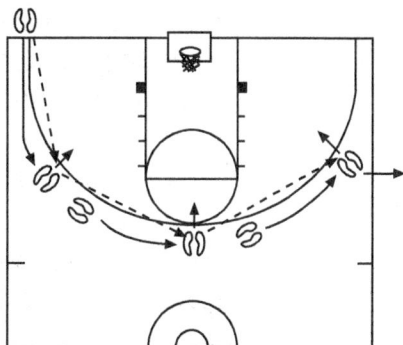

图4.30　传球或者运球时的拾球

区。每次接传球或者运球结束时，球员必须快速将球移动至投篮区。整个
过程包括球员自己为自己传球，从篮筐一侧的脚起跳，面向篮筐落地并双
脚就位，使用投篮假动作检查身体的平衡性。不断重复这一练习过程。

- 运球后投篮——以三威胁姿势开始，站在距离篮筐15~20英尺（4.6~6米）
  的位置。球员向左或者向右执行运球突破并执行急停，在合适的地点投
  篮。事先应该专门针对拾球技巧进行一些准备性的练习。接传球投篮和运
  球后投篮的步法是相同的。运球后投篮时，最后一次强力运球是与在篮筐
  一侧的脚起跳并执行急停面向篮筐（前脚指向篮筐）同时发生的。教练员
  可以要求球员使用任意一只手执行最后一次运球，同时使用另一侧的脚起
  跳并急停，以三威胁姿势落地。球员从一侧的底线边角移动到另一侧的底
  线边角，使用正确的步法沿三分线移动并运球拾球技巧（快速抓球并移至
  投篮区），然后再执行真正的运球后投篮动作。练习时，球员应该按照顺
  时针和逆时针的顺序进行。使用外侧手运球，执行最后一次强力运球的同
  时从篮筐一侧的脚起跳，并将球移至投篮区（双手拾球），面向篮筐急停
  落地（双脚就位），使用投篮假动作检查身体的平衡性，然后重复这些练
  习动作。

## "柔和投篮"或"杀手投篮"练习

**目的**：通过日常的投篮训练检查球员的投篮技术并建立投篮信心（建议将此
项练习作为其他练习的热身）。

**设施**：每名球员一个篮球和一个篮筐，每个篮筐最多4名球员。

**过程**：根据特定的目的以及技术水平，"柔和投篮"或称"杀手投篮"分别
在5个位置执行。例如，初学者应该在每个位置都进行投篮动作或者命中一次
（两个45度角的擦板球以及三个篮圈投篮——底角、中路、底角），如图4.31所
示。精神目标是养成球员完全专注的习惯（提前锁定目标并注视1秒钟）。中等水
平的球员可以在每个位置命中两次或者三次；高水平球员的目标应该是在5个位
置只投空心球（连续命中3~5次）。可以选择两种投篮形式，即单手投篮和双手

投篮，但是应该重点练习单手投篮。球员站到每个位置上，将球放在整个投篮手上（掌心朝上），锁定并将篮球移动到投篮区，将平衡手置于篮球的一侧（不能接触篮球）并进行投篮。教练应该强调以下几点：双脚就位、投篮时成坐立姿势、将球置于投篮区内、完全的专注（可以使用口头语"专注"进行提示）以及执行完整的跟随动作。每名球员都应该按照这几点进行评估，以便对每次投篮进行检查。也可以使用平衡手在以上5个位置执行5次投篮练习。球员每次进入场地进行练习时，都应该针对常规投篮中的4个基本步骤进行练习。球员每次拿到篮球时，都是一个重复学习的机会（基本的持球、投篮、海思步法练习和柔和投篮练习）。

　　球员应该坚持使用柔和投篮练习以便达到精神练习和使用口头语提示的目的［专注、感觉（投篮过程中）、反馈（投篮后，命中时说"好"，不中时说出投篮不中的位置）］。

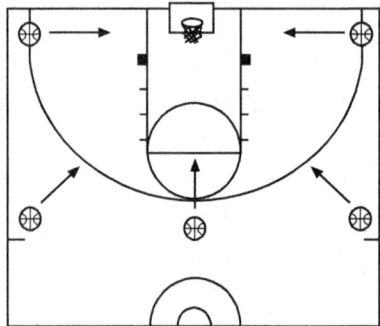

图4.31　强化投篮练习位置

### 强化投篮练习

**目的：** 评估投篮效率和范围。

**设施：** 篮球、篮筐和场地。

**过程：** 在任意位置或者从该位置移动并执行的投篮，最低要求是10次能够命中5次（10次命中7次更佳），比较好的投篮位置和投篮如图4.31所示。

**选项：** 在每个位置进行强化投篮练习，在三分线外侧的5个位置持球开始练习。

- 向右和向左传球——每次执行10次投篮，直至达到命中目标。

- 使用投篮假动作并以正确的步法向右和向左运球；执行10次投篮，直至达到命中目标。

- 在5个位置前面距离篮筐10英尺（3米）远的位置背向篮筐站立。在12英尺（3.7米）的位置以双手下手传球的方式为自己传球，使用双手拾球并执行PPF后转身使自己面向篮筐，应用精神优势技巧（专注、感觉、反馈）进行投篮动作。球员应该追踪自己在每个位置连续命中的记录。

### 两人内-外投篮练习

**目的：** 指导球员进行包含所有投篮情形的2打0模拟比赛练习。

**设施：** 篮筐、每两名球员一个篮球（球员也可以分成3人一组或者4人一组进行练习）。

**过程：** 本练习是一个连续的竞争性投篮练习，如图4.32所示，其中包含全部的移动原则，即传球和接球、投篮以及进攻篮板球。球员分成两人一组（每个篮筐可以分配一组或者两组球员）。基本规则如下。

- 所有球员需要听从教练员的指令，开始练习时，传球球员在篮下持球站立，队友获得空位并为投篮做好准备，喊出传球球员的名字并传球进行投篮。
- 投篮球员抢自己的篮板球，直到命中为止（每次投篮后都应该做好投篮不中的准备），然后再将球传给刚才的传球球员，由后者进行投篮动作。
- 接球球员必须处于空位状态并喊出传球球员的名字。
- 传球球员在正确的时间快速为队友传球使其投篮，并快速移动到投篮范围边缘的其他位置上，只有队友投篮命中并抢到篮板球后，再准备移动。

图4.32 两人投篮：一次传球

**选项**

- 强化：每名球员在空位上执行30秒钟的投篮，队友负责抢篮板球；球员需要执行转身投篮并抢篮板球，每30秒钟双方交换角色进行练习。
- 投篮球员命中5次后与队友交换位置。
- 将练习设定为一个10次命中（或者5次命中）获得10分的比赛，球员执行接球后投篮或者运球后投篮动作。
- 由教练员指定传球方式（推传、头顶传球、空中直传、击地反弹传球）和投篮方式（常规投篮或者假动作投篮）。这个练习非常适合练习非惯用手的传球能力（传球球员只能使用非惯用手重复传球）。
- 对投篮球员施加压力，将球传给投篮球员后通过一些虚张声势的动作（从旁边通过、大声干扰、手部阻挡视线和身体接触）执行松散的防守以便为其施压。防守球员不能封阻投篮球员、抢断篮板或者对投篮球员犯规。每星期至少进行一次这样的练习，防守球员双手举起对投篮球员施加压力，这样能够练习投篮球员在面防守时以更好的投篮弧度投篮的能力。
- 三种传球投篮练习，即向外传球（传球球员低位背打）、向低位传球（传球球员切入）和转身传球投篮（参见图4.33）。
- "挑战明星球员"练习，让投篮球员与指定的明星投篮球员和篮板球员进行对抗。练习时按照顺序执行罚球、定点投篮和跳投比赛。得分规则是，挑战球员罚球命中获得1分，罚球不中则明星球员获得3分；挑战球员命中常规投篮一次获得1分，投篮不中则明星球员获得2分。比赛最高可以达到11分或者21分。

图4.33 两人投篮练习：三种传球方式

## 个人淘汰投篮练习

**目的**：指导球员对投篮技术进行自我测试并根据教练员设定的标准进行调整。

**设施**：每名球员一个篮筐和一个篮球。

**过程**：本练习的全部任务是进行自我测试，并需要球员达到有效的得分标准。所有的移动都应该按照比赛环境进行，练习过程中不能休息。

球员从左右边角（一只脚置于边线上）、每个发球点和罚球区顶端执行运球突破上篮动作。球只允许执行一次运球，并必须在每个位置连续命中三次。具备扣篮能力的前场球员必须通过一次运球就能达到要求。练习的目的是使球员在最大程度的距离内能够执行带球上篮得分移动动作。连续三次投篮命中后，球员获得罚球权。罚球时必须达到要求的命中率（大学阶段的球员需要5中4；高中阶段的球员需要4中3；初中阶段的球员需要3中2），否则需要重复移动动作并再次罚球。

**高级选项**

- 从某个位置按照指定的移动方式进行投篮，直到连续两次投篮不中。
- 连续空心球——从某个位置按照指定移动方式进行投篮，直到练习两次投篮中就有一次是空心（篮球入筐时只接触篮网）。
- 40分练习——沿三分线在5个不同的位置执行三种不同的得分移动方式：两侧的底线位置、两侧的翼部位置以及罚球区顶端位置。第一次投篮为接球后投三分球，如果投篮命中，则获得3分。第二次投篮为快速一次运球跳投，命中获得2分。第三次投篮为投篮假动作后突破到篮下强行带球上篮，命中获得2分。完成这些投篮后再执行5次罚球——每命中一次获得1分。40分是完美得分；5个位置每个位置获得7分，5次罚球获得5分。
- 三分球比赛——在与上一个练习相同的5个位置各执行5次三分球投篮。每命中一次获得1分，每个位置的最后一次投篮命中获得2分。30分为完美得分。

## 个人强化投篮练习

**目的**：指导球员在增加投篮范围的同时对投篮手和平衡手的能力进行自我评估。

**设施**：篮球、篮筐，还需要请队友或者教练帮助抢篮板球和提供反馈。

**过程**：球员在篮筐正前方沿罚球线和中场线进行直线投篮。开始练习时，在篮筐前6英尺（1.8米）和罚球区内进行投篮。将球放在整个投篮手上（投篮手水平放置，掌心朝上）。练习时只能使用投篮手接触篮球，翻转篮球并移动至投篮区（向内弯曲腕部，将篮球放置在投篮区或者呈L形）。平衡手放置在蓝球的侧面（但是不能接触篮球），向高处投篮并保持跟随动作1秒钟。继续远离篮筐并以正确的方式投篮。球员能够快速找到自己的投篮范围。

这个练习还能够有效地检测球员是否能够使投篮手、肘部和肩膀（保持篮球处于垂直状态）处于同一个竖直平面内并使用腿部发力。保持每次投篮时手臂都处于同一位置。膝盖弯曲以便获得投篮力量。搭档可以帮助投篮球员检查投篮姿势和投篮力学原则。投篮结束时平衡手应高举。投篮手的肘部应该处于锁定状态，手腕自然弯曲执行跟随动作，平衡手的手指垂直指向投篮手的手腕。也可以选择双手投篮的跳投投篮方式，这种投篮方式通常距离篮筐较近。

## 常规投篮纠正练习

**目的**：重点纠正投篮球员存在的具体问题。

**设施**：篮球、篮筐以及教练员。

**过程**：每次关注一个问题，步法、平衡、投篮手、平衡手或者跟随动作。由内向外进行练习：距离篮筐3英尺、6英尺、9英尺及15英尺（0.9米、1.8米、2.7米和4.6米）。从侧面和后面观察投篮球员。

**选项**

- 步法和手部动作——球员在投篮区位置持球从右向左移动，执行急停动作并投篮，然后向右和向左运球并投篮。
- 平衡——检查投篮前和投篮后头部和脚的姿势；头部应该竖直向上或者略微向前倾斜（不能向左、向右或者向后倾斜）。
- 投篮手和平衡手——检查投篮手在投篮前（肘部向内成L形，手腕成L形）和投篮后（以60度角投篮，跟随动作稳固而放松）的姿势。检查平衡手在投篮前（位于篮球侧面，与篮板和地面垂直或成正确的角度）和投篮后（投篮后平衡手略微向后拉，肘部保持放松姿态，投篮手位于平衡手上方，完全伸展，或者平衡手的手指与投篮手手腕处于同一水平位置）的姿势。
- 空心投篮比赛（加3减2）——一次空心投篮记1分，命中但碰到篮圈记0分，投篮不中减1分。获得3分则赢得比赛，负2分则是输掉比赛；可以根据球员的技术水平对获胜和失败的分数进行调整。
- 连续空心投篮——球员连续投篮，直到连续两次没能实现空心投篮，记录下自己连续的空心投篮。
- 连续投篮，直到连续两次或三次投篮不中——记录常规投篮的命中次数。

## 罚球进阶练习

**目的**：在每个练习阶段为球员提供指定的日常练习，帮助球员回顾罚球投篮的基本技术。

**设施**：篮球、场地和篮筐。

**过程**：罚球进阶练习的过程都是相同的，包含以下几个部分，每个部分提供一个学习重点。

1.5次强力抓球——球员向上拾球时，应该使用双手同时从篮球的两侧用力抓球。

**学习重点**

–使用整只手投篮——手指分散，拇指和食指形成V执行。努力找到球感。

2. 在任意位置使用5种投篮形式执行无目标投篮。将投篮手一侧的脚置于与场上任意位置的任意直线（例如边线）位置，使用完美的技巧执行5次罚球。在篮球落地前保持跟随动作。

**学习重点**

–找到投篮目标。

–养成自己的投篮程式动作。

–投篮结束时执行弹跳动作。

–使用完整的跟随动作（夸张的执行）。

–向上投篮，不要向外投。

–使用腿部获得投篮力量，投篮时脚尖触地。

–保持身体重心前倾。

3. 至少执行10次"柔和投篮"或"杀手投篮"以及罚球。从篮筐前面6英尺（1.8米）的位置使用完美的身体技巧执行罚球动作。教练员或者球员自己对身体技巧满意后，可以添加精神优势技巧以便建立投篮信心。根据球员的技术水平设置合适的罚球命中目标，从10中5到10中8或者9，直至达到10次空心投篮。

**学习重点**

–应用4种基本的身体技巧。

–添加精神优势技巧（专注、感觉、反馈）。

4. 站在常规的罚球线上，并使用完美的技巧执行罚球动作。使用全部正确的身体和精神技巧强化罚球动作；在竞争性的环境中使用这些技巧。

**学习重点**

–使用全部身体技巧。

–使用全部精神技巧。

## 罚球投篮高尔夫练习

**目的**：指导球员在与自己或者他人竞争环境下罚球投篮。

**设施**：篮球和篮筐。

**过程**：开始练习时站在罚球线上，执行18次罚球投篮。每投中空心一次获得1分。投中但不是空心获得0分。如果投篮不中则减1分。

球员一次执行三次投篮，或者每轮执行三次投篮，直到所有球员完成一轮练习。比赛一共完成6轮。获得最高分的球员成为比赛的胜利者。

## 淘汰投篮练习

**目的**：在竞争环境下练习投篮。

**设施**：两个篮球，每个篮筐分配3到8名球员。

**过程**：将球员在选定的距离和位置排成一个队列。第一名球员投篮并自己强篮板球，如果投篮命中，将球回传给队列中的下一个无球球员。如果投篮不中，球员上前抢篮板球。如果下一名球员首先投篮命中，则上一名球员被淘汰——可以要求被淘汰的球员跑圈或者快速跑到对面的前面并返回，也可以使用其他的惩罚方式，然后再让其返回到比赛中。比赛的时间为1~3分钟。教练员也可以自己设定比赛规则，使被淘汰的球员不再回到比赛，直到剩下的最后一名球员，即比赛的胜利者。

## 连续命中＋罚球投篮练习

**目的**：提供有竞争性的投篮练习环境。

**设施**：篮球和篮筐。

**过程**：练习时，可以将目标设定在一定的时间段内（例如3分钟）连续投篮命中（常规投篮和罚球），或者避免出现连续两次投篮不中的情况，或者采取限定投篮次数的方式（10，15或20次）。持球球员可以选择任意常规投篮情形（接到传球后投篮或者运球后投篮）以及任意的移动方式（跳投、带球上篮或者跑投）。罚球时也可以选择不同的情形。

竞争球员在练习开始时背对底线，在篮筐正下方采取三威胁姿势站立。使用投篮假动作，球员执行直接突破或者交叉突破移动（任何活球移动方式）运两下球，尽可能移动到三分线外较远的位置，然后执行控制性的急停动作。以三威胁姿势落地时，球员执行PPF后转身动作，以三威胁姿势面向篮筐。此时，球员可以执行双手下手传球动作，将球传到投篮位置（接传球后投篮），或者使用投篮假动作以及运球突破或者活球移动（运球后投篮）这种有竞争性的移动方式（带球上篮或者跳投）。每次投篮时，球员都应该做好投篮不中的准备，等待篮球入筐后从网中落下或者投篮不中时争抢篮板球。球员使用双手抓球并将球置于颌下护球后，处于面对底线的情形，这时他可以执行PPF后转身动作，使自己背对篮筐并朝向一个新的方向，然后再重复刚才的动作。练习的顺序如下：抓球并将球置于颌下护球，使用活球移动运两下球远离篮筐，急停，执行PPF后转身面向篮筐，执行接传球后投篮或者运球后投篮，执行完整的移动，准备抢篮板球，然后重复以上动作。

在这个练习的过程中，球员需要使用全部的活球移动以及整个半场场地——突破到边角、两翼；守护身前的位置。可以设定重复练习的次数（10~20次）或者连续的常规投篮次数。如果球员针对步法和罚球进行练习，那么每次执行急停动作以及PPF后转身面向篮筐时就代表练习结束。此时，球员可以走到罚球线处执行罚球。无论罚球命中与否，都重新开始下一轮练习。这样，在很短的时间内就可以练习众多的持球步法。每个篮筐最多可以允许4名球员同时练习。

## 常规投篮和罚球的精神练习

**目的**：指导球员自觉使用口头语提示、投篮程式动作以及自我评估，以便建立投篮信心。

**设施**：篮球和篮筐。

**过程**

1. 投篮时的精神练习——每天在安静且专注的情况下完成至少25次完美的投篮。

—常规投篮目标。

—口头语提示——专注（投篮目标是篮圈的后部）、感觉（正确投篮时贯穿投篮开始到结束、从投篮区到跟随动作的整个过程）和反馈（投篮命中时说口头语"好""进了"及"空心"）。脑海中不要思考任何投篮不中的情形或者对错误进行分析。

—擦板球投篮——专注（向高处投）、感觉（柔和投篮）、命中时的反馈。

—视觉化——每个投篮在脑海中都是完美的；看、听并感觉。球员应该在脑海中描绘完美投篮的画面。

—罚球。

—口头语提示——在投篮前注视篮筐并说出"进了"或者"空心"口头语（或者"唯有网"）（例如反弹球、专注、感觉和反馈"好"或者"进了"）。

2. 柔和投篮精神练习——每次执行柔和投篮或者近距离投篮时，使用口头语这种精神练习来提示自己。

—篮圈投篮——专注、感觉、反馈（"好"或"进了"）。

—擦板球投篮——专注高处、柔和投篮、反馈。

3. 精神练习个人记录测试——将每个星期的状态和进步绘制成图表。从12~15英尺（3.7~4.6米）的距离，在5分钟的时间内尽可能多次投篮，尽力在规定时间内连续命中多次投篮。

—篮圈投篮——从底线位置绕场地移动到底线罚球区另一侧。记录5分钟内在两种情况下连续命中的次数。

—在12英尺（3.7米）的位置使用双手下手传球；接球并背向篮筐。使用PPF原则，面向篮筐并注视目标，投篮（感觉）并在重复执行动作时使用反馈方法。记录下5分钟内的成绩（接球并面向篮筐的个人记录）。

—使用双手下手传球到投篮位置，接球并面向篮筐落地，然后在投篮时使用口头语提示（"专注""感觉"和"反馈"）。记录5分钟内连续投篮命中的次数（面向篮筐的个人记录）。

—擦板球投篮。

—球员在距离篮筐12~15英尺（3.7~4.6米）与篮板45度角的位置上，从一侧移动到另一侧（两个投篮位置），在两种情况下执行擦板球投篮：接球并面向篮筐，然后面向篮筐投篮。在每次执行擦板球投篮时都使用口头语提示；

注视高处的目标，使用柔和投篮方式（感觉），说出口头语"好"或者"进了"（反馈）。记录在5分钟内连续投篮命中的次数。

– 接球并面向篮筐（面向篮板的个人记录）——背向篮筐落地，转身并面向篮筐，投篮（面向篮板的个人记录）。记下5分钟内的个人记录。

– 面向篮筐落地并投篮（5分钟内的个人记录）。

# 第 5 章

# 外线进攻移动
## 外围战术

突破并分球、传球和接球，以及为队友创造得分机会，就是对组织后卫的定义。

杰里·V. 克劳斯（Jerry V. Krause）

讨论任何与个人进攻移动相关的话题时都应该强调，篮球首先也必须是一项团队运动。尽管每场比赛都是为个人提供了使用进攻移动的机会，但持球球员必须与其他4名队友紧密配合。教练员应该限制个人进攻移动的比例，这样才能确保所有球员充分发挥自己的长处。

外线移动是指围绕场地外围进行的进攻移动，球员处于面向篮筐的状态。共有4种类型的个人外线移动方式：

- 活球移动（进攻球员持球并仍然拥有运球权）；
- 运球移动（进攻球员处于运球过程中）；
- 死球移动（运球结束，球员已经执行运球动作并停止，仍然持球）；
- 完成投篮（运球后投篮）。

要熟练掌握活球移动技术，应该同时提高能够有目的地执行快速控制性运球的能力。所有活球移动和运球移动最后都会以传球、死球移动或者投篮为结束。本将介绍活球移动和死球移动的内容。运球移动和投篮已经分别在本书第3章和第4章中进行了介绍。

## 活球移动基础知识

所有的活球移动都从一个基本姿势开始，即球员采取进攻快速站姿或者面向篮筐的三威胁姿势（可以选择投篮、传球或运球）。球员应该站在自己有效的投篮范围内。球员接球时双脚离地并且以面向篮筐的急停姿势落地（在空中接球并转身）。另一种方式是接球并面向篮筐——球员使用双手接球，背向篮筐执行急停动作，然后以三威胁姿势执行转身动作，使自己面向篮筐（无论何时，尽量使用非主导脚执行PPF）。球员在接球时应该特别注重执行活球移动。

> **要点提示：**
> 从三威胁姿势面向篮筐开始执行活球移动。

球员应该始终坚持利用身体来护球，尽量持球贴近身体并将球置于有利位置（将球贴近身体护球）。球员采取三威胁姿势时，保持篮球贴近身体并置于肩膀下方，主导手位于篮球下面（手腕弯曲并出现皮肤褶皱，肘部弯曲），以这种方式来护球（参见图5.1）。活球移动时的护球方式是在远离防守球员的一侧运球，使用接球并面向篮筐的技巧（将球置于颌下并转身进入三威胁姿势）来破解防守压力（参见图5.2），肘部锁定并伸展以免使球悬在空中。

图5.1　三威胁姿势：（a）侧视图，（b）前视图

使球悬在空中是非常危险的动作——球员会失去手臂对球的快速控制能力以及护球的力量，球可能会被防守球员抢断（参见图5.2c）。

　　在具备平衡和速度的前提下节省时间和空间是持球执行外线移动的基本准则。无论何时，都应该尽量快速地执行所有的移动动作，篮筐执行直线移动。进攻球员在使用运球突破通过防守球员时，应该与防守球员进行轻微的身体接触（参见图5.3），然后在保持快速站姿的同时使用快速的投篮或者传球假动作。执行活球移动（使用运球突破方式通过防守球员）时，应该首先快速直线朝篮筐方向迈一个较低、较大的步子来通过防守球员。以活球移动方式运球突破防守球员时，可以记住一句简单易懂的俗语，即"肩膀到膝盖，感觉有风在"（shoulder to knees, feel the breeze）。需要注意的重要一点就是，应该使头部和肩膀通过防守球员的身体，这样在进行身体接触时，防守球员将被判为犯规的一方。这种技巧称为"第一步掌握胜局"。

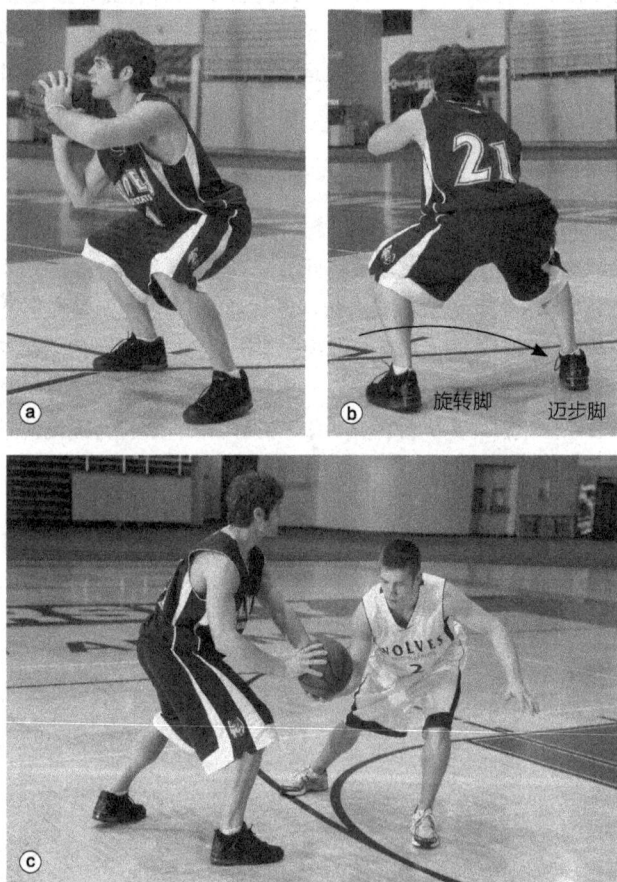

图5.2　接球并面向（篮筐）——护球：（a）背对篮筐接球，（b）使用PPF概念转身面向篮筐，（c）不要使球悬在空中

　　防守球员采取双脚错开的防守姿势时，可以应用朝前脚进攻或者前手进攻的规则（参见图5.3）。对于防守球员来说，最薄弱的部分是他的前脚或者前手一

侧，因为要回撤身体阻断进攻球员的运球突破，他必须首先进行转身。因此无论何时，进攻球员都应该尽量从防守球员的前脚和前手处着手，并使用活球移动方式移动到这一侧。内侧的臀部与防守球员进行接触以防止对方回防时，说明已经成功执行了运球突破移动。

图5.3　直接突破：(a)朝前脚进攻，(b)侧视图，防守球员采取双脚错开的防守姿势（左脚在前），(c)防守球员必须转身阻断进攻球员的移动，然后进攻球员在迈第二步时臀部与防守队员发生接触（成功突破）

　　球员向篮下进攻时，应该在保证控球的前提下加速向篮筐运球突破。一定要把握好时机，活球移动的最佳时机就是在球员接到球后，正处于移动中（朝向防守球员或者向相反的方向移动）而防守球员尚未做出调整的这个时间段。如果不确定自己能否通过运球突破获得空位，那么突破球员应该选择传球（传球是第一选择，运球是最后选择）。

　　任何在投篮范围内的活球移动，其基本目标都是一次运球带球上篮（两次以上运球的情况很少出现）。球员应该解读防守球员的意图并预测使用控制性运球突破的成功概率。学习如何从防守球员身边通过以及如何正确地执行控制性运球动作，以便在最后时刻将球传给处于空位的队友或者自己急停跳投，甚至帮助队友破解对方的防守。突破分球是一种非常好的外线移动方式，所有外线球员都应该掌握这种技术。执行运球突破的球员通常会面对以下几个选择：带球上篮、将球传给一同进攻的队友（要先执行急停动作）、急停跳投。如果对方其他防守球员在篮下实施封阻，那么需要停止移动。

## 固定中枢脚移动

在所有的活球移动中，应用固定中枢脚（PPF）方法时，可以使用这些移动方式。对于右手为惯用手的球员来说，应该使用左脚作为固定中枢脚，反之亦然。在指导球员如何通过防守球员时，应该将以下介绍的移动方式作为基本的教学点：直接突破、犹豫步移动（hesitation move）、进退虚晃步移动（rocker step）以及交叉突破。

相对于任意中枢脚移动来说，PPF中的步法更适合外线球员，因为这种方法更为简单易学。由于这种步法中的选择和移动相对单一，因此球员更容易提升自己的技术水平。除此之外，在两种基本的活球移动方式中（直接突破和交叉突破），成功突破的关键在于在舒适度较高、速度较快的惯用侧执行的第二步，以及在舒适度欠缺、速度较慢的非惯用侧执行的第一步。执行直接突破时，关键在第一步（头部和肩膀通过防守球员），执行臀部与防守球员进行接触（通过内侧臀部接触封阻防守球员）的第二步时就意味着成功突破。执行交叉突破时（到速度较慢的非惯用侧），成功突破的重点只在第一步上，即突破球员在头部和肩膀通过防守球员的同时内侧臀部与防守球员进行接触。活球移动的关键是在迈第一步时使用较长较低的步伐（肩膀到膝盖，感觉有风在）。

**直接突破。** 这种突破方式是使用主导脚通过防守球员。右手球员应该从防守球员的左侧通过，使用右脚迈出第一步（左右球员则正好相反），形成双脚错开的三威胁姿势，保持向前推动中枢脚，不要使用负步。在中枢脚抬起前，篮球在前脚前面落地时，使用迈步脚快速朝篮筐迈一个较长较低的步伐。最后，使用PPF方法朝篮筐迈一步通过防守球员。

动作的分解步骤包括：使用主导迈步脚迈具有爆发力的一步（向下），球员在突破运球时在前面推动运球（参见图5.3）。比赛规则要求球员在抬起中枢脚前篮球必须出手（美国规则）。对于国际比赛来说（国际篮联规则），在中枢脚抬起前，篮球必须在第一次运球时击到地面，这就需要球员迈一个更长更低的步伐。

**犹豫步或步步移动。** 这是第二种主导侧移动方式，需要采用三威胁姿势并使用主导脚朝防守球员和篮筐执行一个短小的试探步。如果防守球员没有对试探步做出任何反应，那么可以再执行一个较长较低的爆发步，与直接突破中所采取的方法一样，以这种方式通过防守球员。动作的分解步骤包括：一个短小的试探步（略微向前和向下）、一个较长较低的爆发步（向前），以及通过在身前推动运球并进行臀部接触的方法执行的运球突破动作（参见图5.4）。

**进退虚晃步。** 这是另一种在主导侧或者称为"管用侧"执行的移动方式：先执行一个直接突破的探步假动作并返回到三威胁姿势，然后再执行直接突破移动。顺序是采用三威胁姿势，执行直接突破短探步，然后返回到三威胁姿势，期间可以做一个投篮假动作以便吸引防守球员向前移动。防守球员在进攻球员返回到三威胁姿势而向前移动时，进攻球员可以执行直接突破移动。移动原则是朝与防守球员冲力相反的方向执行突破。动作的分解步骤包括：一个探步（向下）、向后移动回到三威胁姿势（向上）、朝与防守球员冲力相反的方向一个较长较低的爆发步（向下），以及朝身前地面推动运球的运球突破（移动）（参见图5.5）。

图5.4　犹豫步或者步到步移动：（a）迈出短小的第一步，（b）迈出较长较低的第二步通过防守球员，（c）与防守球员进行近距离臀部接触

　　**交叉突破**。这是一种防守球员对主导侧施加严密防守时所采取的反向移动方式，其中包括采取三威胁姿势，然后主导脚交叉移动到另一侧并通过防守球员，同时保持篮球贴近身体交叉运球到另一侧。然后从非惯用侧的三威胁姿势开始，球员使用非惯用手向前运球开始执行交叉运球突破。主导脚指向篮筐。球员应该保持中枢脚处于静止状态，使用迈步脚执行交叉步动作。动作的分解步骤包括：三威胁姿势、主导脚移动到另一侧（通过较长的步伐）的同时，非主导手置于球后，将球贴近身体从一侧运至另一侧并向前推动运球执行运球突破（参见图5.6）。篮球应该在胸部高度从身体一侧运至另一侧（贴近身体）。一些教练员更推崇在交叉运球时使用高运球和低运球的方式，但是这种方式速度太慢，并且从投篮或者突破位置向回运球需要较长的距离。还有一些教练员指导球员通过向惯用

侧执行探步的方式执行交叉运球，但是这种移动方式不但速度比较慢，而且还容易导致球员执行横向交叉移动，而不是朝篮筐方向移动。

图5.5 进退虚晃步：(a)探步假动作（向下），(b)使用投篮假动作返回到三威胁姿势（向上），(c)在防守球员对投篮假动作做出反应时迈出较长较低的第一步（向下）

图5.6 左手球员执行交叉突破：(a)三威胁姿势（探步），(b)将球运至非惯用侧（贴近身体环形运球），(c)迈出较长较低的一步通过防守球员（左脚）

大多数球员都能够通过直接突破移动和交叉移动这两种基本的活球移动方式对抗大部分防守球员。初学者通常会依赖于一种直线移动（直接突破）和反向移动方式（交叉突破），同时将在惯用侧（即大多数球员习惯使用的一侧）执行的进退虚晃步和犹豫步作为次要的移动选择。

## 任意中枢脚移动（高级技巧）

球员在执行活球移动并使用任意脚作为中枢脚时，可以指导他们使用以下这些移动方式。无论是右手球员还是左手球员，都应该能够以任意脚作为中枢脚来执行这些移动方式。

使用方向脚执行直接突破。这种移动方式的目的是通过运球移动通过防守球员，包括使用球员突破方向同一侧的脚执行一个爆发步。球员先执行急停动作并面向篮筐，在向右突破时，使用左脚作为中枢脚并使用右脚迈一个爆发步通过防守球员。同时，向左突破时，球员应该使用左脚迈步，将右脚作为中枢脚。运球突破时，朝身前的地面推动运球。动作分解步骤包括使用与运球突破方向处于同一侧的脚（右脚向右侧，左脚向左侧）迈一个较长较低的爆发步，以及在身前地面推动运球开始执行运球突破动作。篮球必须在中枢脚离开地面前离手。这种移动方式的劣势是在迈第二步时才与防守球员发生臀部接触。

使用反向脚执行直接突破。这种移动方式的目的是在执行较长较低的直接突破时，使用与突破方向相反的脚迈交叉步并护球，进而从防守球员身体任意一侧通过。执行反向脚突破时，首先执行急停动作面向篮筐，向右突破时，使用左脚执行爆发步通过防守球员，并在身前推动运球执行运球突破。动作的分解步骤包括使用与运球突破一侧相反的脚迈一个爆发步通过防守球员，以及在身前向地面推动运球执行运球突破（参见图5.7）。这种移动方式的优势在于能够在迈出第一步时使头部和肩膀通过防守球员，并与之发生臀部接触。

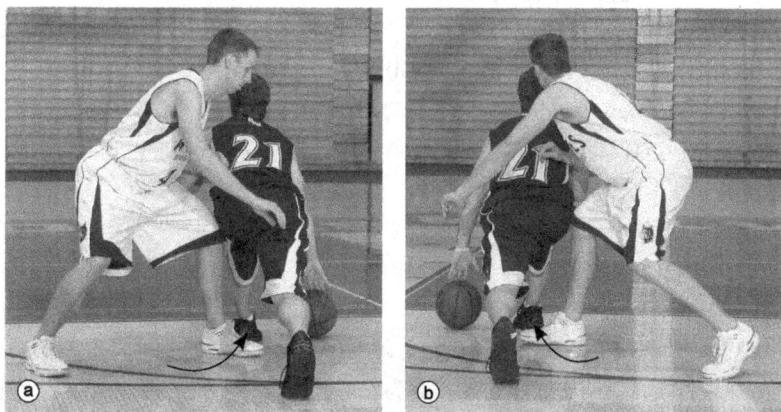

图5.7　以任意脚为中枢脚的活球移动——使用反向脚执行直接突破移动：（a）使用左脚向右移动，（b）使用右脚向左移动

**交叉突破**。球员还可以学习如何使用任意一只脚作为中枢脚执行反向移动（向右做假动作，使用左脚为中枢脚向左交叉移动；或者向左做假动作，使用右脚为中枢脚向右交叉移动）。执行这种移动时，执行急停动作面向篮筐，做一个探步并使用同一只脚向相反一侧迈交叉步（绕过身体移动篮球时使球贴近身体），最后在身前地面推动运球开始执行运球突破。动作的分解步骤包括执行一个探步并在将球绕过身体移动时使用同一只脚执行一个交叉步、在身前地面推动运球开始执行运球突破（参见图5.8）。

图5.8 任意中枢脚活球移动——交叉突破：（a）从右向左交叉（向右探步），（b）向左执行交叉突破通过防守球员

## 死球移动基础知识

运球结束并在距离篮筐10~12英尺（3~3.7米）距离内执行急停时，可以使用下面介绍的这些技巧。球员使用任意脚移动，但必须移动到自己的投篮范围内才可以使用死球移动技巧。无论何时，持球球员都应该努力避免死球情况的发生，除非在传球或者投篮的情况下。换句话说，应该努力保持持球运球状态。

使用任意脚为中枢脚执行的死球移动，发生在急停后或者接队友传球时，更多时候发生在运球终止时。提醒球员在急停后注意观察全场情况，解读防守球员的位置并快速做出正确的决策。

**跳投**。球员执行急停动作并在保持平衡和控制性的前提下执行跳投（参见第4章）。急停动作能够使投篮球员减小向前的冲力、向上起跳并在起跳位置稍微向前的地方落地。

**投篮假动作跳投**。球员应该执行急停动作，然后做一个逼真的投篮假动作（眼睛注视篮筐；做一个短小快速距离为1英寸，即2.5厘米的垂直动作）。在保持篮筐处于自己视线范围内的情况下，球员略微向上移动篮球（1英寸，即2.5厘米），同时保持双腿锁定、脚跟向下的快速姿势，然后快速执行跳投。

　　**跨步通过并单脚带球上篮（高级技巧）**。从防守球员任意一侧通过并在急停后带球上篮（有或者没有投篮假动作）是另外一种高级进攻移动选择。球员应该执行急停动作使自己面向篮筐，然后做一个投篮假动作使防守球员放弃快速站姿，球员此时也可能已经不处于快速站姿的状态。向右移动时，使用左脚迈步通过防守球员（向左移动时则使用右脚迈步通过防守球员）并执行右手或者左手跑动带球上篮或者低位投篮。动作的分解步骤包括投篮假动作、使用相反一侧的脚迈步通过防守球员以及带球上篮（单脚带球上篮或者强行上篮）。

　　**交叉步通过移动（高级技巧）**。这是一种高级的反向移动方式，向一个方向做假动作，然后向相反方向移动并执行带球上篮或者低位投篮。执行时，急停面向篮筐，使用任意一只脚做一个顿步、一个交叉步，然后使用另一只脚迈步通过防守球员执行带球上篮或者低位投篮。动作分解步骤包括一个顿步、交叉步移动以及带球上篮或者低位投篮（参见图5.9）。

图5.9　交叉步通过移动：（a）急停，（b）使用左脚朝防守球员做探步动作，（c）交叉步移动（右脚为中枢脚），（d）带球上篮或者低位投篮

跨步通过强行上篮或者带球上篮（高级技巧）。虽然使用跨步通过和顿步移动带球上篮并不违规，但是有时候官方（裁判）也会将这种动作判为走步。要避免这种情况的发生，球员可以执行一个完整的跨步通过并在最后使用双脚强行投篮，这样中枢脚会与迈步脚同时离地，如图5.10中的右手球员展示的动作所示。教练员应该在球员使用这种移动方式前尽可能地与官方进行沟通，以便对动作做出解释。

图5.10 交叉步通过强行上篮：（a）急停，（b）探步，（c）右脚为中枢脚执行交叉步移动，（d）双脚强行上篮或者勾手跳投

转身投篮（高级技巧）。球员在自己的前进路线上被防守球员封阻，并与底线成合适的角度死球急停时，向后转身并带球上篮或者低位投篮是最有效的破解方法。教练员在指导球员执行这种移动方式时，可以让球员在罚球区内面向边线急停并将球置于颌下护球，将距离篮筐较近的脚作为中枢脚向后转身并带球上篮（单手带球上篮或者强行上篮），或者低位投篮。动作分解步骤包括使用急停、向后转身、使用相反一侧的脚迈步通过防守球员向篮筐移动以及带球上篮或者低位投篮（参见图5.11）。

图5.11　转身步——从翼部中路运球或者旁边有掩护运球

## 外线移动教学要点

- 留意防守球员，并学习如何解读防守球员，做出正确的反应。
- 提高直接移动和反向移动能力。
- 按照比赛节奏进行练习。
- 提高执行所有移动方式时的平衡性和速度型。
- 在保证控制的前提下使用最高速度。
- 执行合规移动。
- 保证移动动作的正确性后再将正确性和速度协同发展。首先按照正确的方式执行动作，然后再提高动作的执行速度，直到出现错误；然后努力按照比赛节奏进行练习。

## 问题解答

**问题**：学习过程中动作执行效果很差。

**纠正**：多次演示并放慢速度，首先能够正确地执行动作。

**问题**：在非惯用侧执行移动动作存在困难。

**纠正**：针对这些动作的练习量比惯用侧的练习量多2~3倍。

**问题**：外线移动时走步犯规。

**纠正**：重复强调移动和步法的规则，在此基础上再提高执行效果。

**问题**：外线移动时控球技术方面存在困难。

**纠正**：专门针对传球、接球、运球和基本的控球技术增加一些额外的练习。

**问题**：面对防守球员时，无法自如执行外线移动。

**纠正**：使用有顺序的进阶式练习——球员应该首先以较慢的速度正确的移动、获得节奏感并逐渐提高速度，直到出现错误为止（看到错误、理解错误并从错误中学习经验教训），按照比赛节奏进行练习。教练员可以在所有练习情况中加入模拟的防守球员，最后，在所有练习情况中加入真实的防守球员。

# 外线练习

教练员可以根据自己的执教风格以及外线球员的特点，对下面介绍的练习方法进行适度的改变。与以前的练习一样，这些练习同样需要按顺序接进阶式地进行。

**外线练习指导**

1. 球员一个人练习时，在移动前使用低手传球方式为自己传球，始终保持持球面向篮筐的三威胁姿势。

2. 留意三分线位置。双脚始终保持位于三分线后方或者突破推球上篮或者在篮下急停投篮。

3. 执行全部带球上篮动作时，尽量投空心球；结合使用强行上篮和单脚带球上篮这两种方式。

4. 执行全部突破前，先做投篮假动作。

5. 加快练习节奏；按照比赛节奏进行练习并增加平衡能力和速度。

## 外线球员热身练习

**目的**：为外线球员提供针对基本技巧的热身练习。

**设施**：每名球员两个篮球、网球以及带篮筐的半场场地。

**过程**：每种练习方式练习1分钟。

1. 运球顺序：一个球、两个球、运球和花式运球、后拉交叉运球。

2. 通过口令加入想象中的防守：有球防守、无球防守、从无球到有球防守、低位防守和封阻，以及多种方式互相切换。

3. 无球移动：进攻传球和切入、掩护和滑步、掩护切入、进攻篮板以及多种方式切换。

4. 快攻冲刺：无球练习。

5. 投篮进阶练习：常规投篮和罚球（参见第4章）。

6. 手指尖向上推并伸展，尤其是在使用较长较低的步伐突破时腹股沟的伸展以及投篮动作时手腕的大力伸展。

7. 控球顺序：绕身练习、绕臂练习和绕腿练习。

**教学要点**

- 发挥想象力模拟比赛中的移动。
- 先保证动作的正确性，然后再按照比赛节奏提高动作的执行速度。
- 成为一名注重细节的球员。

## 队列练习：活球、死球和完整的移动

**目的**：指导球员进行活球和死球移动，并检查运球移动的效果。

**设施**：每个球员队列一个篮球、全场场地。

**过程**：将球员分成4个队列站在底线位置。场上不设防守球员。每个练习循环进行，包括开始时的活球移动、中场位置的运球移动以及在远端篮筐处的死球或者移动结束状态（参见图5.12）。

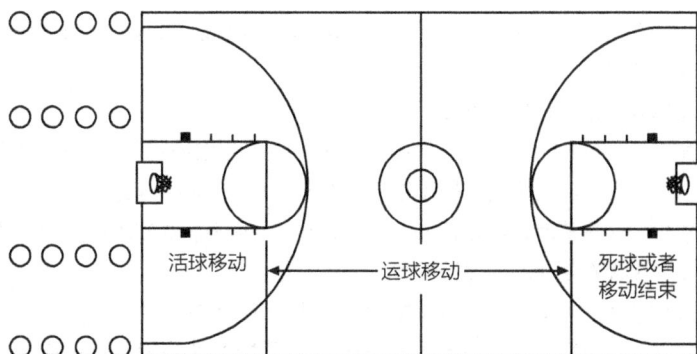

图5.12 队列练习：单人外线移动

还可以选择另外两种队列练习方式。让每个队列中的第一名球员站在罚球线的延长线上，第二名球员持球以三威胁姿势站立。控球球员将球传给对面罚球线上的球员并上前防守。接球球员执行1打1战术通过防守球员；首先使用虚张声势的趋前防守（先防守左侧，再防守右侧）。接下来再执行真实的趋前防守。突破球员通过防守球员将球传给对面队列里的球员并成为下一个趋前防守球员。

第二种方式是队列中的第一名球员执行活球移动，在罚球线处执行急停并拾球面向篮筐（使用后转身技巧）。接下来球员用力抓球并执行单手推传动作将球传给队列中的下一名球员。最后，传球球员成为接球球员的趋前防守球员，接球球员围绕防守球员进行活动移动。重复以上步骤。

## 低手传球外线移动练习

**目的**：提高外线移动的技术。

**设施**：每名球员一个篮筐和一个篮球、半场场地。

**过程**：球员在一个模拟的传接球环境下练习活球移动和死球移动技术。开始练习时，球员在基本的进攻位置和情况下使用双手低手传球方式为自己传球。执行顺序是，先在三分线常规投篮线边缘附近位置通过低手传球方式为自己传球，在球第一次反弹时双脚离地接球并面向篮筐落地。应用RPA技巧。球员每次接球时都应该使用急停和后转身技巧使自己面向篮筐，然后再朝篮筐进攻。设定目标——移动过程中连续两次或者三次命中篮筐，特定移动中五投三中等。教练员应给对球员的每次移动给与评价——熟能生巧。使用PPF（基本的）或者任意角为中枢脚（高级的）的技巧以便提高自己的步法水平。这种简单明了的方式能够通过使用基本的技巧达到练习活球、运球以及死球或者移动结束时的技巧。在练习低手传球技巧时，可以借助反弹辅助装置、搭档或者教练员的帮助，模拟外线

移动中需要的传接球环境。

**选项**

- 接球和投篮——低手为自己传球并执行快速（但不匆忙）、平衡的投篮动作。
- 接球和快速突破——低手为自己传球、V形路线切出、面向来球方向接球、快速突破并结束动作。
- 接球和一次运球推球跳投。
- 接球、投篮假动作以及一次运球推球跳投——以快速姿势（腿部锁定，脚跟向下）执行快速简短的投篮假动作（1英寸，即2.5厘米）。
- 接球、传球假动作和投篮——做传球假动作时只移动胳膊和头部。传球假动作要简短快速——保持平衡。
- 接球、传球假动作、突破和投篮（可以执行一套完整的移动动作）。
- 接球、探步和投篮——创造投篮空间——保持平衡并使用简短的探步动作。
- 接球、探步（犹豫步或者进退虚晃步）、突破和投篮。
- 接球、一次运球、变向和投篮——开始运球朝篮筐进攻、变向（交叉运球、转身运球、背后运球）并继续突破进而结束动作。
- 在非惯用侧重复以上移动动作。

## 近距离攻防练习：1打1、2打2、3打3和4打4

**目的**：练习外线球员应该掌握的全部外线移动方式。

**设施**：每组球员一个篮球和一个篮筐。

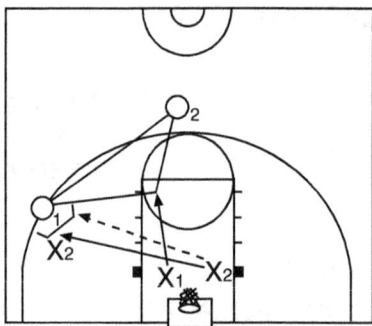

图5.13　2打2近距离对抗

**过程**：在每个篮筐外面将球员组成一个队列。每个队列的第一名球员持球站在篮筐下扮演防守球员的角色。进攻球员队列在15~18英尺（4.6~5.5米）远的位置面向篮筐站立。防守球员使用干净利落的空中直传方式（双脚位于地面上）将球传给进攻球员队列的第一名球员，然后上前防守该球员。攻防双方做出传接球动作就代表练习开始。外线进攻球员应该双脚离地接球并面向篮筐，解读防守球员的动作并做出相应的回应，应用基本技术进行投篮或者外线移动。

球员可以在每次练习后轮转到对面队列的队尾。可以采取得球者继续比赛的淘汰制或者其他对抗形式。也可以进行2打2的练习（参见图5.13），这时练习就变成了有球和无球的团队比赛形式了。在第一次传球时，传球球员负责保护控球球员。

## 1打1练习

**目的**：为外线球员提供不同的1打1对抗环境。

设施：每组一个篮球和一个篮筐。

过程：1打1对抗练习能够使每名进攻球员有机会对在全部环境下的外线移动效果进行评估，即活球、运球以及对抗移动。

### 从距离篮筐15~20英尺（4.6~6米）的位置开始1打1练习

- 最多允许运两次球。
- 开始练习时通过移动获得空位——V形或者L形切入——然后接球并面向篮筐。
- 双方轮转进行练习。
- 一方最先投篮命中5次时比赛结束。
- 将每次运球的时间限制为5秒钟或者最多只能运球两次。

### 在半场附近开始1打1练习

- 使用切入方式获得空位，然后接球并面向篮筐。
- 使用运球移动方式通过防守球员。
- 使用对抗移动投篮得分，通常采取带球上篮或者跳投的投篮方式。
- 请队友或者教练扮演传球球员。
- 在罚球区内添加另一名防守球员（第一名防守球员返回到罚球线处）。

### 在罚球区内执行1打1对抗移动

（由防守队员传球，或者请球队经理或者训练助理扮演无实际动作的防守球员）。

- 从外开始移动，在罚球区内接球并面向篮筐。
- 执行对抗移动并投篮得分（跳投、跨步通过带球上篮、交叉步通过带球上篮以及转身移动）。移动时不进行运球。
- 一方命中5次后双方交换角色，或者每次投篮命中交换角色。

### 从进攻位置开始1打1练习

让球员在快攻位置或者定点进攻位置接球。

### 搭档突破分球练习

目的：练习在运球突破的对抗环境下执行活球移动，并为队友传球创造得分机会。

设施：两名球员、一个篮球和篮筐（每个篮筐可以允许三对球员进行练习）。

过程：两名球员在距离篮筐20~25英尺（6~7.6米）的位置开始练习，球员之间的距离为15~18英尺（4.6~5.5米）；采用组织后卫球员＋翼部球员或后卫球员＋前锋球员以及前锋球员＋前锋球员的组合方式（参见图5.14）。

控球球员开始在活球移动情况下执行运球突破。接球搭档在合适的时间，即传球球员准备传球时，执行切入动作并保持合适的距离。后卫-前锋组合可以使用横向切出

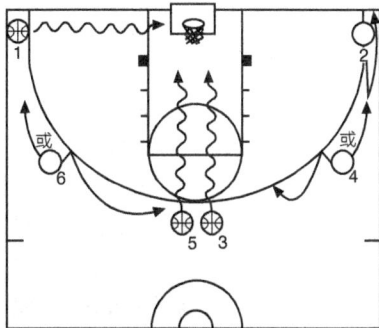

图5.14　突破分球练习

（漂移）或者跟随的移动方式进入突破路线。切出的球员寻找投篮或者外线投篮的机会——中距离投篮或者三分球投篮。切入球员或者传球球员传球（分球）给他的搭档或者做传球假动作并投篮。前锋－前锋组合在场地的另一侧。突破球员突破到底线并沿底线进行传球，传球时使用底线一侧的手以推传方式为搭档传球，后者朝底线滑步移动到场地另一侧的空位位置。除了底线传球时使用击地反弹传球，其他全部外线传球都应该使用空中直传的传球方式。

## 搭档传球和投篮练习

第4章中介绍了单人外线移动后各种方式的投篮练习。一个示例是使用一次、两次或者三次运球。一次传球时执行6次常规投篮，两次传球时执行6次常规投篮，三次传球时执行6次外线投篮。

## 限时带球上篮练习

**目的**：练习在对抗环境下的控球和带球上篮。

**设施**：篮球、罚球区、篮筐和计时设备。

**过程**：

**V形带球上篮**：从场地右侧肘部位置的罚球线处以三威胁姿势开始练习，向篮筐执行运球突破并带球上篮；篮球落下时使用双手抓球，并使用右手运球通过罚球线移动到左侧肘部，继续使用左手运球并执行左手带球上篮，然后再双手抓球并使用左手运球通过罚球线移动到右侧肘部位置。在30秒钟或60秒钟内尽可能重复多次。记录个人的带球上篮命中次数。

**反V形带球上篮**：练习方式与上一个练习基本相同，区别是穿过篮筐到另一侧时使用合适的运球手执行带球上篮。例如，从右侧的肘部位置开始；使用左手运球从篮筐前穿过，然后使用左手带球上篮。然后使用右手运球通过罚球线到左侧肘部位置并返回到另一侧。将时间限制为30秒或60秒钟；记录命中的带球上篮次数作为自己的个人记录。这个练习适合作为外线练习的结束项目。

## 外线对抗练习

**目的**：使球员能够在与自己或者个人对抗的情况下练习所有外线持球移动动作。

**设施**：篮球和半场场地，每个篮筐两名或者三名球员。

**过程**：本练习可以从3个位置（翼部、罚球区顶端、翼部）或者5个位置（再加上两个底角位置）开始。练习规则：所有带球上篮必须是空心，投中得2分。可以混合使用强行上篮和单脚跳投。投中空心或者跳投时，球员额外获得1分。无论中与不中，每次投篮时都喊出应得的分数。投篮不中时尽量补篮，但补篮不计入成绩。使用罚球空心规则（空心=1分，投篮命中但击中篮圈=0分，投篮不中=−1分）。移动方式如下。

1. 三个常规投篮。

2. 中路突破穿过篮筐。

3. 底线突破到篮筐（移动到底线强行带球上篮）。

4. 中路突破上拉跳投。

5. 底线突破上拉跳投。

6. 中路突破急停、交叉步强行上篮（或者跑投）。

7. 底线突破急停、转身或者强行投篮。

8. 中路突破后跳投篮。

9. 底线突破后跳投篮。

10. 中路突破，犹豫步或者进退虚晃步后跳投篮。

11. 底线突破，犹豫步或者进退虚晃步后跳投篮。

12. 探步执行三次常规投篮。

13. 罚球投篮（4次）

最高分=64分

在全部3个位置或者5个位置重复以上动作。

**教学要点**

- 执行强行带球上篮时，所有脚趾均指向底线。

- 从全队利益出发，正确并快速地执行基本技术。

- 勤于练习。

- 比赛节奏和环境进行练习——按照比赛强度进行练习并将自己想象为冠军球队的成员。

# 第6章

# 内线进攻移动

## 低位战术

在内线时首先要获得控球权——在内线持球或者移动到底线。
向防守方施压促使其犯规。低位战术是成功的关键所在。

迪恩·史密斯（Dean Smith），北卡罗莱纳大学篮球队教练，
奈史密斯名人堂教练

**大** 多数教练员和球员都能认识到通过低位球员在罚球区内或者罚球区附近接球，从而建立内线战术的重要性。这种内线战术有多个目的。它能够实现较高的投篮命中率——在篮筐近处创造得分机会，还能提高执行原始的三分球战术的概率（内线投篮得分加上罚球得分）——处于内线区域的低位球员很难防守，并且经常在投篮时造成防守球员犯规。将球传给处于内线的低位球员时（传球突破），防守方会被迫打乱阵型以便对其进行防守。这时将球回传给外线队友能够增加外线投篮的机会（三分球战术）。

本章中的基本概念强调得分目标中的另一个基本元素——在内线持球增加投篮命中率，或者迫使防守方加强内线防守，进而使外线球员获得空位并提高外线投篮机会，尤其是三分球的投篮机会。

# 低位战术基本知识

低位战术是构建从内向外进攻策略的关键因素。低位战术能将控球技术的需要降到最低，并且只要付出足够的练习时间和耐心，任何身体条件的球员都能快速掌握这种战术。所有球员都应该学会背打技术，以便能够经常利用身高方面的优势。优秀的低位球员能够通过提高各种内线移动技巧，尤其是背对篮筐得分移动（通常在低位或者中等距离的位置执行）的方式来获得空位，进而提高自己的投篮命中率（参见图6.1）。低位球员需要学习如何获得空位、保持空位状态，安全地接球以及通过简单的方式投篮得分。

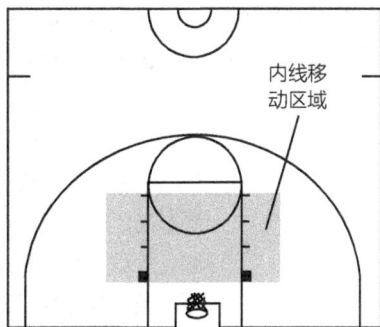

图6.1　内线移动区域——低位到中距离位置

**突破。**要成功得分，进攻方必须通过运球突破方式（突破分球）将球运至内线，或者将球传给低位球员的方式，从而突破防守方的外围。进攻突破的目标是尽可能在篮筐近处创造投篮机会，通常在罚球区内，或者迫使防守方打乱防守阵型，进而执行外线投篮。可使用传球或者运球方式突破防守方的防守。这个原则能够极大地增加团队进攻的效率，还能在一定程度上增加对手的犯规概率。

**擦板球投篮。**执行大多数内线移动后，在使用强行移动，或者进攻篮板球的情况下，进攻球员会选择擦板球投篮的方式，尤其是从45度角的位置投篮。内线战术需要较多的控制，而且通常会面对球员拥挤的状况，而擦板球投篮的命中率要比篮筐投篮更高一些。除非球员进行扣篮，否则应该坚持"因地制宜"这一规则。将擦板球作为投篮目标时，错误边际要更大一些。第4章讨论了执行擦板球投篮的基本用法（即向高处柔和投篮）。

**做好投篮不中的准备。**内线球员距离篮筐较近，因此抢篮板球也是他们的基本职责。因为投篮球员能够很好地预估投篮的精确位置以及时间，因此内线球员应该始终通过内线移动的方式做好投篮不中的准备并争抢篮板球。抢篮板球时采

**要点提示：**

每次投篮都做好投篮不中的准备。

用快速姿势，肘部朝外，胳膊和手掌在肩膀上方成伸展状态（即双手举起的2打2篮板球）。可能的话，内线球员还可以封阻防守球员，至少需要向罚球区中间移动，从而占据争抢篮板球的有利位置。

**每个人都是低位球员。**每个球员都可以成为内线球员。尽管一些最好的内线球员都具有身高优势，但是技术比身高更加重要。相对身高才是更加关键的因素——每个球员都可以针对与自己身高相似或者更矮的球员执行背打战术，提高基本的低位移动技术。肯塔基的中锋克里夫·哈根身高只有6英尺4英寸（193厘米），但却成功地被选为奈史密斯名人堂球员。除此之外，很多身高不具优势的内线球员很享受在低位区域内对身体技巧的应用。

**创造身体接触。**内线区域通常人员众多，因此存在较多的身体接触。内线进攻球员应该善于"创造"身体接触（背打时创造传球空位）并使用身体牵制防守球员。球员必须学会在保持平衡站姿的基础上，主动使用臀部和大腿根部位置与防守球员发生身体接触。双脚分开并降低身体重心，采用快速姿势并保持双脚处于活跃状态。通常情况下，先允许防守球员占据某个防守位置，然后低位球员依靠身体接触将其限制在该位置上。

**双手举起。**为低位球员传球存在加大的难度和挑战性，而且由于这个区域球员众多，还存在时间上的限制，因此错误边际比较小。正因为这样，内线球员应该始终使用低位姿势随时准备接队友的快速传球：与防守球员进行身体接触时双手举起（请参见图6.2）。坐立姿势，腿部和躯体下半部分与防守球员产生身体接触，然后举起双手为传球队友提供传球目标（上臂与肩部处于同一水平高度，前臂几乎成竖直状态，手部稍微位于肘部前方以便能够看到自己的手背）。

> **要点提示：**
> 双脚分开并降低身体重心，在低位区域进攻时主动创造身体接触。

图6.2 低位球员的基本站姿：（a）前视图，（b）侧视图

**耐心。**很多高个子球员都属于大器晚成的类型，由于身高的关系，他们缺乏对自我形象的认可，身体协调性也相对欠缺。对于这种问题，解决办法就是学习时间、耐心和例行的训练（重复、重复再重复）。乔治·麦肯（George Mikan）是

NBA第一个50年中的优秀球员，在德保罗大学（DePaol University）上学时，他花费了大量的时间与他的教练雷·迈尔（Ray 迈尔）在一起，将大部分精力用在了步法、控球（传球和接球）、投篮以及身体协调性方面的练习上。

# 低位技术

教练员应该使球员掌握低位球员应有的姿势。内线或者低位球员必须培养自己执行夸张的基本姿势的能力。与常规姿势相比，双脚要分得更宽，降低身体重心，肘部朝外且前臂竖直，上臂与地面平行并与肩膀位于同一水平线上。双手举起并微微前倾，手指分开指向天花板（参见图6.2）。低位球员应该使用双手为队友提供传球目标，保持双手举起并随时准备接球。

球员应该在低位线（即穿过篮球或者球员与篮筐的直线）处执行背打战术。低位线如图6.3所示。内线球员应该努力在内线或者罚球区外侧获得空位，即在低位线上或者附近区域。在低位线上占位能够缩短传球球员的传球距离。理想情况下，低位球员执行背打时，肩膀应该与低位线垂直（右侧视角），向传球队友"展示数字"（即传球队友在给低位球员传球时能够看到其球衣上的数字）。通过向传球球员展示数字的方法保证传球路线的畅通，在下半身与防守球员进行接触的同时移动双脚（保持双脚处于活跃状态或者使用快速脚步）。使用臀部作为身体接触的缓

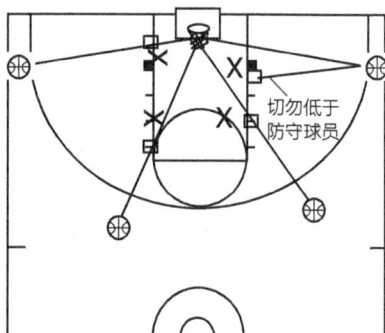

图6.3 低位线

冲区。除非防守球员位于前面（在传球球员和低位球员之间进行防守），否则这一规则适用于所有传接球情形。

无论何时，都应该尽量使用低位线规则，除非传球球员位于底角位置；此时，低位球员的低脚置于位置上或者位置区上方，以便为底线得分移动提供空间。有时，低位球员从低位线的一侧启动，强迫防守球员在一侧或另一侧执行防守。

## 在低位获得空位

无论何时，低位球员都应该尽量在低位线上、传球球员和防守球员之间获得空位，使用V形切入方式，朝防守球员迈步并使用后转身的方法封阻防守球员（将旋转脚置于防守球员的双腿之间），进行身体接触时迈步穿过防守球员较近的脚（"坐"在防守球员的腿上或者封阻其前脚），参见图6.4。进攻中的低位球员可以使用正确的步法执行背打，然后在保持身体接触的同时迫使防守球员朝其设定方向移动（即防守球员位于高位——迫使其向更高位

图6.4 在低位获得空位

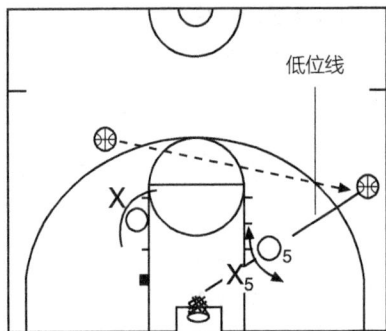

图 6.5 半圆移动：使用臀部与防守球员进行接触，并向传球队友展示球衣上的数字以保持空位状态

移动；防守球员位于低位——迫使其朝更低位移动；防守球员在身后——迫使其朝篮筐移动；防守球员在身前——迫使其朝远离篮筐的方向移动）。

在正确的时间获得空位并保持自己处于空位状态是内线球员的基本任务。由于低位战术是一个持续的1打1对抗过程，因此球员必须学会如何"创造"身体接触并保持空位状态。一旦防守球员获得了某个防守位置，那么内线球员应该与其进行身体接触以便将其限定在该位置上。球员应该保持双脚始终处于活跃状态，并使整个身体执行半圆移动（参见图6.5）。臀部和躯干较低的部位应该"坐"在防守球员的腿上或者身体上，并一直保持这种接触。

## 在内线接球

低位球员应该具有对篮球的欲望。他们需要对队友保持信心，相信队友能够获得空位并在将球传给他们时能够安全地接球，队友能在内线获得空位或者在接到吸引两名防守球员的队友向外传出的球时能够轻松得分。

保持身体接触的目的是感觉防守队员的存在并对其进行封阻（使用臀部作为缓冲区，而不要使用手臂或手）。低位球员应该能够通过解读传球路线来确定防守球员的位置。为低位球员传球的传球球员，应该将接球球员位于防守球员远端的手作为传球目标。传球位置能够帮助低位球员确定防守球员的位置——传球造就得分。对于低位球员来说，保持传球路线的畅通是一项艰巨的任务。球员保持双脚处于活跃状态并保持身体接触，直到篮球到达接球球员的手上——向传球球员展示球衣上的数字（即面向传球球员）。

低位球员必须迈步进入传球路径迎球，同时使用双手接球，双脚略微离地（可能的话）以守住自己的位置，然后执行急停动作（向前移动时除外）。虽然位置是获得空位所需的条件，但是应该以拿到球为前提。教练员应该训练球员在双手触到球前一直保持对篮球的关注。球员接传球时，必须使用颌下护球的技巧——肘部朝外并向上、手指向上、将球置于颌下（或者从一侧肩膀移动到另一侧肩膀）——这种技巧能够防止低位球员在持球时使篮球悬空，进而能够很好地保护篮球。

低位球员向前移动时，可以使用吊传或者反传的传球方法。防守球员占据篮球与低位球员之间的位置（在低位球员前面）时，可以使用两种技巧。第一种技巧是头顶吊传（参见图6.6），传球球员将篮球从三威胁姿势移动到头顶，使用测试性的传球动作解读对方的协防情况，然后快速使球掠过防守球员，抛向篮板与篮圈的链接位置。低位球员此时保持快速姿势并双手举起的状态（掌心朝向防守球员），面向底线并使用臀部和躯干下半部（缓冲部位）与防守球员进行接触。低位球员应该等到篮球被传出并到达头顶时，使用双手接球，接球时掌心朝向篮球。需要注意的地方是，要保持身体的较低部位与防守球员的接触，不要推动手臂（尤其是前臂）。第二种技巧是向高位或者协同进攻的队友进行反向传球。如果防守球员在场地一侧的低位球员前面防守，那么可以向第二侧传球，然后低位球员可以迈步接球（参见图6.7）。

图6.6　吊传，使球掠过防守球员：（a）双手举起——使用身体下半部分和臀部与防守球员进行接触，（b）使用测试性的传球测试协防球员的反应，（c）双手接球并采用强行移动的方式将球置于颌下护球

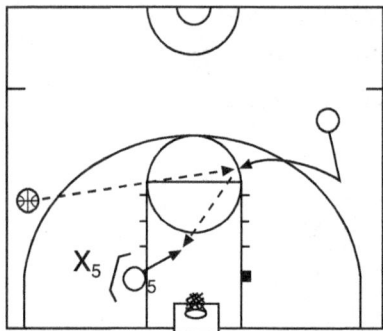

图6.7　低位战术：反向传球（第二侧），限制和封阻低位的防守球员（身体接触时使用臀部缓冲部位）

**要点提示：**
在低位双手接球并将球置于颌下护球。

## 挤开防守球员

　　内线球员必须学会在对抗中自动将防守球员挤开的技巧。如果低位球员在较低的一侧被防守，那么应该迫使防守球员向更低的位置移动（如果防守球员位于较高的一侧，则迫使其向更高的位置移动）；如果防守球员在前面防守，应该使用身体下半部分与之接触，面向底线并迫使防守球员远离篮筐。如果防守球员在后面防守，则应该向罚球区内迈步，然后再执行V形切入或者后转身动作。动作的执行理念是允许防守球员占据某个位置，然后迫使他们向该方向更远处移动，并通过腿部和躯体下半部分（缓冲部位）的接触将其限制或者封阻在该位置。

## 解读防守状态

　　防守球员在前面防守——即在传球球员和低位球员之间防守——教练员应该指导球员使用头顶吊传或者反向传球的方法，限制或封阻防守球员并从相反的方向为低位球员传球。执行吊传时，进攻球员应该使用强行移动或者转身带球上篮的方式。防守球员在后面防守时，传球球员应该以头部位置作为传球目标；然后低位球员应该接球并面向篮筐。这种情况下也可以选择低位跳投。

　　防守球员位于低位一侧（底线一侧）时，低位球员可以使用低位或者轮式移动或者强行移动方式执行勾手跳投。同样，防守球员在高位一侧防守时，也可以使用强行移动或者轮式移动的方式。对于外线传球球员和低位接球球员来说，指导原则就是通过传球获得得分机会。

　　对于低位球员来说，解读防守并做出相应的反应意味着应该学会如何进行身体接触、如何解读队友的传球、如何转到中路、观察全场局势并破解对方的防守。优秀的低位球员在持球时能够迫使两名防守球员对其进行防守。

# 低位或内线移动

　　最后，教练员应该指导低位球员如何执行具有攻击性的移动并留意处于空位的队友。执行内线移动时，球员的目标应该是获得近距离投篮的位置或者为处于得分位置的球员进行传球。低位球员在进攻时必须努力迫使两名球员过来防守，而要达到最佳效果，球员应该掌握并熟练执行基本的低位移动方式，进而轻松得分。

## 低位投篮

　　对于低位球员来说，向中路或者罚球区内移动是一种基本工具，同时也是重要的得分武器。这种移动通常并不需要运球；步法以及低位投篮和勾手跳投的力学原则已经在本书第4章中进行了介绍。低位投篮的优势在于能够使进攻球员快速移动到防守的中间位置并进入高位得分区域（罚球区）。也可以选择强行移动和勾手跳投，这种方式需要运球，因此速度较慢。

## 强行移动

　　防守球员位于高位一侧时（远离底线的位置），通常可以在底线一侧使用强行移动的方式。防守球员位于底线一侧时，也可以使用这种方式朝中路移动。底线强行移动的顺序，是以距离防守球员较近的脚为中枢脚向后旋转半圈并使用臀部和躯体下半部分封阻防守球员，然后在两腿之间（在离篮筐较近的脚附近）大力运一下或者两下球，同时双脚强行起跳朝篮筐方向移动，双脚与底线成合适的角度执行急停动作（腹部面向底线）。有时候，低位球员位于罚球区或者离篮筐较近时，可以省略运球的动作。最后，执行强行投篮或者勾手跳投，使用身体保护篮球并使用防守球员远端的投篮手投篮得分；无论何时，都要尽可能借助篮板优势（参见图6.8）。本书第4章的双脚到双脚强行移动部分对此进行了详细描述。

**要点提示：**

强行移动——向后转身半圈封阻防守球员、双脚强行起跳（大力弹跳）、强行带球上篮或者勾手跳投（双脚起跳）。

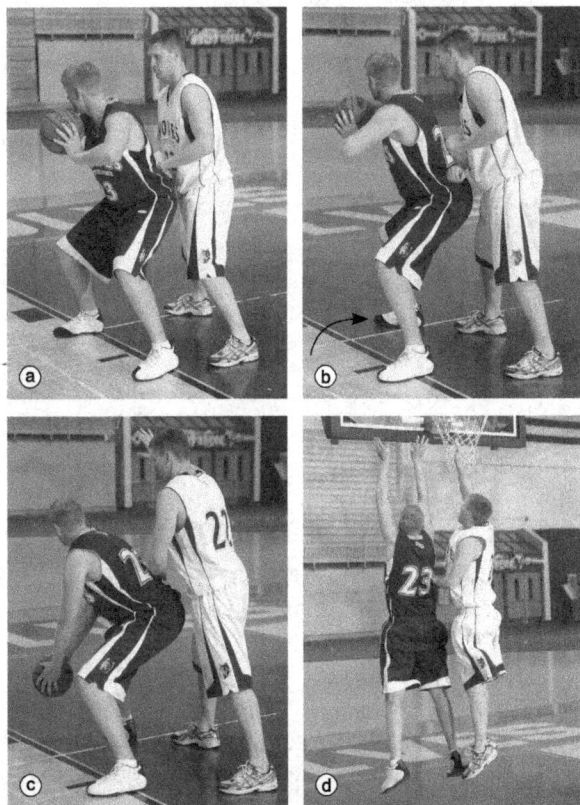

图6.8　强行移动到底线：（a）接球并将球置于颌下护球，（b）向后转身半圈封阻防守球员，（c）螃蟹步（crab dribble）运球——双手在两腿之间运球（大力运球），（d）强行上篮（面朝底线）

　　向中路强行移动（参见图6.9）的执行方式与上面所讲基本相同：接球并将球置于颌下护球（防守球员位于底线一侧），以底线处的脚为中枢脚向后转身封阻防守球员，在两腿之间里前脚较近的位置大力运球，同时双脚朝篮筐方向强行起跳移动到罚球区内，最后，以双脚起跳带球上篮或者勾手跳投的方式结束（有时可能需要做投篮假动作）。执行这种动作时，最普遍的错误是在执行后转身动作时没有贴近身体运球——使篮球在人员密集的低位区域暴露给防守球员。应该在双腿之间的前脚附近使用双手抓球，同时双脚起跳朝篮筐方向移动。

图6.9　强行移动到中路：（a）接球并将球置于颌下护球，（b）向后转身封阻防守球员，（c）双手大力运球，（d）面向底线勾手跳投

## 勾手跳投

　　勾手跳投是一种双脚起跳的投篮方式，使用离防守球员较远的手朝篮筐进行投篮动作。勾手跳投的技巧，是将球置于颌下护球并移动到离防守球员较远的肩膀位置，然后执行强行起跳（双脚）并使用前臂阻挡防守球员，将球移至头顶和防守球员上方进行投篮。非投篮手一侧的肩膀应该指向篮筐，可以使用任意一只手执行勾手跳投。这是一种安全且有力的移动方式，很多球员都喜欢在防守密集

的区域使用这种投篮方式。

## 轮式移动（高级技巧）

这是一种高级移动方式，是强行移动和低位移动这两种移动方式的组合。防守球员在进攻球员强行移动时执行高位（或低位）防守，恰好切断了强行移动中的进攻球员时可使用这种技巧。低位球员接下来可以快速执行反向低位移动动作（参见图6.10）。动作的执行顺序是，以强行移动开始，然后急停并在防守球员严密防守时将球置于颔下护球，最后，向防守球员前进位置相反的方向执行低位移动。

图6.10 轮式移动：（a）强行移动到底线（被防守球员切断），（b）低位移动返回中路位置，（c）执行低位投篮

## 面向移动

防守球员在低位球员后面防守，尤其是存在防守间隙时，可以使用这些基本的外线移动方式。进攻球员以任意一只脚为轴向前或者向后转身，使自己面向篮筐和防守球员。向前转身时可以选择带投篮假动作的跳投和交叉低位投篮的方式（参见图6.11）。这种情况下可以使用全部类型的活球移动方式。低位球员可以选择的其他方式是以任意一只脚为轴向后转身，然后执行跳投；跳投时可以做投篮假动作，或者其他的活球移动方式。这种后转身的移动方式，最初是在前超音速球员杰克·希克马（Jack Sikma）身上流行起来的，目的就是摆脱防守球员并创造执行勾手跳投的间隙，请参见图6.12。

## 向低位传球

对于大多数低位球员来说，需要向底线一侧传球时，他们比较喜欢使用击地反弹传球的方式向低位传球。防守球员要阻断或者抢断击地反弹传球并不容易。尽管如此，在向中路或者反向（第二侧）传球，还有吊传（防守球员在前面的低位防守时）时，空中直传的传球方式更为快速。在采用空中直传的方式为低位传球时，从肩膀和头部上方传球，以接球球员距离防守球员较远的手作为传球目标，或者从三威胁姿势使用单手推传或者敲传的方式使球穿过防守球员的耳朵。外线球员在向内线传球前应该先确保自己能够看到低位球员球衣上的数字，以这种方式确保传球路线不被阻断。外线的传球球员应该将球传到接球球员处于空位的手上（距离防守球员较远的手），因为传球的目的是直接投篮得分。传球应该向低位球员传递应该采取何种移动方式的信息（解读防守球员）。防守球员在低位球员正后方防守时，应该向低位球员的头部位置传球。

图6.11　面向移动：(a) 以任意脚为轴转身，(b) 跳投假动作，(c) 交叉步，(d) 低位投篮

图6.12　希克马低位移动：向后转身（图中以右脚为中枢脚）

## 问题解答

下面所列的是一些常见的错误、相应的教学回馈和对问题的纠正。

**问题**：低位球员不能持续进行身体接触。

**纠正**：让球员在练习中成坐立的低位姿势，然后大胆地与训练辅助设备或者练习助理进行身体接触，然后再加入真实的防守球员进行练习。

**问题**：无法正确地保持低位站姿。

**纠正**：让球员多进行一些低位球员队列练习，努力提高核心力量，更长时间地保持低位站姿。

**问题**：无法保持空位。

**纠正**：重复指导球员如何在所有情况下创建身体接触，使用进阶式的身体接触练习方式并确保保持双脚处于活跃状态或者快速脚步来保持自己的姿势。

**问题**：接球动作不一致。

**纠正**：增加与搭档进行传接球的练习（接球时充分使用双手和双眼），相对于姿势来说，要更加强调控球权的重要性。

**问题**：丢球（接球后）。

**纠正**：检查练习接球并将球置于颌下护球的技巧：手指向上、肘部朝外向上、紧抓篮球、使用转身技巧护球并摆脱防守球员。

**问题**：无法以简单方式快速得分。

**纠正**：在接球前努力形成稳定的低位姿势，放低身体重心，成坐立姿势来保持速度性，重复练习某一个得分移动方式，直到达到自然而发的程度，努力解读防守并快速做出正确的反应，要坚持做好投篮不中的准备，无论何时，尽可能有角度地投篮得分。

### 低位战术教学要点

- 要有持球的欲望，善于要球。
- 指导球员执行内线移动（顺向移动和反向移动），使球员在执行这些动作时保持信心，经常让团队在内线（3秒区内）持球，以便他们能够使用这些移动方式。团队练习时应该由内向外进行。
- 指导球员在执行大多数内线投篮时借助篮板优势，这能够获得较高的投篮命中率。
- 所有的球员都非常具有竞争力，喜欢身体接触，具有成为低位球员的潜力。
- 指导球员在内线时保持双手高举。
- 指导球员采取低位站姿，双手置于低位线上或者附近为队友提供传球目标。球员接球时应该坚持使用双手并将球置于颌下护球。
- 强调要善于借助冲撞缓冲部位（躯干下部和大腿根部）进行身体接触，以及快速强力的移动以使自己获得空位。
- 在进攻时使用身体缓冲部位创造接触，封阻防守球员使自己获得空位。
- 在内线传球时，控球权比位置更加重要。
- 使防守球员朝他们的惯性方向移动。
- 每次在低位接球时都将球置于颌下护球（安全的接球）。
- 训练低位球员学会解读传球、防守他们的球员执行何种方式的身体接触以及防守球员所处的位置。一般来说，应该观察并向中路进攻进入罚球区。

低位战术教学要点（续）

□ 指导球员执行低位投篮或者强行移动并执行勾手跳投，将这些基本形式的投篮作为从护球姿势向中路突破到罚球区时简单的得分方式。

□ 向球员展示在强行移动过程中如何将身体置于防守球员和篮球之间，这是一种非常高效的移动方式。

□ 指导球员执行轮式移动，有顺序地执行强行移动、急停和低位移动动作。

□ 在某些情况下，低位球员可能需要使用外线移动方式接球并面向篮筐，尤其是在罚球线或者高位区域中时，或者防守球员在正后方执行防守时。

# 低位练习

在执行这些练习时，应该采用进阶式的练习方式，从没有防守到想象不同的位置存在防守球员，然后是训练助理采用双手在空中挥舞这种虚张声势的防守，最后加入真实的防守球员。

## 低位热身练习

（同时参见本书第3章中的控球部分。）

**目的：** 在准备进行正式练习时先指导内线球员一些基本的技术。

**设施：** 篮球、网球、半场场地和篮筐。

**过程：** 每个项目练习1分钟，每天至少选择6个项目进行练习。

● 双球运球顺序。

● 运球和花式运球。

● 网球内场练习（双脚分开并降低身体重心，脚尖朝外，成坐立姿势）。

● 想象中的防守球员滑步或者移动进行防守。

● 进攻中的无球移动（单独练习或者双人练习）。

● 篮圈到篮圈快攻冲刺。

● 螃蟹步直线运球（双手在两腿之间靠近前腿的位置运球，然后将球置于颌下并双脚向前弹跳）。

● 以向上抛球或者转身传球的方式为自己传球，然后接球并将球置于颌下护球。

● 从距离篮筐4~6英尺（1.2~1.8米）的位置绕篮筐勾手跳投练习（左手和右手）。

● 柔和投篮或杀手投篮——在5个地点执行5次投篮（任何目标）或者执行勾手跳投。

● 麦肯训练系列（常规、反向、强行、投篮假动作并强行上篮、自由投篮）。

- 每只手托着一个重量板（拇指放在重量板上孔里），使用快速脚步从一侧位置区到另一侧位置区进行半圆移动。

## 队列练习：低位球员启动、转身和停止

**目的**：指导低位球员使用基本的4队列形式练习正确的步法。

**设施**：最低半场场地。

**过程**：4列球员队列分别站在底线附近的边线处，罚球区外侧（两侧的罚球区）以及对面的底线位置。以低位站姿启动，按照顺序执行开始、停止和转身动作。

- 从低位站姿到低位启动姿势（没有负步）。
- 在罚球线处执行急停后采取低位站姿，快速向后转身并返回到底线位置（急停进行低位姿势）。
- 使用前转身方式重复以上动作。
- 全场练习选项——在罚球线、中场线、对边的罚球线和对边的底线位置以低位站姿停止。在每个位置使用两种转身方式并重新开始练习。每种移动都使用相应的口头语。

**教学要点**

- 低位站姿和启动。
  - 双脚分开，比肩略宽。
  - 成坐立姿势。
  - 肘部成90度角，双手保持高举。
  - 向前迈正步。
- 停止
  - 急停（脚跟到脚尖的顺序或者柔和落地）。
  - 全脚停止。
- 转身
  - 分别使用右脚和左脚为旋转脚执行前转身动作。
  - 分别使用右脚和左脚为旋转脚执行后转身动作。
  - 抬起脚跟以旋转脚的脚掌为轴进行转身。
  - 降低身体重心并保持头部处于水平状态。
  - 执行后转身时挥动引导肘；执行前转身时挥动前臂。

## 低位双人练习

**目的**：指导球员对低位球员所需的基本技术进行练习，包括低位站姿、传球和接球以将球置于颌下护球。

**设施**：一个篮球、两名球员之间距离15~18英尺（4.6~5.5米），一名球员位于低位位置。

**过程**：一名球员采取无球的低位站姿，外线的球员则采取持球的快速站姿（三威胁姿势），两人进行传接球练习，每次接球后都将球置于颌下护球。两人重复进行传接球练习，每次1分钟。

**选项**

- 常规的内外低位姿势、传球和接球练习。
- 不良传球变化练习——接球球员为了获得篮球必须放弃自己固有的姿势，接球时使用双手并将球置于颌下护球。
- 击地传球、接球、颌下护球和向外传球。传球球员朝低位的接球球员处执行击地传球，后者接球并将球置于颌下护球，再将球回传给传球球员，传球球员接球后再向低位球员的另外一侧击地传球。低位球员必须向右或者向左侧进行滑步移动并使用双手接球，重复将球置于颌下的动作并再次将球回传给传球球员。
- 将球回传给传球球员——低位球员采取低位站姿，背对传球球员。传球球员为低位球员传球并呼喊接球球员的名字，然后低位球员转身面向传球球员接球并将球置于颌下护球，然后再将球回传给传球球员。
- 传球球员和篮板球球员——低位球员采取低位站姿，传球球员投球或者向低位球员附近的空中抛球，低位球员模拟2打2的战术，追逐并抓住想象中的篮板球。教练员应该指导球员在球反弹出球员所在区域时如何追逐篮球，双手接球并将球置于颌下位置护球。

**注意**：低位球员也可以进行一般的技术练习，如本书第3章和第4章中介绍的练习方式。

**教学要点**

- 低位球员就位并保持低位站姿。
- 每次接球后将球置于颌下护球。
- 获得控球权比姿势更重要。
- 努力接住每一次传球。
- 执行任何动作时都使用双脚和双手。
- 接球动作一气呵成（双眼和双手）。

### 转身传球低位移动练习

**目的**：指导球员进行个人进攻低位移动。

**设施**：篮球、篮筐以及反弹篮板辅助设备（可选）。

**过程**：低位球员双手举过头顶抛球，接球后将球置于颌下护球，再使用下手转身向地面击地传球并接球，置于颌下护球，或者借助反弹设备为自己传球，在自己希望的接球位置背对篮筐接球。球员在每侧的罚球区针对每种低位移动方式重复练习3~5次。内线或者低位移动的序列包含以下几个元素。

- 低位投篮——到中路。

- 勾手跳投——绕罚球区（接球并转身；接球、螃蟹步并投篮）。
- 强行上篮——到底线（篮下强行上篮）、到中路（勾手跳投）。
- 轮式移动——到底线、到中路（高级技巧）。
- 面对（篮筐）——跳投、投篮假动作跳投以及交叉步低位移动（前转身选项）或者活球移动（后转身选项）。

**教学要点**

- 本练习中不加入防守球员。
- 教练员也可以为低位球员传球以便检查训练效果，例如低位站姿、低位线、步法、手部目标、接球技巧、颌下护球以及低位移动。
- 也可以选择在执行下一个移动动作前连续执行3~5次投篮。
- 每次投篮都做好投篮不中争抢篮板球的准备，直到篮球入框。

## 低位进阶练习

**目的**：让球员自己进行进攻低位移动的进阶式练习。

**设施**：篮球、篮筐以及反弹篮板辅助设备或者其他接传球方式（可选）。

**过程**：低位球员开始练习时使用手下转身方式为自己传球（或者借助反弹辅助设备进行传接球），并按顺序执行低位移动。每次移动时执行5次投篮。

- 强行移动到底线——左侧，低位。
- 勾手跳跃移动至中路——左侧，低位。
- 低位移动——左侧，低位。
- 轮式移动——左侧，中路或低位。
- 面向（篮筐）移动——左侧，低位。
- 面向移动——高位，左侧肘部位置。
- 重复相同的移动方式——右侧。

球员需要在执行每种移动方式时完成5次投篮和两次连续命中的罚球（5个常规投篮和2个罚球），然后可以进阶到下一个移动方式（否则需要再次重复刚才的移动）。

**选项**

- 对于高水平的球员来说，需要连续完成3~5次移动投篮或者连续命中3次罚球。
- 按照无防守、固定位防守、虚张声势的防守以及真实防守的顺序进行练习。

**教学要点**

- 首先保证动作的正确性，然后再按照真实的比赛节奏进行练习。
- 假设所有投篮都不中；争抢篮板球并再次投篮得分。

## 大间距和低位给球练习

**目的**：让6名球员在一个篮筐下以三角形站立（低位给球），以及外线球员

在篮筐的4个外线位置以大间距站立，如图6.13a所示。

**设施**：篮球、带篮筐的半场场地以及4名球员（大间距练习）。另外一个半场两个篮球和一个篮筐，每侧由三名球员（一名低位球员和两名外线球员）组成的小组。如图6.13b所示。

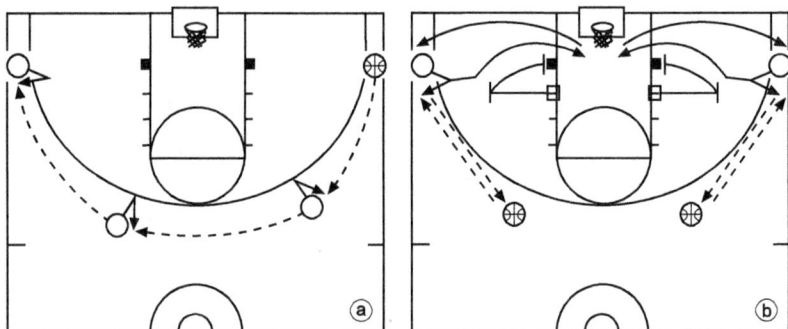

图6.13　大间距和低位给球练习：（a）大间距——外线球员，（b）低位给球

**过程**

**大间距**：如图6.13所示，4名外线球员分别位于半场中的4个外线位置。球员使用常规的篮球或者加重的篮球尽可能快速地围绕外线球员进行传球（可以对反向传球进行计时）。

**大间距练习教学要点**

- 球员应该迈步进行传球，借助腿部力量传球。
- 反向传球时球员之间的距离不能太大。
- 球员应该围绕外线球员进行传球。
- 接球球员应该使用V形切入方式来缩短传球路线。
- 传球球员应该远离防守球员——接球球员双手举起并使用外侧手作为传球目标（一只手作为接球目标，另一只手用于阻挡防守球员）。
- 教练员应该着重强调球员应该强力转身迈步用身体保护传球路线并借助腿部力量大力传球。使用双手空中直传的传球方式。
- 球员在每次传球时都应该喊出相应的口号（使用传球球员的名字）。

**选项**：增加4名防守球员；增加篮下切入动作；增加运球突破动作。

**低位给球**：罚球区每侧各站一名低位球员。两名外线球员间距15~18英尺（4.6~5.5米）站立，与自己所在一侧的低位球员一同进行练习（可以6名球员一同练习）。罚球区顶点的球员传球给自己一侧的翼部球员，后者面向篮筐接球或者接球后转身面向篮筐并呼喊"篮圈-低位-行动"（提醒队友控球权优先——寻找投篮、向低位给球、传球或者运球突破的机会）。外线的翼部球员然后将球回传给后卫球员并使用背后掩护从低位切到篮下。低位球员然后立即为外线球员做向下掩护并使用滑步移动或者再次背打。在第二次接到顶点的后卫球员的传球时，翼部球员为低位球员给球。

**低位给球教学要点**

- 在低位使用虚拟的防守球员并指导球员如何在传球时远离防守球员（传球创造得分）。
- 在传球、切入、掩护以及持球或者针对外线球员执行"篮圈–低位–行动"概念时，坚持使用口头语提示。
- 着重强调传球和接球原则以及移动和旋转（转身）概念。
- 注重对背后掩护、向下掩护和切入技巧的练习。低位球员必须远离掩护并滑步移动，在每次掩护时获得两种得分选择。

**选项**：在后期加入防守球员；在练习时球员可以变换位置。

## 全美（All-American）低位练习

**目的**：指导球员进行全部进攻低位移动练习（针对高水平球员）。

**设施**：篮球、半场场地和篮筐。

**过程**：在这个持续30分钟的练习中，只有按顺序完成所有的投篮方式后才会继续练习下一个移动方式。每天都按照比赛的节奏正确快速地重复练习。可以从你喜欢的罚球区的一侧开始。

- 4次底线强行移动。
- 4次移动至中路勾手跳投。
- 4次转身跳投，在底线一侧转身，旋转脚。
- 4次带投篮假动作的转身跳投。
- 罚空心（+2/–2）
    - 如果球员失败（–2），做俯卧撑或者冲刺跑。
    - 如果球员胜利（+2），连续投篮，直到出现投篮不中；投篮不中时，球员继续下一个项目。
- 4次从低位启动、V形切入并闪切到罚球线执行跳投。
- 4次向外迈步到短角位置（short corner），在底线处执行跳投。
- 罚空心比赛。
- 4次V形切入并闪切到罚球线进行投篮假动作跳投。
- 4次短角位置投篮假动作底线跳投。
- 罚空心比赛。
- 4次V形切入并闪切到罚球线做投篮假动作，并突破强行上篮或者在罚球区扣篮。
- 4次短角位置投篮假动作并强行上篮或者扣篮。
- 罚空心比赛。

## 2打2低位给球练习

**目的**：指导球员进行进攻和防守低位战术技术、为低位球员传球以及传球后移动接队友回传球的练习。

**设施**：篮球和篮筐、4名球员组成一组（最低要求）。

**过程**：两名进攻球员和两名防守球员围绕罚球区从各个不同位置练习低位战术。应用低位战术中全部的进攻和防守原则。两球员需要扮演传球球员的角色。防守球员获得球权时必须向外传球或者运球进行角色转换。外线进攻球员将球传给低位球员时执行V形切入接可能的回传球，并喊出低位球员的名字。

**选项**

- 两名外线球员不设防，外加一名防守和一名进攻低位球员（每次得分后双方轮换角色）。参见图6.14。
- 两名外线球员和两名低位球员——一名负责进攻，一名负责防守。外线球员在罚球区顶部持球开始练习。他运球到任意一侧的翼部位置，进攻球员在该位置获得空位——低位球员可以切到高位或者向外移动为队友设立掩护（挡拆战术）。
- 2打2淘汰练习。

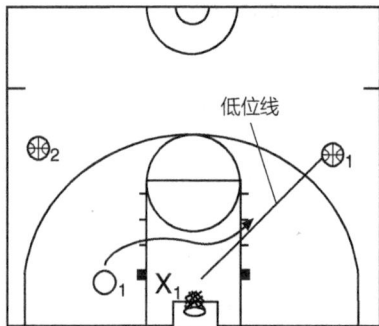

图6.14 2打2低位给球练习

## 麦肯训练法

这是一个以乔治·麦肯（George Mikan）命名的训练方法。他是篮球历史上第一名具有统治地位的低位球员，这种训练方法适用于所有球员（外线球员和低位球员）。

**目的**：指导球员进行步法、控球以及在篮筐附近带球上篮的技巧。

**设施**：每名球员一个篮球和一个篮筐。

**过程**：交替进行不同形式的带球上篮，在左侧用左手投篮以及在右侧用右手投篮。球员抢到篮板并将球置于颌下护球后，应该立即快速移动双脚并进入投篮位置。接球时使用双手并将球置于颌下护球，尽量每次都投中空心并执行跟随动作。不要让球落到地面上——有助于培养和保持节奏感。按照比赛节奏进行练习。

**选项**

- 连续进行1分钟或者3分钟、4分钟和5分钟的练习。
- 常规麦肯训练。
- 转身带球上篮麦肯训练。
- 强行上篮麦肯训练——投篮时跳到篮下，跳到另一侧接球并将球置于颌下护球；从双脚到双脚重复执行移动动作。
- 带假动作的强行上篮麦肯训练（保持站立姿势——竖直方向做1英寸，即2.5厘米距离的假动作）；在做投篮假动作时保持脚后跟向下。
- 自由投篮——1分钟连续投篮或者围绕篮筐以任何移动方式获得10分。

## 5打5低位传球练习

**目的**：指导低位球员如何获得空位、接球、执行低位移动以及解读防守球员的防守（尤其面对包夹防守时），并从低位向外传球。指导防守球员对低位球员进行包夹防守以及在对方传球时如何从低位执行跟防。

**设施**：篮球、半场场地以及10名球员（5名进攻球员和5名防守球员）。

**过程**：3名外线球员和两名低位球员的位置如图6.15所示。在图6.15a中，防守方允许对刚进行第一次传球（练习时一直使用这种原则）的低位球员进行1打1练习（没有包夹防守）。在图6.15b中，设置包夹防守。在第一次传球后，所有练习都按照正常比赛进行。

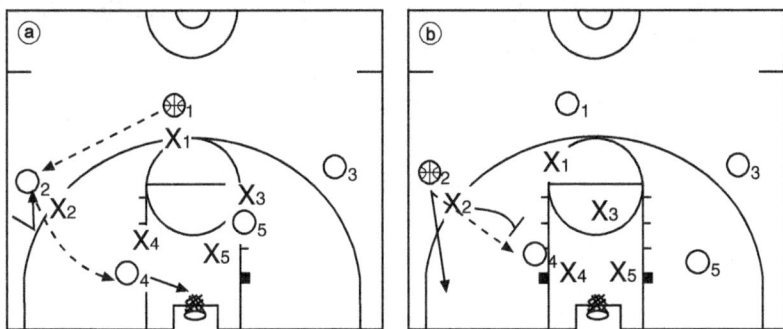

图6.15　5打5低位传球：每次获得球后，防守方都应快速聚集决定包夹战术并快速返回防守：（a）无防守包夹时传球，（b）防守方设置防守包夹

## 低位防守得分练习（往返）

**目的**：指导低位球员接球并将球置于颌下护球，以及双脚通过防守球员或者阻挡装置得分（迫使对方犯规得分）。

**设施**：5个篮球、一名持阻挡装置和篮球的防守球员。

**过程**：5名球员，每名球员持一个篮球，在距离篮筐6英尺（1.8米）的位置绕篮筐成半圆形站立（5个位置）。一名防守球员位于篮筐前面，手持阻挡装置。一名进攻球员从底线开始，接住持球球员以转身后传或者击地反弹传球方式传来的球（良好传球或者不良传球），接到球后将球置于颌下护球，不需要运球，转身并通过双脚强行移动与防守球员进行身体接触的方式得分。重复执行5次该动作（往）以及5次返回动作（返），一共10次连续通过防守得分。球员之间轮换角色重复练习。

## 1打1低位对抗练习

**目的**：以1打1形式练习低位进攻和防守。练习以2~3次投篮命中或1分钟为限。

设施：3名外线人员（罚球区顶点和两个翼部位置）、篮球、两名低位球员（一名进攻球员和一名防守球员）以及一个篮筐。

过程：进攻低位球员和防守低位球员站在罚球区内，3或4名球员站在外线。练习开始时，防守球员持球，他将球传给任意选择的一名外线球员；罚球区内的两名球员然后进行1打1比赛。将球传给进攻的低位球员前，可以传给任意一名外线球员。

**教学要点**

- 进攻——在低位线上采取低位站姿，创造身体接触并封阻对方，球员正对着将要为其传球的外线球员，获得并保持空位状态，安全地接球并以简单的方式得分。
- 防守——避免身体接触，除非能够获得有利的位置或者其他优势，阻止外线球员为低位球员传球。

# 第 7 章

# 单人防守

我的球队是建立在顽强的防守、谨慎的投篮选择以及不畏艰难的精神之上的。

唐·"大熊"·哈斯金斯，得克萨斯大学埃尔帕索分校
篮球队主教练，名人堂教练

无论是对于教练员还是球员来说，单人防守都是一项很大挑战，相对于能力来说，其中包含的基本技术更多是由精神因素决定的。防守技能是每名球员篮球技术中始终不变的一部分。球员在提高自己防守技术的过程中，会遇到来自身体和精神方面的双重挑战。到了篮球技术中的这个阶段，防守效果在很大程度上由所学的知识、强调、评估和需求决定的。

所有防守系统中都需要基本的单人防守技术：人盯人防守、区域防守或者联防等。这些基本技术如下：

- 防守姿势和步法；
- 有球防守、无球防守、无球到有球防守、有球到无球防守；
- 特殊情况防守，掩护、包夹（双人防守）和防守原则。

单人防守技术需要融入到一致的防守系统中，其中包含防守覆盖范围（全场、四分之三场地、半场）、压力、路线、防守分布类型、防守分配（人盯人、区域防守或者联防），以及运球球员带来的影响等。本章介绍的技术是基于进攻性战术而言的，但教练员可以对其进行修改，以便适用于其他情况或者特定的团队防守理念。

防守是获胜的关键，与进攻相比，对胜负的影响更具一致性和可控性。名人堂教练拉尔夫·米勒（Ralph Miller）曾经说过，失败源自于防守上的瓦解——单人或者团队防守、防守篮板或者由对手的精彩防守导致的形式逆转。防守还能带来快攻机会、轻松的投篮以及更多的进攻信心。

# 防守基础知识

防守需要精神和身体的共同支撑。应该鼓励球员主动出击，而不是被动还击。一般来说，防守球员在对抗中处于劣势位置。要改变这种情况，一个方法就是牢记这样一个规则，即主动出击比被动还击更为迅速。教练员可以借助缩略词ATTACK向球员强调防守中的主动元素。

A——Attitude（态度）。所有防守的起点都是要有决心努力成为一名具有攻击性和智慧的防守球员。球员必须培养并保持他们对比赛态度的控制，尤其是防守态度。只有球员在每次执行防守时都具有全力以赴的决心，教练员所教的知识才能发挥作用。精彩的防守需要球员最大程度的身体付出。

T——Teamwork（团队精神）。5名球员的共同努力比5名球员各自为战更有效率。防守团队的协同作战犹如化学反应，可以将进攻球员固有的优势抵消掉；能够以协同作战的方式进行团队防守可使球队渡过难关并获得胜利。

T——Tools of defense（防守工具）。4个基本的防守工具，即思想、身体、脚和眼睛。双手可以用来进行协防或者干扰对方。首先使用其他工具，尤其是身体位置时，可以将双手作为防守辅助。

A——Anticipation（预判）。球员必须善于使用由视觉触发的球感和判断力（精神）。观察球员并保护篮球——球是得分中心。球员应该始终注意球的动向并使用眼睛进行预判。例如，他们应该快速发现那些存在漏洞的传球并快速做出决策，而速度基于身体上的准备和精神上预判。

C——专注（Concentration）。球员应该始终保持机警并随时执行防守。他们必须学会评估形式并能够化解对手的优势。在执行防守时，球员必须避免中断现象的出现，无论是身体上的还是精神的。交流是一种提高专注力的良好方式。

K——Keep in stance（保持站姿）。球员必须始终保持防守快速站姿。球员不要存在侥幸心理，通过移动改变自己的站姿，所有球员必须始终做好利用对手出现的错误的准备。对于防守球员来说，保持站姿是最重要的身体就位概念。教练员需要不断提醒球员采取并保持防守站姿——随时准备应对对手选择的最佳移动方式。教练员和球员可以使用这个概念作为主观上的防守标准。优秀的防守球员和球队能够在整个防守过程中始终保持快速站姿。

**要点提示：**
采取并保持快速站姿。

# 防守要点

除了要成为主动的防守球员，球员还必须要了解9个基本的防守要点：转换、目的、压力、位置、阻止突破、移动、球路、阻挡和交流。

**转换。**首要任务是提前准备从进攻到防守的转换，这需要全部5名球员通过交流有组织地转变角色，包括对篮板球的权衡（每次投篮时都做好投篮不中的准备，回防或者争抢进攻篮板球）。快速回防保护防守篮板，确定篮球位置，找到投篮球员并防守所有处于空位的球员。回防的球员应快速朝防守端冲刺，同时观察篮球的动向（从内侧肩膀观察篮球——红灯情况），一旦对方的进攻被遏制，就可以正常跑动或者向后滑动（黄灯情况）。进攻方的投篮动作意味着防守的正式开始，而在防守方抢到防守篮板、盗球成功、反攻或者对方投篮命中时，则意味着防守的结束。对于防守球员来说，一个有用的法则就是当对手获得控球权时，至少执行三个冲刺步回防，同时从内测肩膀观察篮球的动向。在整个攻防转换的过程中始终将篮球纳入到自己的视线范围内。向防守篮板转换时，应该采用与边线平行的直线回防路线，这能够帮助球队更好地对全部外线投篮球员进行防守。

**要点提示：**
对方投篮时，上前执行防守，己方投篮时，上前争抢进攻篮板球。

**目的。**防守的目的是不让对手轻松得分以及通过抢篮板球或者盗球的方式重新夺得控球权。防守球员必须学会如何阻止对手轻松投篮得分（阻止对手全部的带球上篮动作）。使进攻方在执行所有投篮动作时都要付出极大的努力（让对手投篮时面对巨大的压力，即让对手在压力下投篮）。防守的总体目的是完全阻止对手得分。当然这是一项不可能的任务，因此最佳的防守目的就是只让对手在对抗的环境下投篮。

**压力。**可以通过为对方施压的方法扰乱进攻方的基本节奏。防守球员必须持续地向对方控球球员施压。从身体和语言上向对方的每一次投篮施压。干扰对方的持球球员（持球或者运球球员），封阻持死球的球员（已经用完了运球权的球员），随时准备保护己方篮板以及帮助防守持球球员的队友进行协防。为对方的每一次投篮施压，迫使投篮球员进行调整。手部应该在对方面前高举以对投篮进行干扰。对持球球员施压时，必须结合合适的无球位置并随时做好准备。

图 7.1 力量区域——距离篮筐 15~18 英尺（4.6~5.5 米）的区域

**要点提示：**

篮球移动时，防守球员也要跟随移动（快速移动进行协防）。

**位置。** 教练员应该训练球员在防守时保持站姿并占据场上合适的位置。球在进攻移动时，快速冲刺到下一个位置。大多数犯规发生在防守球员没有就位或者没能保持单人防守站姿。球员应该快速就位并保持防守的快速站姿，同时保持与篮球和篮筐相对的合适的防守位置。无论何时，对手传球后者运球时，防守球员都应该快速移动进行协防。

**阻止突破。** 进攻球员会试图通过传球或者运球的方式将篮球朝篮筐移动。无论何时，防守球员都必须努力阻止对方进行这种突破行为。一名防守球员应该始终对篮球施压，另外 4 名球员则在篮下执行区域防守来保护己方的篮筐，并随时对防守篮球的队友提供支持。防守球员应该阻止对方从中路朝篮下突破，因为进攻方会通过运球或者空中直传的方式将球移到到这个区域（尤其是图 7.1 中所示的力量区域）。无球防守意味着通过在篮下区域执行区域防守来阻止对方向中路（尤其是力量区域）传球或者运球。防守球员应该采取区域防守战术并对防守持球球员的对手提供支持。努力阻止篮球和进攻球员进入强力区域。

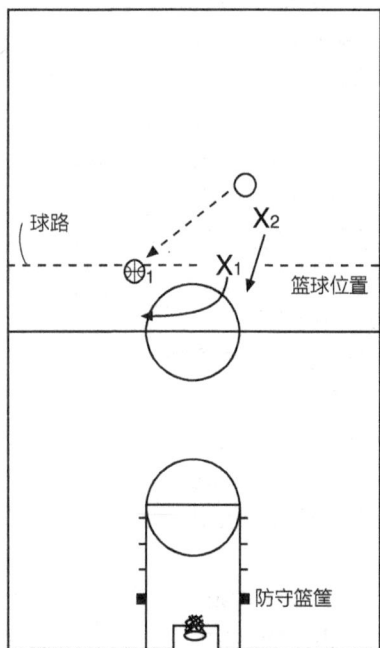

图 7.2 球路

**移动。** 球员必须学会在对手每次传球时进行移动。每次传球时，全部 5 名球员都应该相应地调整自己的位置。执行有球防守时，在对方控球球员传球后，防守球员应该立即朝篮球和篮筐移动——快速跳跃或者奔跑到球侧。执行无球防守时，防守球员应该在对手每次传球时朝着篮球调整自己的位置。

**球路。** 球路原则意味着只有防守球员占据篮球前面的位置并朝向防守篮板时，才适合上前对对手进行防守。这个位置穿过球路，到控球球员位置的一条直线。在图 7.2 中，$X_1$ 和 $X_2$ 需要先到达篮球 $O_1$ 的前面，然后才能获得合适的防守位置对持球球员以及其他无球的对手执行防守。

**阻挡。** 每一名防守球员都具有责任阻止进攻球员进入篮下区域以及对手投篮时争抢防守篮板球的责任。成功的教练员能够认识到防守篮板是团队防守中重要的组成部分，也能够花费足够的时间教授球员这方面的知识（参见本书第 8 章）。

**交流。** 团队的成功总是需要球员的交流。所有球员都必须通过语言或者身体的方式互相回应，进而产生有效的团队防守效果。本质上讲，5 名球员在行动上应该像一个整体一样。杜克大学篮球队主教练迈克·沙舍夫斯基（Mike Krzyzewski）曾经说过，球员和球队的关系就像是手指与拳头的关系一样。手指只有结合到一起才能从事拳头能够执行的工作。而交流是使手指成为拳头的纽带,能够将5名球员融合成为一个防守团队。尤其是球员在防守时不能使用过多的语言,因此有效的交流就更加重要。

# 有球防守

可以将有球防守看成是整个防守的矛头;任何良好的防守都始于对球的防守。在防守位置上,可以同时观察自己负责防守的进攻球员和篮球的动向,与此同时,有球防守也是最具有挑战性的防守任务之一,同时需要具备技巧和精神决心。

本章中介绍的技术、原则和防守概念基于教练员关于防守站姿和步法(防守控球球员时,成功的防守球员所需的步法)的毕生经验。随着控球技术的不断提高,以及对于那些身体和技术占优势的球员来说,进攻球员的优势会不断增加。因此如果没有合适和水平较高的防守技巧,成功完成1打1有球防守几乎是不可能的。

本书中推荐的有球防守技巧已经有针对性地迎合了现代比赛不断增加的挑战以及进攻球员不断增加的优势。这些概念是从大量比赛和教学经验中总结而来的,尤其是通过与贡萨加大学篮球队肌肉和体能教练麦克·尼尔森(Mike Nilson)的讨论得出的。麦克已经将平衡与速度的概念融入到了书中建议的有球防守技巧之中。这些建议能够极大地提高球员的有球防守能力。

## 防守活球

防守持球的球员(仍然有运球权的球员)时,防守球员需要采取快速站姿并保持双脚处于活跃状态(快速脚步)。进攻方拿到球时可以通过口头语"球"进行交流,然后再说出口头语"准备""准备"。应该指导防守球员保持占据控球球员与篮筐之间的位置(球-防守球员-篮筐),如图7.3所示,看到并消除控球球员的优势(在主导侧)以便阻止其运球突破。

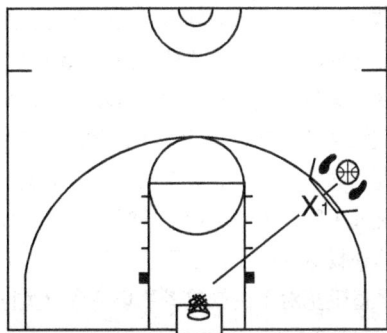

图7.3 球-防守球员-篮筐:防守球员与篮筐以及他负责防守的进攻球员(持球)的相对关系

图7.4 臀部朝向篮筐的防守站姿

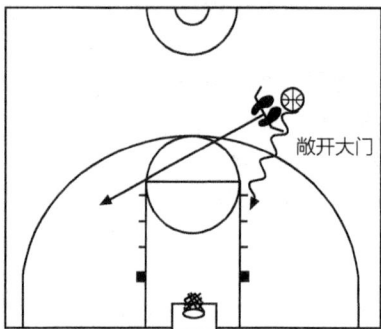

图7.5 有球防守——防守时双脚前后错开的幅度过大

图7.6 防守时的手部位置——活球:(a)球在头顶

在阻止运球球员传球和运球突破的同时,对其进行干扰并分散他的注意力也是非常重要的技巧。采用手臂和腿部弯曲的站姿(利于获得速度和平衡性),保持双脚(拍步)和双手处于活跃状态,迫使对手执行击地或者高吊传球。双脚正对进攻球员,保持球-球员-篮筐的直线相对关系(不要完全遮挡,也不要开放防守站姿或者将篮筐暴露给进攻球员)。采取双脚错开的站姿,内侧脚稍微向前,后脚稍微指向外侧。建议是使用后背或者臀部朝向篮筐,这样有利于快速执行横向移动动作(参见图7.4)。这种站姿的特点是:身体重心较低、双脚分开、臀部向下、双膝分开、头部低于进攻球员的头部与其胸部在同一个水平位置。后脚不能向后撤得太多,这种错误会导致防守球员为对手的运球突破敞开大门。有时候这种错位被称为"斗牛士防守"(matador defense),因为这种动作能够让进攻球员轻松地运球通过防守球员的后脚一侧,并使防守球员像斗牛士那样,在进攻球员运球突破时朝向进攻球员的方向摇摆。这种脚部位置也使得快速执行横向移动变得更加困难,不能很好地保持球-球员-篮筐这种相对关系。同时,还会在前脚一侧为对手运球移动提供空间(参见图7.5),因此很难对其进行防守。球员应该使自己的臀部正对篮筐,横向阻挡进攻球员,不让他执行运球突破。如果能够使用正确站姿和手部位置,防守球员在防守对手活球移动时几乎不需要执行摇摆动作或者后撤步。这种姿势能够使防守球员保持自己的躯干和胸部始终位于控球球员前面,进而形成球-防守球员-篮筐的这种直线关系,而不产生任何手部接触。

执行活球防守时,建议将球侧的手(通常为前手)助于前脚的上方并在球的位置实施封阻。执行时可以按照以下步骤进行。

- 球在头顶——防守球员靠近防守时,前手应该置于头上,手臂伸展以阻止对手传球。执行该动作时可以双脚快速向前跳跃。球将球置于头顶时,进攻球员就失去了快速突破或者投篮的威胁(球在头顶,手部举起并靠得更近)。保持快速站姿,前臂伸展并成竖直状态,后手置于前手附近或者与其手腕处于同一水平位置,随时准备进行接触(参见图7.6a)。
- 球在投篮区——将手置于前面并在球上方附近(如果可能),准备阻止对手投篮或者从耳朵旁边执行快速的空中直传动作(参见图7.6b)。

- **球在较低位置**——手部水平方式在球的上方，阻止对手快速投篮或者将球移动到身体的上方（上下移动或者环形移动），如图7.6c所示。防守持球的进攻球员时，采取比对方更低的防守位置非常重要，因为这样能够更好地应对对手运球突破带来的威胁。防守球员必须保持身体处于球-球员-篮筐的相对位置，以便阻止对手俯身突破，在运球时使头部和肩膀通过防守球员。

图7.6　防守时的手部位置——活球:（b）球在三威胁姿势，（c）球在较低位置

　　另一只手在肘部位置采取灵活姿势并保持位于身体的前面，随时准备在进攻球员将球移动到另一侧时对其实施干扰。后面的手同时还需要准备在对手从这一侧传球时进行封阻;对这一侧的任何传球都实施抢断。

　　教练员可以使用"站在球上"（taking a stand on the ball）这个短语来提醒球员针对控球球员采取并保持球-球员-篮筐这样的位置，同时对持球球员实施干扰。要与持球球员保持足够近的距离，使自己能够接触到篮球，即一个手臂的距离。在防守活球和运球球员时可以应用这种技巧。

　　**注意**:对手执行进攻探步时，可以在同一侧执行一个6英寸（15.2厘米）的后退步。这是一种强有力的腿部滑动动作，能够阻止对手可能执行的运球突破。

　　**防守运球球员。**防守运球球员时，采取与其足够近的距离，使防守球员能够触碰到篮球，同时还要根据进攻球员和防守球员的速度对记录进行调整。在确定了进攻球员运球突破的方向时，防守球员可以使用推步来阻止其执行突破，保持或者重新获得球-球员-篮筐这种相对位置。防守球员重复使用快速的推步（通常为三步）想阻止对手运球突破时，可以在运球突破的方向上略微向后转身。一个比较好的防守提示是防守球员在阻挡运球球员时，应该同时使用精神、感觉和身体。预判突破的方向（精神）、使用快速的推步（使用对手移动方向上的脚作为引导脚）来保持球-球员-篮筐的位置，使用胸部或者躯干与对手进行接触，进行合法防守，阻止对手运球突破。如果运球球员通过了防守球员（头部和肩膀通过防守球员），那么防守球员可以转身并快速移动，使自己重新获得球-球员-篮筐这种位置（跑动并恢复防守位置）。

**要点提示:**
与控球球员保持足够近的距离。

**推步技巧**。以平衡的防守快速站姿开始，球员应该用力横向推动前脚（在要移动的方向上），同时将头部和身体的重心转移到该方向上。在保持快速站姿中脚的位置的同时，使这只脚稍微朝向外侧。尽管也有一些教练员更推崇使用前脚指向并保持双脚处于平行的位置。但是腿部的力量来源于拖曳脚的强力蹬地。前脚和拖曳脚的横向移动距离为6~18英寸（15.2~45.7厘米），双脚间距与肩同宽。然后使拖曳脚返回到快速站姿。通常情况下，三个快速的推步就能够阻止进攻球员在某个方向上的运球突破。接下来，运球球员可能会运球通过防守球员（此时需要跑动恢复防守），也可能会向相反的方向运球（此时，防守球员必须在相反的方向上使用三个推步执行防守）。在执行推步动作前，防守球员可能需要执行一定角度的后转身动作，以便保持有利的防守位置。

横向推步移动的指导步骤如下。

- 根据需要执行一定角度的后转身动作，使防守球员位于运球球员前面，以便保持球–球员–篮筐的相对位置（参见图7.7a）。
- 拖曳脚用力蹬地执行推步动作，同时引导脚横向移动6~18英寸（15.2~45.7厘米），将头部和身体的重心转移到移动的目标方向上（参见图7.7b）。
- 前脚落地时要均匀地分配身体重力（脚尖和脚跟同时落地，身体重心的60%置于脚掌之上），同时保持双脚平行的站姿（或者脚尖略微指向外侧）。
- 拖曳脚也移动6~18英寸（15.2~45.7厘米），同时保持双脚间距与肩同宽（参见图7.7c）。
- 移动时，应该以平行的快速站姿开始并以同样的站姿结束（只有脚趾略微指向外侧）。

推步技巧有时候被称为"迈步并滑动"（step and slide）运动，在执行时，可以使用这词语作为提示口头语：推步并滑动、身体重心较低且双脚间距宽、不能过低、不能过宽。

三个推步一般就能够阻止运球球员的突破；如果不能，则需要跑动并恢复防守动作以便再次获得球–球员–篮筐的相对位置。完整的推步动作步骤如图7.7所示。

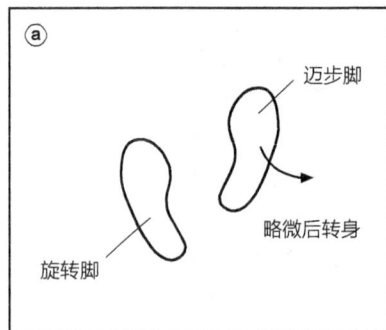

采取指向站姿（point stance）时，球员的鼻子应该位于球的上方，身体位于运球球员前面。近处的手指向篮球，肘部弯曲，手掌向上。向右滑步移动时，球员的近手是左手。引导手（后手）呈"拇指掏耳朵"（thumb in ear）姿势，肘部成合适的角度，前臂成"汽车雨刮器"样式。向右移动时，右手成拇指掏耳朵或者雨刮器姿势，以便阻止对手从耳朵处执行空中直传。

运球球员开始运球时使用口头语"指向"（point）进行交流。在后场时干扰运球球员，在前场时则调整为球–球员–篮筐的相对位置。对手执行转身运球时，球员应该远离运球球员向后跳一步以便阻止运球球员勾手运球突破。

**要点提示：**

推步并滑动、身体重心较低且双脚间距较宽，同时不能过低或者过宽。

图7.7 推步移动方向步骤：（a）一定程度的后转身（只在需要时）

迈步脚

略微后转身

旋转脚

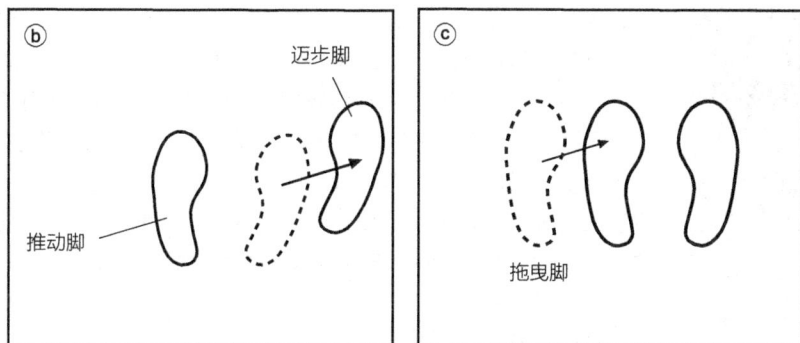

图7.7 推步移动方向步骤：（b）推步，（c）回到快速站姿

**防守活球的传统方法。** 活球防守球员必须采取球−球员−篮球这样的防守快速站姿随时做好防守准备。前脚与进攻球员的主导手相对。如果进攻球员是右手球员，防守球员可以将左腿进而左侧手臂置于前面，迫使进攻球员使用弱手传球或者运球。另一种选择是采取球−球员−篮球位置时将内侧脚略微放置于前面。教练员可以指导球员在防守时使引导手的手掌朝向篮球（参见图7.8），这能够使球员更轻松地执行移动、弹球以及向球施压等动作。这是球员在防守活球时更加惯用的手部姿势。

在保持内侧脚略微在前的同时，球员应该使用双手干扰对手。大多数教练员推崇内侧脚在前的做法，如图7.9所示。此外，很多教练员更喜欢在迈步滑动执行防守移动时，使用引导脚来阻止对手执行横向移动动作。运球球员的头部和肩部通过防守球员时，防守球员应该跑动并恢复防守姿势。

**要点提示：**
将手置于篮球上，而不是进攻球员身上。

图7.8 活球防守：引导手手掌朝前，拖曳手的手掌朝上。防守右手进攻球员时，将右脚放在前面

图7.9 脚部位置——内侧脚在前

## 防守死球

防守已经使用了运球权的控球球员时，建议使用以下两种技巧。第一种技巧

**要点提示：**
死球防守——"挤压"或者"收缩"。

图7.10 在防守死球时向持球球员施压

是对球实施"挤压"（swarming），即双手追踪球的移动并对持球球员施压，同时保持防守站姿，如图7.10所示（压力选项）。第二种技巧是向后朝篮筐后退，同时保持防守−球员−篮筐的相对位置，预判对手接下来的传球路线并帮助球员进行协防即"收缩"（sagging）选项。尤其当控球球员处于自己投篮范围之外时，可以使用这种技巧。压力选项也被称为"stick"（阻止）位置，使用口头语"阻止"（stick）来提醒队友封阻其他的传球路线。

## 无球防守

无球防守是最有挑战性和最重要的个人防守技术，并且对整个球队的防守效果起着至关重要的作用。因此，球员需要意识到无球防守的重要性。教练员应该指导球员保护篮筐并对防守持球球员的队友提供协防帮助，同时还要注意防守分配给自己的无球球员（眼睛观察目标球员，但是核心是防守篮球）。与有球防守相比，这种多任务模式需要更集中的注意力。

存在两种形式的无球站姿，一种是开放站姿（持手枪式站姿），即远离篮球（两次传球距离），另一种是封闭站姿（封阻站姿），这种站姿距离篮球较近（一次传球距离）。这些站姿如图7.11所示：$X_2$、$X_3$和$X_5$使用封闭站姿，而$X_4$则使用开放站姿，对防守控球球员的队友$X_1$提供支持。对于无球防守的球员来说，总的防守概念就是防守时形成目标球员−防守球员−球的相对位置。

**要点提示：**
执行无球防守时，应该形成球−防守球员−目标球员的位置。

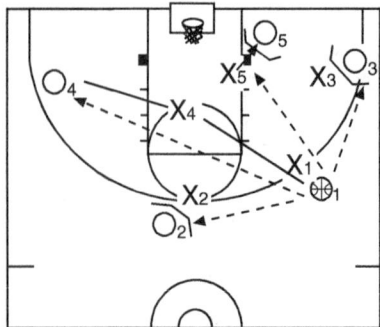

图7.11 封闭站姿（$X_2$、$X_3$和$X_5$），开放站姿（$X_4$）

指导球员执行无球防守时，还可以为其介绍其他几个防守原则。自己负责防守的进攻球员（目标球员）离球越远，防守球员就应该随之离该球员越远，并且始终保持球−防守球员−目标球员这种位置。防守球员还需要保持一定的防守间隙（能够提供更多反应时间的缓冲距离），如图7.11和图7.12所示。球离防守球员越近，防守球员就应该离无球的目标球员越近。

防守球员在进攻球员拿球前的行为，决定了进攻球员拿球后的进攻效果。防守球员应该避免让自己负责的防守球员在有利位置获得篮球。无论是有球防守还是无球防守，都应该尽量消除对手的优势。

要尽量阻止进攻球员向中路或者力量区突破拿球（采取球−防守球员−进攻球员位置时）。要指导球员迫使进攻球员绕路，或者远离他们想要到达的目标位置。如果有必要进行身体接触，那么防守球员应该阻止进攻球员向他的目标位置移动，使用前臂和封闭站姿与其进行身体接触，迫使对手向高位移动，然后再重新建立防守间隙。

图7.12　开放站姿——无球防守球员形成平三角和持手枪式站姿（分配防守职责时）

始终将篮球纳入实现范围，能够使球员在防守控球球员的同时更加轻松地为执行有防守的队友提供支持。防守球员的视线应该追踪篮球的动向，预判进攻球员的切入动作并发现存在漏洞的传球。防守篮球的同时留意自己负责防守的进攻球员。最终入框得分的永远是篮球，而不是进攻球员。

距离篮球两次传球距离的球员应该采取开放站姿，这种站姿使他们能够同时看到篮球和他们负责防守的对手。采取这种姿势时，一只手指向篮球，另一只手指向对手——持手枪的姿势——形成一个平三角：球–防守球员–负责防守的进攻球员（参见图7.12）。

距离篮球较近的防守球员，需要提高封阻对手为自己负责防守的球员传球路线的能力——封闭站姿。防守球员应处于球–防守球员–负责防守的球员的位置上。执行封闭站姿时，球员应该以一定角度背对篮球（同时越过肩膀看到篮球和自己负责防守的进攻球员），同时将前脚（距离篮球较近的脚）和前手置于传球路线上，拇指向下，手指分开，手掌朝向篮球。将耳朵置于与进攻球员胸部持平的位置上。封阻的压力根据不同情况会有所区别，从手部在传球路线上的位置（防守力度）到肘部，以及肩部或者头部在传球路线的位置（防守高度）。

置于对手附近的后手是搂手（brush hand）（使用这只手的手背感觉低手，随时准备用前臂阻止对手切向篮球的动作）。使搂手处于握拳状态，这样能够防止出现拉人犯规现象。防守球员可以顺着离自己最近的手臂的延长线观察篮球和对手的动向。

执行封闭站姿时（封阻为自己防守的球员传球的路线），进攻球员需要执行V形切入动作获得空位，因此防守球员必须保持封闭站姿，持续移动以保持防守所需的球–防守球员–负责防守的进攻球员这种相对位置。与此同时，面对严密防守时，进攻球员可能会从防守球员的后面执行向后移动的动作。应对背后切入的正确措施，是跟随并保持球–防守球员–负责防守的进攻球员这种封闭站姿（快速移动头部并变换封阻手），直到切入球员到达传球路线上，然后采取开放站姿观察篮球。不要一直跟随远离篮球的切入球员。如图7.13所示。对于所有开放

**要点提示：**
封闭（封阻）站姿——一只手位于传球路线上，拇指向下，耳朵位于对手胸部位置，身体处于球–防守球员–负责防守的进攻球员的位置上，距离篮球较近的脚在前。

站姿和封闭站姿的无球防守情况来说，都可以使用口头语"协防右侧、协防右侧"（help right, help right）或者"协防左侧、协防左侧"（help left, help left）进行交流。罚球区内的防守球员则可以使用"包围、包围"（hoop, hoop）与队友进行交流。

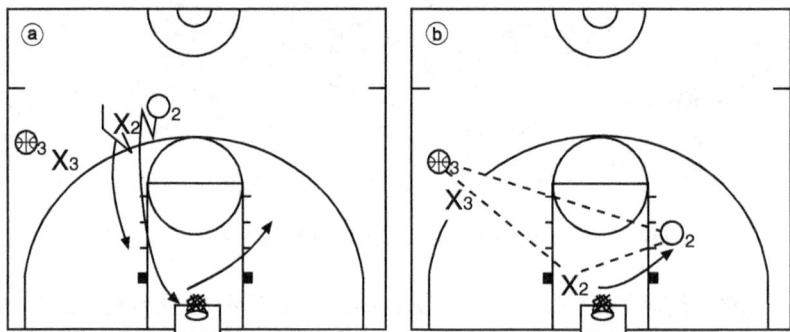

图7.13　防守背后切入：（a）跟随切入球员移动，（b）远离篮球执行开放站姿

## 低位防守

　　防守位于罚球区内或者罚球区附近的进攻低位球员时，防守球员可以学习两种技巧，即球–防守球员–进攻球员的封闭站姿（采取球–防守球员–进攻球员的位置，一只手穿过传球路线，参见图7.14a）和前向站姿（参见图7.14b）。作为一般的规则，应该使用这两种站姿中的一种将球阻挡在力量区（低位区域）之外。采取封闭站姿时，手应该位于传球路线上（球–防守球员–负责防守的进攻球员），拇指向下，手掌朝向篮球。

　　最普遍的低位防守技巧是封闭站姿，除非存在位置优势，否则这种技巧能够避免球员发生身体接触，保持一只手始终位于传球路线上并在防守球员的一侧位置执行防守。在高位（罚球线区域）或者中位位置防守时，这种技巧最为普遍。在阻挡篮球完全进入低位区域和在对手外线投篮时，封阻低位球员之间存在一个折中方式，那就是半前向姿势。另一个需要记住的一个规则是：进攻低位球员处于低位或者中位，而持球的外线传球球员位于罚球线延长线上方时，防守球员应该站在低位进攻球员的上方。篮球位于罚球线延长线下方时，防守球员则应该在下方采取封闭站姿（参见图7.15）。篮球相对于罚球线改变位置时，防守球员可以选择移动到低位球员后面（容易执行，但是低位球员可能会向更低的位置移动）或者移动到低位球员前面（执行较难，但是能够更好地阻止对手向低位传球）重新获得封闭站姿，采取球–防守球员–负责防守的进攻球员的位置。

　　采取前向站姿时，防守球员应该能够看到篮球并保持防守站姿，使用臀部作为冲撞缓冲与对手进行接触并举起双手。这种姿势能够使防守球员预判对手

**要点提示：**

前向低位站姿：保持防守站姿，双手举起，臀部与对手进行接触；随时准备移动封阻对手的传球。

的低位传球路线并跟随移动。前向站姿的优势在于能够很好地阻止对手为低位球员传球，但缺点是对手执行外线投篮时，低位进攻球员就会获得绝对的篮板优势。

图7.14 低位防守：（a）封闭站姿——低位一侧，（b）前向站姿

进攻低位球员通过建立并保持身体接触的方式来牵制防守球员。除非在站位上拥有优势，否则低位球员则应该努力避免这种身体接触，他们需要与控球球员保持一定的安全距离，具有能够继续移动的空间，不让进攻低位球员（或者传球球员）无法确定防守球员的意图。

在防守持球的低位球员时也可以应用这些基本的防守方式；防守球员应该保持防守的快速站姿，双手随时做好准备。进攻的低位球员在低位或者中位区域接球时，应该指导防守球员向后迈一步并重新建立球-防守球员-篮筐的相对位置，这样能够阻止对手获得良好的投篮角度。保持防守站姿能够为防守球员提供一定的反应时间，可以阻止进攻球员向低位移动、阻止进攻低位球员通过身体接触来牵制防守球员，还能使负责外线防守的队友有时间参与协防。

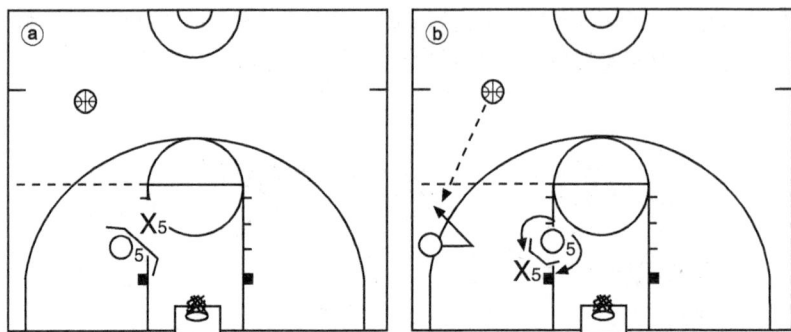

图7.15　防守低位——封闭站姿：(a)球在罚球线上方，(b)球在罚球线下方

## 从有球防守到无球防守

在防守控球球员时，如果对手传球，则需要立即从有球防守状态（球–防守球员–篮筐的位置）转换为无球防守状态（球–防守球员–负责防守的进攻球员的位置），要实现这种转换，需要跳到（或者快速移动）到球侧（首先）以及篮筐（其次）并采取封闭站姿或者开放站姿，如图7.16所示。这种技巧也被称为"追球"（chasing the ball），包括使用距离传球路线较近的手尝试触球。跳到球侧能够阻止传球球员使用传球并切入移动的方式向前切到篮筐并接回传球的动作。

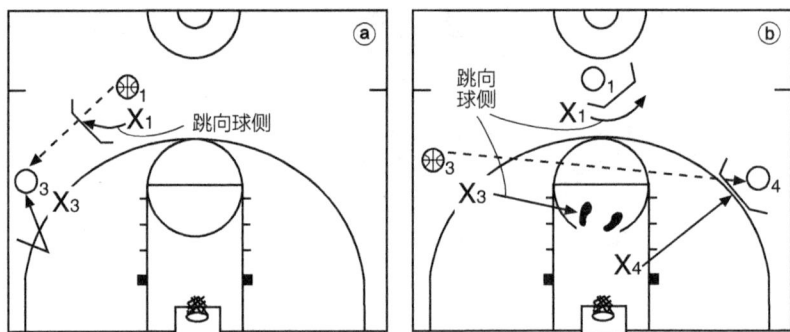

图7.16　每次对手传球或者运球移动时，都朝篮球快速移动（跳跃）

## 从无球防守到有球防守

负责防守的对手获得篮球时，则需要执行另一种转换，称为"封闭篮球"（closing out to the ball）。球被传给自己负责防守的球员时，需要从无球防守状态（开放站姿）转换为有球防守状态，同时采取协防姿势（保护篮筐并对原来做有球防守的队友提供支持）。下面以及图7.17描述了如何正确地执行"封闭篮球"这种技巧。

- 朝防守的持球球员快速移动到半程（缩短防守距离）。
- 采取常规的防守站姿，保持双脚处于活跃状态（顿步），双手举过肩部，位于头部上方。接近控球球员的同时留意篮球和篮筐之间的空间，防止对手朝篮下突破，同时还要使自己具有攻击性，随时封阻对手的投篮或者传球。
- 建议将内侧脚置于上方（腹部朝向边线或者底线）。
- 缩短球–防守球员–篮筐之间的路线（防止对手突破）。
- 缩短防守距离（但保持一定间隙），身体重心向后。双手向上并向后以便阻止对手执行快速的空中直传。

缩短防守距离的目的是防止对手突破（运球或者从头部位置执行快速的空中直传）并对控球球员施压，尤其是在对方投篮时。

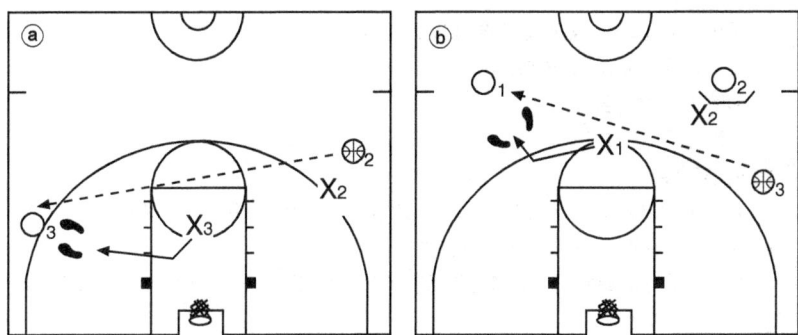

图 7.17　缩短距离——从无球防守到有球防守

# 特殊防守情况

除了有球防守和无球防守这些基本的技术，还存在其他几种战术，这些战术能够帮助球队防守一些特殊的进攻威胁。防守战术大多时候都是用于防守状态，但是也会发生在进攻过程中，例如出现不良传球、运球失误或其他任何由进攻员造成的丢球。这些情况发生时，最佳原则就是双手放在球上；如果球在空中，则使用双手快速抓球并执行急停动作，将球置于颌下护球。采取抓球并护球的做法（双手技巧）。如果球落到地面上，则俯身用双手抓球。这一原则需要球员将球传给处于空位的队友，然后再从地面上起来。

**要点提示：**

持球不稳时，要抓球并将球置于颌下护球；永远不要在这个时候运球。

## 协防和决策

对手获得空位或者其他成功突破的情况发生时，无球球员需要做出关键的决策：协防和轮转防守（保护篮筐和阻止对手突破运球）并做出决策（换防、防守球员包夹持球球员或者采取虚张声势的防守动作以便为防守运球球员的队友提供更多恢复防守的时间）。执行中的交流非常关键——随时准备提供协防帮助以及与队友交流自己的决策。图 7.18 显示了两种选择。在图 7.18a 中，X$_1$ 执行了非常关键的协防任务，$X_3$参与了针对发球区外进攻球员$O_1$运球突破的协防，而$X_1$又为$X_3$提供了协防，这称为"为协防球员提供协防"（help on help）。

## 防守教学要点

### 一般防守要点

- 采取并保持防守站姿。
- 将精神、身体、脚和眼睛作为第一防守工具。
- 将手作为次要防守武器。
- 阻止对手轻松得分；不让对手带球上篮，使其在压力下投篮。
- 保持对球施压。
- 阻止对手以传球或者运球的方式执行突破。
- 每次对手传球和运球时都进行移动。
- 消除对手的优势。
- 扰乱对手的进攻节奏。

### 有球防守要点

- 采取并保持较低的防守位置。比进攻球员更低的位置（鼻子与进攻球员胸部持平）。
- 保持球-防守球员-篮筐的相对位置。
- 防守活球球员的情况：前脚对前脚，保持手部和脚处于活跃状态并在触摸距离内（前手举起）。
- 在自己与运球球员之间保持一定距离（保持防守间隙，但不能超出触摸范围）。
- 防守运球球员，保持头部和胸部在前，前手猛击篮球，需要时跑动并恢复防守姿势。
- 防守死球球员的情况：挤压控球球员并在不犯规的前提下追踪篮球或者针对控球球员收缩防守范围。
- 对手传球时，朝篮球快速移动或者跳跃（追球）。每次传球或者运球时都朝篮球移动——快速移动进行协防。

### 无球防守要点

- 球被传给一个指定的进攻球员时，要靠近篮球执行防守；快速移动、急停并阻止对手突破（始终跟随缩短防守距离——阻止对手突破）。在对手向篮下突破的路线上实施封阻。
- 保持球-防守球员-篮筐的相对位置。
- 远离篮球时采取开放站姿（持手枪站姿），或者离篮球较近采取封闭站姿（手部交叉、拇指向下）。
- 除非不存在进攻威胁，否则使球远离进攻低位球员。
- 能够参与协防以及在对手执行掩护和突破时及时做出换防等决策。

　　进攻方试图在球场的一侧为控球球员清理出空位以便使其执行运球突破动作时，防守球员应该使用"帮助和决策"（help-and-decide）技巧来破解对手运球突破的进攻战术。负责防守持球球员的防守球员防守失败或者出现漏防情况时，无球防守球员应该随时准备提供协防并决定是否需要执行换防。

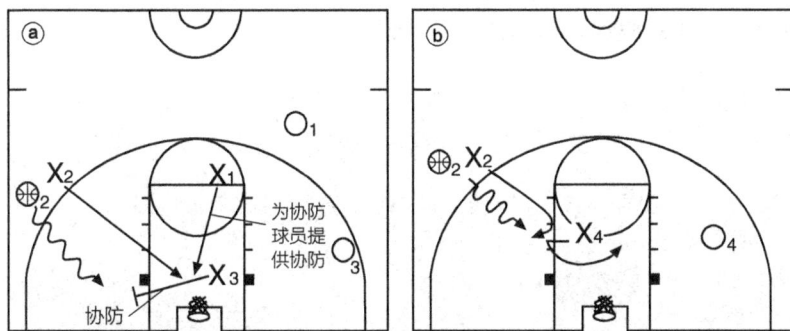

图7.18 在对手执行进攻突破时使用"帮助和决策"技巧：（a）协防和换防，（b）协防和恢复防守

## 掩护

进攻球员通过设立掩护的方式阻挡防守球员以便使自己的队友获得空位时，防守球员必须使用特殊的防守战术来应对，包括在任何情况下都尽量远离掩护——进攻球员不断接近并试图设立掩护时，防守球员应该始终使自己处于运动中的状态。一般来说，可以通过从掩护上方或者下方通过的方式来破解掩护，队友可以使用"阻挡-移动"（show-and-go）的方式使被阻挡的防守球员摆脱掩护（参见图7.19）；也可以选择换防的破解方法，尤其是防守球员无法通过掩护时（参见图7.20）；或者采取对掩护中的运球球员实施包夹的破解方法。防守掩护球员的防守球员向前换防，大喊"换防"并对控球球员实施防守。

对于远离篮球的掩护，防守球员应该尽量躲开或者滑步通过这些掩护，一般选择从球侧通过。要始终保持移动，不能被对手的掩护阻挡。球员应该使自己位于掩护的侧面并使用手臂作为减震器来阻止掩护球员靠近自己的身体。防守掩护球员的球员则应该跳向篮球并位于球的一侧，帮助队友通过掩护。在必要时还要给予队友协防帮助。

## 包夹

教练员可能还希望训练一种专门针对那些特别优秀的进攻球员或者作为出奇战术存在的防守技巧。包夹防守就是这样一种技巧，两名防守球员在特定区域或者掩护中，一同对进攻的控球球员实施防守（2打1）时，就可以使用包夹防守技巧。教练员需要强调的是，为了不让控球球员摆脱包夹，两名防守球员需要采取正确的防守基本姿势、保持双脚处于活跃状态并举起内侧的手，防止对手执行快速的空中直传动作。包夹防守的目的是迫使对手执行高吊传球或者击地反弹传球，同时，防守球员还应该注意不能触碰篮球或者犯规。其他无球防守队友应该封阻最近的传球路线，以便阻止被包夹的球员在他们所在的区域传球（三人区域

**要点提示：**
防守包夹——双脚处于活跃状态，举起内侧手，在不犯规的前提下向对手施压。

联防战术）。设立包夹的最佳位置是球场的角落位置（如图7.21所示），同时还展示了前场包夹的示例。包夹设立在前场的角落位置，其他防守球员封阻了最近的传球路线，并将进攻球员牵制在半场区域内。

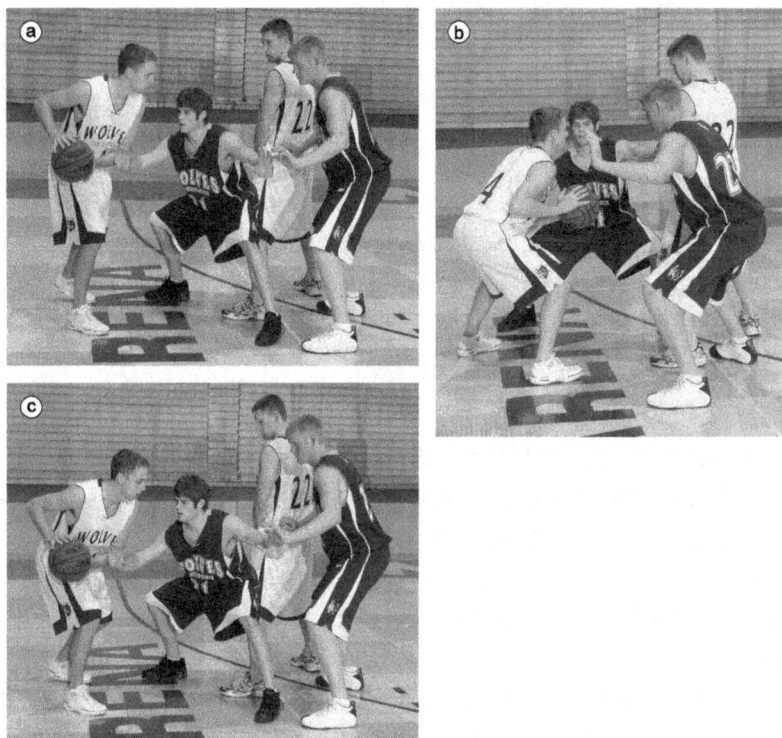

图7.19 通过掩护：（a）向掩护上方移动，（b）协防球员上前阻挡参与协防，（c）防守球员离开时，队友恢复防守姿势

图7.20 换防掩护：（a）协防球员（右侧）迈步上前换防控球球员，（b）协防球员大喊"换防"，队友交换目标执行防守

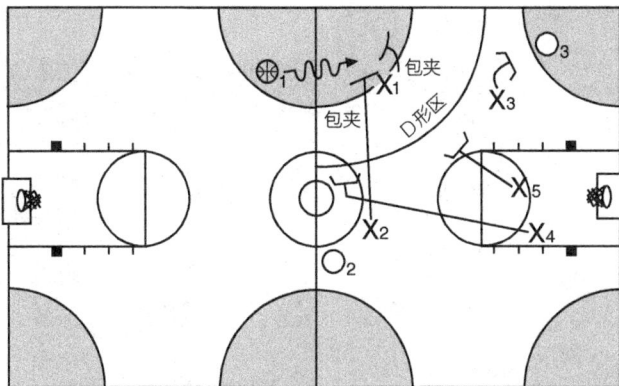

图7.21 理想的包夹位置

## 防守原则

防守原则（defensive charge）是篮球运动中基本防守战术之一，防守球员将进攻的切入球员封阻在场上的目标位置，并且自己处于合法防守位置时可以应用这一战术原则。必须将这些原则正确地教给球员，不仅是因为它能极大地挖掘团队战术中的潜力（可以阻止对手的三分球战术并且还可能让防守球员获得两次罚球的机会），还因为这些原则中包含了需要逐步掌握的、能够避免球员受伤的身体接触技巧。这些防守原则包括：防守球员有权在采取合法防守姿势的前提下占据场上的任何位置；可以不给运球球员任何移动空间，但是防守球员必须在进攻球员的头部和肩膀通过防守球员身体前，占据合法的防守位置；必须给予进攻球员执行变向的机会（不要超过两步）；防守球员在进攻球员起跳前必须处于合法的防守位置；防守球员可以移动他们的双脚并保护自己的身体。

在应用防守原则时，应该指导球员以下技巧。

1. 采取并保持良好的防守基本站姿并保持双脚处于活跃状态（顿步）以便随时调整位置。防守球员必须是在合法的位置上被撞倒的，而不是在身体接触中出现失误。

2. 在胸部位置与对手接触。

3. 不要放弃已经建立的姿势，但是要将身体重心放在脚后跟上（倒地时必须是被对手撞倒的）。

4. 手臂必须保持灵活状态并在面对掩护时保护自己——保护身体上的关键区域（男女球员有着不同的关键区域）。

5. 以正确形式倒地——双臂举起并置于前面，臀部首先着地，然后是背部下方和上方，同时手掌击地。保持下巴向内收缩的头部姿势（参见图7.22）。

6. 假设裁判并没有判定进攻犯规，爬起来重新恢复基本姿势。

7. 要知道何时应用防守原则。要不断干扰进攻球员的移动，但更要抓住进攻球员身体控制或者注意力出现漏洞的机会。

**要点提示：**
应用防守原则时，一定是被对手撞倒的。

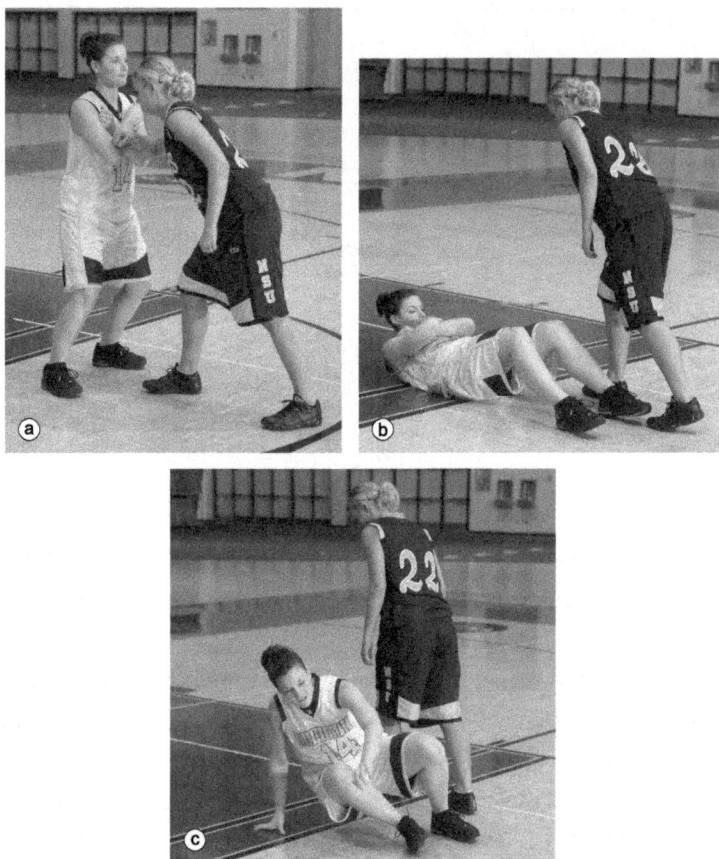

图7.22 防守原则——以正确形式倒地:(a)防守球员倒地时必须是被对手撞倒的(使用手臂保护身体上的关键区域),女球员双手交叉于胸前,男球员则保护腹股沟区域),(b)着地——臀部先着地、背部弯曲、下巴向内收缩的头部姿势,(c)爬起来重新恢复基本姿势

# 向投篮施压

防守持球球员以及定点投篮和跳投时,需要使用一些特殊的技巧。要向对方的每次投篮施加压力,一般原则如下。

- 保持防守站姿并在篮球位于对手投篮区(三威胁姿势)时举起球侧的手——在投篮球员脚离开地面前,双脚一直置于地面上。

**要点提示:**
向对手的每一次投篮施压——保持角度的防守高度、手部举起,手腕向后。

- 使用前手迫使投篮球员改变投篮节奏——不要试图盖帽;只是迫使投篮球员改变投篮节奏。对手投篮时前手举起穿过其面前进行干扰。
- 保持前手高举的竖直状态,手腕朝后(手部不要向下压,导致犯规)。
- 同时在语言上施加压力(大喊、制造噪声、尖叫或者喊出对手的名字)。喊出"投篮"提醒队友准备争抢篮板球(帮助他们看到并听到对手的投篮)。

## 问题解答

防守普遍错误和指导方法。

**问题**：球员无法正确地采取并保持防守站姿。

**纠正**：重复对防守站姿进行复习和指导，逐渐增加针对防守站姿的练习时间——增加对重点环节的练习和相关的提醒次数。团队练习时，强调一名球员没能保持防守站姿对整个团队的影响。

**问题**：缺乏防守积极性。

**纠正**：这是球员自身的原因；为球员讲述有效防守的必要。强调并追求高水平的防守。

**问题**：对篮球移动的反应较慢。

**纠正**：着重快速执行下一个防守任务练习。

**问题**：防守时没有语言交流。

**纠正**：强调交流的重要性；在练习过程中，篮球每次移动时都需要进行语言交流（互相激励和影响）并评出当天进行防守交流最多的球员。

**问题**：不敢实施防守原则，对手拿球不稳时快速向下跳跃抢球。

**纠正**：执行有序的进阶式教学指导和身体技术上的练习，确保安全并积累经验。对优秀的团队战术进行点评（激励）。

**问题**：防守时不尽全力。

**纠正**：让球员明白学习效果取决于他们自身的努力程度；建立顽强拼搏的球队传统；采取有竞争性的练习方式和进行比赛式的练习。

**问题**：缺乏防守信心。

**纠正**：在练习中营造成功的环境，追球能够带来成功的效率和执行力，更多地从正确的技术和努力方面来定义成功，不要以最终结果（防守成功或者失误）作为成功的依据。

# 防守练习

首先坚持进行练习，但同时还要增加防守强度。球员必须培养顽强的个人防守风格以便使整个球队的防守变得更加紧密。

## 站姿和步法进阶练习

**目的**：提供针对防守站姿和强力推步（滑步）技巧的有序练习方法。

**设施**：用于执行移动动作的长度（半场）。

**过程**：球员面向教练员分散站立，按照教练员的指令或者自己的节奏进行练习。建议每种移动方式重复练习5次。

1. 单脚平衡练习，采取防守姿势，胸部挺直，臀部肌肉绷紧，躯体略微向前（右脚和左脚交替执行跳跃动作）。

2. 横向跳跃（一只脚到另一只脚——右脚到左脚，然后左脚到右脚）；采取单脚站姿横向交替跳跃。

3. 恢复步横向跳跃（在执行推步滑动动作时，放下另外一只脚获得平衡）。

4. 恢复步连续横向跳跃——在一个方向上重复3次（左侧和右侧）。

5. 横向无缝推步练习——在每个方向上重复3次。

6. 弓背无缝推步练习（右侧3次、左侧3次、左侧3次、右侧3次）。

7. 罚球区横向滑步练习——从罚球区外侧执行推步向另一侧移动并返回（右侧到左侧、左侧到右侧）。

8. 底线封阻和横向推步练习（右侧3次、左侧3次）。4队列练习后单队列练习，让一名进攻球员距离底线处的防守球员15~18英尺（4.6~5.5米）站立。

–为进攻球员（O）传球，防守球员（D）上前封阻。

–O向右运两次球，D上前封阻并使用推步执行防守。

–O向左运两次球，D上前封阻并使用推步执行防守。

–O向右运两次球，然后转身向左运两次球，D上前封阻防守。

–O向左运两次球，然后转身向右运两次球，D上前封阻防守。

–O向右或者向左运两次球，D上前封阻防守。

–O向右或者向左运两次球，然后转身运一次球，D上前封阻防守。

**教学要点**

- 保持防守快速站姿。
- 在保持平衡的基础上强调速度。
- 采取"站在球上"的姿势——保持球–防守球员–篮筐的相对关系。
- 使用具有爆发力的推步。
- 迈步滑动，采取较低的身体高度，双脚分开较宽。
- 同时使用精神、双脚和身体执行防守（保持平衡的前提下）。
- 首先保证动作的正确性，然后再提高执行速度。

### 移动站姿和步法练习

**目的**：练习单人防守站姿和步法。

**设施**：教练手持一个篮球、半场场地（最低要求）。

**过程**：所有球员在场上面对教练员分散站立，确保能够清楚地看到教练员。球员对着教练员发出的信号（手掌朝下）采取基本的防守站姿，按照教练员发出的信号连续执行防守站姿和移动动作。教练员发出的大部分信号都是通过篮球来实现的。移动指示如图7.23所示。

**信号和其代表的移动动作**

手掌朝下持球——基本站姿；保持双脚处于活跃状态。

将球置于腹部或者向后运球——向前滑动。

将球置于右前或者向右运球——有角度向右滑动。

将球置于左前或者向左运球——有角度向左滑动。

手指从左侧指向右侧或者在身体一侧运球——推步。

将球置于三威胁位置，然后向地面上抛球或者直接向下扔球——上前封阻并俯身拾球。

将球置于头上或者持死球——保持防守站姿或者手部绕球移动。

原地投篮动作——防守球员可以大声呼喊；上前争抢想象中的篮板球。

**注意**：这个练习也可以按照另一种方法进行，即教练员发出任意滑步信号时，球员迈三步并保持双脚处于活跃状态，然后继续练习，直到教练员发出下一个信号。

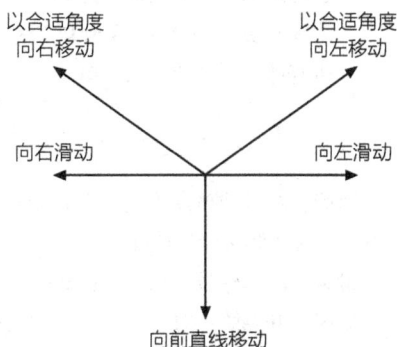

图7.23　移动姿势和步法——移动指示

## 队列练习：单人防守

**目的**：以阶级的方式进行提高单人防守技术的练习。

**设施**：每两名球员一个篮球（最少4个篮球，即每个队列一个篮球）。

**过程**：球员在底线处分成4个队列。球员执行进攻或者防守Z字移动（两人一组）。每个队列中的第一名球员采取防守站姿，下一名球员则采取进攻站姿。在进攻球员以Z字形向前场移动时，防守球员保持防守站姿以及球-防守球员-篮筐的相对位置。在返回时双方交换角色。

**选项**：在进行进阶式练习时，按照以下顺序执行各种移动方式。

- 进攻Z字——90度无球变向，然后加入篮球（运球）。
- 防守Z字——三个推步或者以45度角向后做防守滑步（前手手掌朝上，敲击想象中的篮球，后手置于肩膀附近或者称拇指掏耳朵的姿势）。变向时，球员使用肘部引导向后转身并继续做90度变向滑动移动——使用摇摆步和推步滑动技巧从一边底线移动到另一边底线。
- 防守Z字——以跑动步执行90度变向移动（模拟进攻球员通过防守的情况）。移动时，始终以推步滑动不作为开始和结束；向左沿对角线移动（运球球员通过防守），快速移动并恢复防守姿势、急停并再次滑动；变向并重复移动动作（滑动、跑动、滑动）。继续从底线移动到地面底线。
- 进攻-防守Z字——进攻和防守双人练习。进攻的运球球员首先执行Z字移动并将球贴近身体模拟运球动作，让防守球员跟随执行Z字移动练习。开始时先执行三个推动步滑动，再继续执行Z字移动。接下来进攻球员向

前场运球（执行后拉交叉运球、常规交叉运球、转身运球或者背后运球移动）——练习的焦点仍然是练习防守球员的防守技能。

- 进攻-防守Z字双人练习——按照两个路线向前场执行真实的进攻和防守动作。

- 1打1全场练习——执行真实的进攻个防守得分练习；防守球员滑动，必要时跑动，在后场面向运球球员，在前场时移动到运球球员弱手一侧或者边线一侧，保持球-防守球员-篮筐的相对关系，阻止对手带球上篮。将所有球员混合成两人一组。

## 有球和无球练习：2打2

**目的**：指导球员在防止对手突破的同时，快速在有球防守和无球防守之间进行调整（协防和决策的情况）。

**设施**：两队球员分别位于翼部位置、一个篮球和半场场地。

**过程**：开始练习时，教练员持球站在中路位置（两名防守球员都采取封闭站姿），然后向一侧运球，防守球员随之调整封闭站姿为开放站姿。教练员可以传球，进攻球员可以在任意时间运球突破。到达对面队列后面时，执行进攻和防守的练习轮转（参见图7.24）。

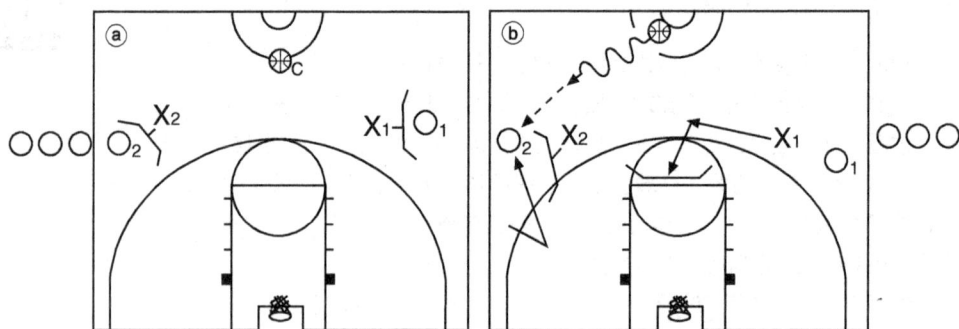

图7.24　有球、无球2打2练习：（a）开始位置，（b）教练员运球和传球

## 封阻练习

**目的**：提高球员在无球进攻球员获得篮球后的单人防守技术。

**设施**：每组一个篮球和一个篮筐；理想组合是每两名球员使用一个篮球和一个篮筐。

**过程**：开始练习封阻技巧时，防守球员持球站在篮下位置（参见图7.25）。进攻球员采取基本姿势，在距离篮筐15~18英尺（4.6~5.5米）距离处面向篮筐站立。防守球员使用空中直传方式为进攻球员传球，然后上前执行防守。教练员可以指定传球方式，例如使用非惯用手进行传球。练习规则是首先在向控球员移动的半程执行急停（双脚处于活跃状态，内侧脚在前，双手举起，手掌朝向篮球）。然后向篮球和投篮球员施压，对手投篮时实施封盖。此时，双方进行了真正的竞争模式，进攻方投篮命中或者防守方获得球权时，意味着练习结束。运球球员最多可以运两次球。

**选项**

- 封阻防守——仅投篮时。
- 封阻防守——仅投篮假动作、突破时（向右、向左）。
- 封阻防守——真实进攻（每次执行队列轮转）。
- 封阻防守——真实进攻和防守（轮转）。
- 封阻防守——真实的淘汰练习方式（防守球员必须阻止进攻球员执行轮转）。

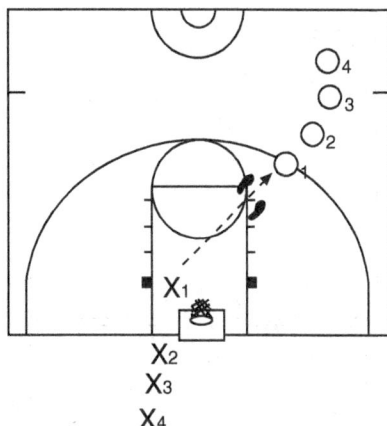

图7.25　上前封阻防守

## 封阻练习：1打1、2打2、3打3、4打4

**目的**：练习外线球员所需的全部外线移动方式。

**设施**：每组一个篮球和一个篮筐。

**过程**：在每个场地的篮筐下让球员站成一个队列。队列中的第一名球员持球移动到篮下作为防守球员。一队进攻球员在15~18英尺（4.6~5.5米）的位置面向篮筐站立（底角、翼部或者罚球区顶端）。防守球员使用非惯用手以空中直传的方式为进攻队列中的第一名球员传球（传球时双脚不能离地），然后上前对该球员执行封阻防守。传球开始就意味着练习的正式开始。外线进攻球员接球时双脚位于空中并面向篮筐，解读防守球员的意图并做出相应的动作，应用基本移动方式投篮或者执行外线移动。

球员每次到达对面队列的末尾时执行轮转，可以使用淘汰规则，或者按照球员自己的意愿进行安排。这个练习也可以按照3打3的方式进行（参见图7.26），这时就变成了有球和无球的团队竞争练习。

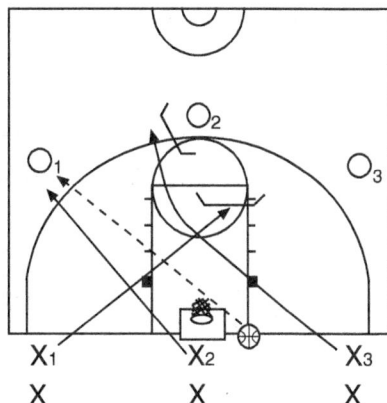

图7.26　3打3封阻练习——由教练员传球，上前封阻的球员不能防守自己所在队列的球员，练习时必须进行交流

## 防守滑步练习：移动站姿和步法

**目的**：提高单人防守步法技术。

**设施**：全场边界线。

**过程**：所有球员从场地的底角处开始练习并使用前面讲述的防守步法。然后按照图7.27描述的路线进行练习。球员在开始练习前应该允许前面的球员到达相邻的罚球线处。本练习包含以下10种移动方式。

1. 向前滑动。
2. 向左滑动。

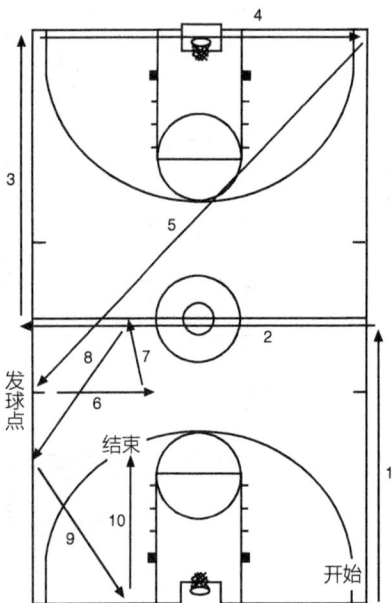

图7.27 移动站姿和步法，可以从右侧或者左侧开始

3. 到底线封闭防守。

4. 向右滑动。

5. 以一定角度滑动、跑动、滑动。

6. 向右滑动。

7. 到中场线封闭防守。

8. 腹部朝向边线，以一定角度向左侧移动。

9. 腹部朝向边线或者底线，以一定角度向右侧移动。

10. 到罚球线处封闭防守。

球员从场地左侧开始重复循环动作。从每个底角位置开始完成一个循环。进行几次练习以及强调了正确的技巧后，教练员可以记录每个练习循环的时间以作为竞赛的标准。

## 半场练习：2打2、3打3、4打4

**目的**：以团队形式练习单人防守技术。

**设施**：一个篮球、半场场地。

**过程**：3名（或者4名）进攻球员和3名（或者4名）防守球员以半场比赛形式进行练习，集中练习防守球员面对不同进攻移动和情况时应该采取的防守措施。以不同的设定和情况开始练习。教练员可以在一次防守阻止（即成功的团队防守）后对球员角色进行轮转，或者设定群组目标让球员进行挑战，例如连续两次或者三次的防守阻止。

### 选项

- 掩护（有球掩护和无球掩护）。
- 低位战术。
- 突破。
- 上前封阻。
- 包夹。
- 防守原则。

## 半场练习外加攻防转换：4打4

**目的**：以团队形式练习单人防守技术，并在每次抢到防守篮板后进行防守到进攻的转换。

**设施**：一个篮球、半场场地。

**过程**：以4打4的半场对抗开始，针对任何希望的进攻情况进行防守。防守球员通过盗球或者防守篮板的方式获得控球权（防守阻止）后，可以通过快攻战术在另一侧的场地投篮得分。然后另外4名防守球员就位，获得控球权的防守球员现在变成了原来半场上的进攻球员。

# 第 8 章

# 篮板球

进攻吸引观众、防守赢得比赛，而篮板球成就冠军。

帕特·萨米特，田纳西大学女志愿者篮球队

（7次全国冠军）

在篮球运动中，可以将篮板球定义为投篮不中后获得控球权的过程。球员需要同时学习进攻篮板和防守篮板两种技术。进攻篮板球的目标是在尝试投篮后保持对篮球的控制，而防守篮板球则是在进攻球队投篮后试图获得对篮球的控制权。无论是哪种级别的比赛，篮板球都扮演着非常重要的角色。对于年轻球员的比赛来说，篮板球会产生更大的影响，因为年轻球员的投篮命中率还处于相对较低的水平。

## 篮板球工具

学习篮板球需要决心和大量的练习。虽然身高和弹跳能力是一种优势，但是篮板球技术中的关键是决心和技巧。从数据统计上看，无论是职业球员还是大学级别的球员，那些排名靠前的篮板球球员并非都是身材较高的球员，也不是那些拥有最好弹跳能力的球员。大多数篮板球，包括大学和职业级别的篮球运动，都是篮圈下进行的。无论是职业级别还是学生级别的篮球运动，球员的站位能力以及快速抓球的能力（横向移动）可能是最重要的篮板球技术，而并不是弹跳能力（竖直跳跃）。篮板球技术需要的不仅仅是身体工具，不断的努力、决心以及正确的的执行方式都是必要的。

琼·克劳福德（Joan Crawford）身高5英尺11英寸（1.8米），司职中锋，是20世纪50年代到60年代的美国业余体育联合会球星（AAU，Amateur Athletic Union），她带领球队参加了篮板球大赛并与美国国家队参加了1957年世界杯，1997年她被选为奈史密斯名人堂球员。丹尼丝·柯里（Denise Curry）身高6英尺1英寸（1.9米），同样于1981年被选为名人堂球员，她至今仍然是加利福尼亚大学洛杉矶分校（UCLA）篮板球纪录的保持者。她是1981年美国年度球员，同时也是奥运会金牌获得者，并于20世纪80年代被评为"法兰西10年优秀球员"（French Player of the Decade）。丹尼斯·罗德曼（Dennis Rodman）来自于俄克拉荷马州的一个较小的全国大学校际体育协会（NAIA）成员学校，但是却雄踞美职篮（NBA）篮板球领域多年。他的身高只有6英尺8英寸（2米），这个高度对于NBA前场篮板球球员来说并不算高。

毫无疑问，身体条件在篮板球中发挥着一定的作用。相对于其他球员来说，较高的身材、较长的手臂、较大的臀部以及良好的腿部和上身肌肉力量都能使篮板球球员获得一定的优势。

垂直弹跳能力是篮板球球员的财富。尽管球员应该尽量挖掘自己的全部弹跳潜力，但是教练员应该确保所有球员都能接受到篮板球技术方面的指导，而不仅仅局限于弹跳方面的技术。教练员应该在练习中使用体能训练以及其他设备来提高球员的垂直弹跳能力。除了帮助球员了解如何才能跳得更高，教练员还必须确保球员能够采取正确的起跳方式。正确的起跳技巧包括膝盖弯曲、双手起跳，同时用力挥动手臂使其最大程度地伸展（双手+双脚原则）。球员以这种方式起跳时，不仅能够使球员将自己的跳跃能力发挥到极致，还能帮助他们在起跳时的身体接触中保持平衡，并在争抢篮板球时减少背上犯规（over-the-back foul）的次数。

# 激励球员争抢篮板球

指导球员的篮板球技术时，第一步就是让他们明白篮板球在比赛中的重要性以及学习这种技术的意义。向他们解释整个球队都必须掌握篮板球技术——而不仅仅是最高的球员、低位球员或者具有超强弹跳能力的球员。每个球员都能成为优秀的篮板球球员。如果教练员忽略这个步骤，球员可能会在比赛时对某个球员的篮板球能力表现出失望的情绪，尤其是那些身高不占优势的球员。

## 争抢篮板球的原因

为球员提供有说服力的原因，告诉他们为什么篮球板是一种如此重要的技术。球员必须明白篮板球在获得和保持控球权方面的重要性，同时也是进攻和防守战术中关键的组成部分。篮板球是防守中的最终环节，也是团队防守的关键环节。在球场的两端，篮板球对于进攻和防守效率也有重要的积极影响。

**获得球权。**很少有球员不喜欢投篮。但是只有在获得篮球后才能够投篮。而篮板球正是获得并保持控球权的基本方式。

在球场的进攻端，进攻篮板球能够保持对篮球的控制并提供快速轻松投篮得分的机会。进攻篮板还可能导致对手出现失误——阻止对手获得篮球。在防守端，防守篮板则能够获得控球权，这也是防守的最后环节。以成功的防守篮板结束整个防守过程。

**执行快攻。**球队开始快攻的能力完全取决于防守篮板球以及对手的失误，这也是为什么那些快攻能力较强的球员会努力提高防守篮板的效率。无论球员的进攻风格是快还是慢，基本策略都是强调在前场快速获得篮板以便阻止对手全部推进到篮下，而不是将一些球员留在后场阻止对方进行快攻。

通常情况下，球员喜欢执行快攻，因此可以很轻松地激励他们对篮板球的关注：没有篮板球，就没有快攻。防守篮板能够带来更多的快攻机会。

波士顿凯尔特人队（Boston Celtics）在20世纪60年代对快攻进行了最佳的诠释，这要感谢比尔·拉塞尔（Bill Russell）在防守篮板以及向外传球的能力。

**赢得比赛。**最能够证明篮板球重要性的可能就是篮板球的效率与比赛胜负之间的关系了。美国一个针对10年里篮板球与比赛胜负关系的研究表明，篮板球能力比对手更好的球员能够赢得80%的比赛。在美国，具有篮板球优势的球员能够赢得更多的胜利，篮板球能力被列为与比赛胜利相关第三重要的因素。失误率最低（第二重要的因素）以及常规投篮和罚球命中率（最重要的因素）最高的球队获胜次数最多。统计数据表明，那些只能通过让对手得分的方式获得控球权的球队，充其量就是以投篮换投篮。只有有效的篮板球才能够使球员赶超对手。

**职业精神。**篮板球具有蓝领的工作性质，篮板球效率取决于艰苦的努力。球员和球队需要孜孜不倦地对篮板球所需的条件进行体力上的付出。由于篮板球强调艰苦奋斗的核心价值，因此球员应该养成注重篮板球的传统（球员自己和球队）。

## 强化激励方式

球员理解了获得控球权的重要性以及篮板球对快攻和赢得比赛的重要性（第三重要的因素）后，教练员应该继续说服球员努力练习篮板球技术。

赞扬并鼓励那些在篮板球上付出最大努力的球员，单独对那些在篮板球方面取得好成绩的球员提出表扬（例如半场抢到篮板球最多的球员、比赛中抢到防守篮板球最多的球员、最佳的卡位球员以及最能够连续争抢篮板球的球员）。确保让球员知道教练员和队友已经将篮板球视为团队技术的价值之一，他们在篮板球方面所做的努力和获得成绩会得到认可。

所有球员觉得自己有责任争抢篮板球，并且理解了自己必须争抢篮板球的原因后，教练员就可以开始介绍篮板球方面的基本技术了。

# 篮板球规则

对于进攻和防守篮板球来说，存在4个"大子弹"（big bullet）规则。这4个规则对于球员或者球队的成功起着至关重要的作用。

1. 假设每次投篮都没有命中并坚定执行自己的任务。
2. 双手举起。处于进攻或者防守篮板球区域时，双手举起。
3. 使用2+2篮板球规则——在争抢篮板球时（进攻篮板球或者防守篮板球），使用双手和双脚。起跳时双腿间距较小并尽量向高跳，落地时则采取较宽的身姿。
4. 抓球并置于颌下护球：争抢任何篮板球时，使用双手抓球并将球置于颌下护球。护球时，双手持球，手指朝上，将球置于颌下或者从一侧肩膀移动到另一侧肩膀（力量位置），肘部朝外和朝上（保持较宽的姿势）。

可以将"假设"（Assume）作为提醒球员和教练员的提示语，即假设每次都出现投篮不中的结果。这成为一种习惯时，球员就会在每次投篮时条件反射般上前争抢篮板球。即使在队友执行无防守的带球上篮时，也应该一直做好投篮不中的准备——这样能够使球员养成持续争抢篮板球的习惯。

可以使用口头提示语"举手"（hands up）来提醒球员执行这种重要的篮板球技术，尤其是球员执行防守卡位或者在进攻篮筐附近时。本章中的很多图都展示了抢篮板球时胳膊应采取的位置。球员首先应该采取快速站姿，随时准备起跳（腿部弯曲，成坐立姿势），双手举起准备抢篮板球（上臂与肩部平行，处于同一水平位置）。指导球员执行双手高举到胳膊位置的方法如下。

- 使球员做好争抢快速篮板（篮球击中篮圈并直接反弹到球员位置，没有任何反应时间）的准备。

- 指导球员阻止对手争抢篮板球（靠近对手并举起双手）。这种动作能够阻止对手举起双手争抢篮板球。
- 球员在防守卡位时会有所区别。双手举起技巧能够防止防守篮板球员采取双手向下牵制进攻篮板球员的这种不合规方式（参见图8.1）。

图8.1　双手举起争抢篮板球：（a）双手举起（进攻和防守），（b）不正确的防守卡位（双手向下）

术语"2+2篮板球"意思是在争抢篮板球时同时使用双脚和双手，这是一种非常重要的技术。名人堂教练吉姆·布兰登伯格（Jim Brandenburg）是将这一概念发扬光大的人。由于篮板球是一种身体接触的技术，球员可以采取快速站姿（在比赛中成坐立姿势），在起跳争抢篮板球后双脚分开，与肩同宽。同样，要提高效率，篮板球员需要使用双手安全抓球，最好是在跳跃到最高点时抓球。

"2+2篮板球"的教学技巧如下。

- 采取准备抢篮板球的姿势（快速站姿、双手举起）。
- 应用"2+2篮板球"概念（起跳时双脚间距较小并尽量向高跳，落地时则采用较宽的身姿）（参见图8.2）。
- 抓球并置于颌下护球。双手用力抓球并将球置于颌下或者置于胸前的有利位置。手指朝上而不是朝外，肘部朝外和朝上，将篮球紧紧地保护在颌下位置。
- 保护篮球（置于颌下）。这个技巧如图8.2b所示。

所有球员都需要了解篮板球技术中这4种重要的"大子弹"原则：假设、双手举起、2+2、抓球并置于颌下护球。

**要点提示：**

篮板球：
1. 假设
2. 双手举起
3. 2+2
4. 抓球并置于颌下护球

图8.2 2+2篮板球：（a）起跳时双脚间距较小并尽量向高跳，（b）落地时采用较宽的身姿，抓球并将球置于颌下

# 防守篮板球

比较好的篮板球技巧需要球员在对手内侧获得站位，封阻对手，然后抢篮板球。在篮筐或篮球与对手之间卡位能够增强防守球员的站位优势，确保抢到从篮圈或者篮板反弹过来的篮球。尽管篮板球过程是由三个不同的阶段构成的，但是由于这些阶段的发生速度很快，所以整个篮板球过程就像是一个单一的动作。一般来说，篮板球技巧被认为与"卡位"（blocking out，有时候也称为boxing out 或 checking）息息相关。

所有的球员都应该理解下面介绍的这些与卡位相关的基本篮板球原则。

- 看到或者听到投篮（负责防守投篮球员的队友应该大喊"投篮"）。
- 假设投篮不中。
- 找到对手。
- 靠近对手并卡位。
- 追球。
- 抓住并保护篮球。
- 将篮球向外或者向前场转移。

## 看到或者听到投篮

**要点提示：**

抢篮板球时，在进行身体接触前保持视觉接触。

球员必须留意投篮的时间和位置。无论是在防守中封阻对手，还是在进攻中尝试获得空位，球员应该时刻掌握篮球的位置。防守时，教练员应该向球员强调如何找到合适的位置，使自己既能够看到负责防守的队友，又能够看到篮球。而进攻时，则需要在移动获得空位的过程中善于使用眼睛的余光进行观察。那些看不到篮球所在位置的球员通常是因为他们的基本技术中存在其他问题，例如站位或者移动中的问题，应该对其进行纠正。

球员看到对手投篮时，应该大喊"投篮"，提示队友（那些可能暂时看不到篮球位置的队友）获得合适的位置并争抢篮板球（听到投篮）。执行防守提示是那些负责防守投篮球员的人应该执行的基本责任。尽管如此，任何口头提示效果都不如球员自己看到投篮动作管用。

## 假设投篮不中

每一次投篮动作都意味着潜在的篮板球机会。球员必须学会假设每次投篮都不能命中，并上前执行抢篮板球的任务。球员将其培养成自己的习惯时，他们会在每次投篮时都条件反射一样去争抢篮板球，而不会考虑投篮是否命中。

## 找到对手

投篮动作发生时，几乎不存在任何例外，年轻球员会观察球在空中的运动轨迹——这是最普遍的篮板球错误。这种错误会导致球员无法获得有利的篮板球站位。球处于空中时，球员的第一反应应该是确定自己防守的对手，或者距离自己最近的球员的位置并执行卡位（在身体接触前先进行视觉接触）。

这并不意味着球员不需要注意投篮的方向和距离，而是球在空中时，球员不能扮演观众的角色。教练员应该使球员成为活跃的篮板球球员，指导他们在确定对手位置的同时留意投篮方向和时间。移动双脚，用双脚抢篮板球。

要确定球员是否只是简单地观察篮球的飞行轨迹，可以使用一个简单的篮板球训练方法，其他球员投篮时，让球员对面的球员用手指划出某个数字。争抢篮板球后，让负责防守进攻球员的球员说出对手刚才的数字。如果不能说出具体的数字，则说明他可能将过多的注意力放在了球上，而没有留意对手的动向。

## 靠近对手实施卡位

现在，球员可以进入下一个学习环节了——针对对手实施真正的卡位。球员在学习时可能会顺利地通过前面三个环节，但对于大多数球员来说，尤其是初学球员，卡位是一个很大的挑战。

卡位的目的是在争抢篮板球时获得比对手更有利的内侧位置。通常情况下，距离篮筐更近的球员更容易抢到篮板球。这个位置称为"内侧位置"（inside），位于篮筐和对手之间（对手–篮板球球员–篮筐）。尽管如此，最好将这个"内位"位置选在离篮筐具有一定距离、远球员密集的地方（形成较深的投篮区）。

有时，例如对手远离篮下并且投篮距离较长时，最好占据外侧位置（即对手位于球员和篮筐之间）。而通过卡位封阻对手时，内侧则是比较理想的位置。图8.3描述了内侧位置和外侧位置的区别。

在执行实际的卡位前，球员必须移动到进攻对手前所在的位置，如图8.4所

图8.3 内侧位置（右侧）和外侧位置（左侧）

示（身体接触前先进行视觉接触）。球员应该快速移动，不让对手占据有利位置。教练员应该指导球员使用旋转和转身的方式使自己在卡位中获得内侧位置。

对对手实施卡位封阻时，球员必须采取与快速站姿类似的姿势，同时执行以下这些动作。双脚平行，与肩同宽；手臂举起，上臂与地面平行，肘部弯曲；手掌朝向前上方。图8.4展示了标准的卡位姿势。

在篮板球执行动作的卡位环节中，球员之间会发生身体接触。身体接触通常由占据内侧位置的球员发起。因为球员必须转向篮筐并采取快速站姿以便争抢篮板球（已经在投篮后确定了对手的位置），他们无法再看到被自己封阻的对手。球员此时必须使用另外一种感觉，即触觉，使自己掌握对手的位置。球员通常可以选择臀部、后背、上臂以及肘部来达到这一目的。球员需要成坐立姿势并使用臀部缓冲区与对手进行身体接触，同时保持双脚处于活跃状态。使用臀部缓冲区感觉对手的位置，不要使用双手。应该保持双手处于举起的状态。

图8.4 靠近进攻球员实施卡位。身体接触时双手举起

图8.5和图8.6中适用于初学球员和中等水平球员的技巧——靠近对手，使用前转身占据对手的前进路线（右脚对右脚，反之亦然），然后执行后转身与对手进行身体接触，消除对手的冲力并继续占据他的路线。采用先发制人的战术——主动靠近对手。对于特别优秀的球员，可以使用一种称为"阻挡并卡位"（blast and box）的高级技巧，如图8.7所示——防守球员在追球并争抢篮板球前挥动前臂阻挡对手（a），然后滑步执行常规的卡位动作（b）。使用这种方法时，防守球员挥动前臂消除对手向篮筐的冲力，以此来阻挡并使自己面向对手。接下来再执行前转身动作滑步进入卡位位置。总的来说就是靠近对手，挥动手臂并卡位，然

后抢篮板球（追球）。

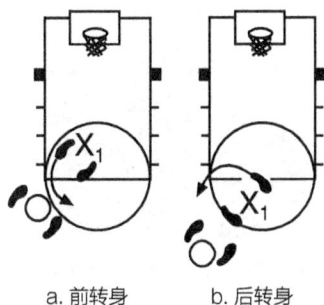

a. 前转身     b. 后转身

图8.5 前转身和后转身卡位

图8.6 后转身实施卡位和身体接触

图8.7 阻挡并卡位，然后抢篮板球：（a）前臂挥动阻挡，（b）使用臀部缓冲区卡位

　　图8.8描述了球员对对手进行身体接触的重要性。在图8.8a中，球员没有进行身体接触，结果对手能够顺利向篮筐突破并占据有利的篮板球位置。在图8.8b中，球员则进行了身体接触，因此阻止对手在争抢篮板球时能够占据内侧位置。对于防守篮板球来说，转身并非永远是切实可行的选择，因此教练员有必要强调在防守篮板球中，卡位时所使用的技巧并非是万能的，重要的是球员是否能够通过卡位动作对对手实施有效的阻挡。

　　面对特别优秀的进攻篮板球球员时，球员可以使用"面向-阻挡"（face-block）技巧：面向对手并使用两个前臂阻挡对手，保持与其进行身体接触。但是使用这个技巧时，防守篮板球球员无法追球和抓球——需要队友完成这个任务。

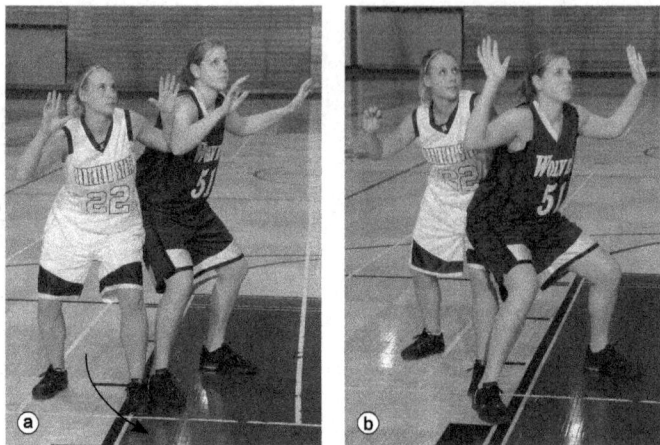

图8.8　卡位时的身体接触：（a）没有进行身体接触，（b）存在身体接触

尽管意识发挥着广泛的作用，但是篮球运用是一项身体基础的运动。教练员需要了解，一些球员在争抢篮板球时拥有比其他球员更好的身体就位能力。在练习或者比赛时，教练员应该根据球员的身高、力量以及篮板球准备能力为球员分配相应的任务。

## 追球

某些球员对篮球有着天生的嗅觉，这一说法似乎有一定的道理。有些篮板球员似乎能在每次投篮不中时都位于正确的篮板球位置。这些有着良好直觉的篮板球员可能会研究从不同位置投篮时篮球反弹的位置，因此他们能够快速朝着篮球的方向移动。

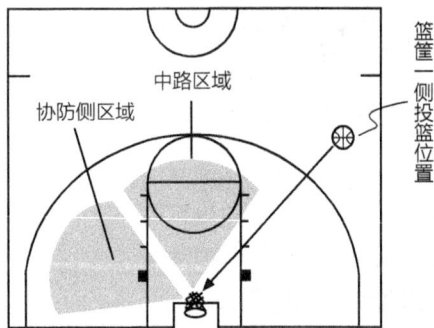

图8.9　篮板球分布区域

教练员可以通过图8.9中介绍的篮板球分布图来帮助球员培养篮板球直觉。从球场一侧执行的投篮有很大概率（70%~75%）会反弹到另一侧。球员应该学会占据与投篮位置相对的另一侧位置（弱侧或者协防侧）。对于所有在篮筐一侧投篮来说，弱侧至少应该有两名篮板球员。尽管如此，球员也应该知道从球场的中路投篮时，篮球很可能会反弹到罚球区的中路位置。此外，还要确保球员知道，短距离投篮时篮球的反弹距离比长距离投篮更短。最后，球员还应该知道有些篮圈投篮能够使篮球反弹到很远的位置，而另一些篮圈投篮则会缓冲投篮的力量，篮球的反弹距离也会随之变短。在进行热身练习时，让球员对篮圈投篮的反弹力度进行测试。

三分球投篮会产生更长的反弹距离。而在篮筐前面（罚球区顶端）投篮时，球会反弹到罚球线附近。一般来说，侧面投篮时，篮球会反弹到球场另一侧罚球区的外侧位置。

快速移动是成功抢到篮板球的另一个因素。善于争抢篮板球的球员将每个位于空中的篮球都视为自己的球权，似乎在告知对手"我比你更想得到篮球"。教练员可以通过对球员的篮板球获得次数、断球和盗球等行为［有时称为"垃圾战术"（garbage plays）］进行表扬的方法来加强这种理念。

对时间的掌控以及弹跳能力是成功获得篮板球的两个有利因素。尽管如此，如果只是在全场毫无章法地冲刺跳跃，而不知道其中的时机和方法，也是毫无意义的。存在几种可以帮助球员正确掌握篮板球起跳时机的训练方法。其中一个特别有效的方法是让球员重复向篮板抛球，然后尝试每次在跳到最高点时抓球。可以参考本书"篮板球训练"部分的内容了解更多的训练方法。要向球员逐步灌输变向跳抓球已经在外侧区域（场地一侧）争抢篮板球的概念——追球并争抢篮板球。

图8.10　变向跳跃抓球

## 获得并保护篮球

很多时候，球员以近乎完美的动作抢到篮板球，却由于缺乏对篮球的保护能力而失去对球的控制。进行篮板球方面的教学时，教练员应该强调，如果不能在获得篮板球后很好地保护篮球，那么球员在之前所做出的所有努力都会化为泡影。

前蒙大纳和怀俄明名人堂（Montana and Wyoming Hall of Fame）教练吉姆·布兰登伯格将使用双脚和双手（2+2篮板球）争抢篮板球这种概念发扬光大。通过这种双脚起跳、双手抓球的有力且平衡的篮板球技巧，能够减少球从球员手中脱落或者被对手抢走的概率。教练员可以通过让球员每次抢篮板球时都选择这种方式来提高他们的篮板球技巧。对于年轻球员来说，他们在抢到篮板球后应该睁大双眼并一直关注篮球。

有时候，篮球从篮筐上反弹的位置不允许球员使用双手抓球。这时，球员应该使用一只手先控制篮球（然后再双手抓球）或者将球拨给队友。

在抢到篮板球后保持对球的控制似乎比想象的更难。对面的对手会试图将球从篮板球球员的手中打掉。对手通常会用两名甚至三名球员来包夹篮板球球员，使篮板球球员没有条件传球或者运球。球员需要学会处理这种情况。

球员在一名或者数名对手附近抢到篮板球时，必须首先将球移动到颌下位置，肘部朝外，双手分别放在篮球的两侧（手指朝上），紧紧地抓住篮球（参见图8.11）——将球置于颌下护球。护球的最佳位置是下巴的正下方，但是也可以在肩膀之间的力量区移动篮球，使球远离防守球员。教学要点如下：手指朝上（防止篮球悬空以及远离自己的身体），肘部朝外并朝上；球员应该紧紧抓球并采取较宽的身姿。指导球员在抢篮板球或者任何人员密集区域持球时都要将球置于颌下，这样能够保持对篮球的控制。告诉球员不能通过横向挥动肘部的方法来阻挡对手，因为这样容易导致违例或者犯规的发生。可以以肘部朝外（使自己形成较宽的身姿）的姿势使自己获得一定的空间。将球置于颌下时，篮板球员可以通过转身动作来摆脱对自己施压的球员（危险球员），进而对篮球提供保护。球员应该保持抬头姿势，寻找突破到前场或者在后场上处于空位的队友。

图8.11 颌下护球——肘部朝外，手指朝上：（a）侧视图，（b）前视图

篮板球员在投篮不中获得球的控制权时，附近的一名对手（通常是篮板球球员卡位封阻的球员）会尝试盗球或者对篮板球员施加压力。教练员应该指导球员通过转身的方式摆脱对手，如图8.12所示。球员应该寻找为队友传球的路线或者能够在不丢球的情况下执行运球。提示球员在人员密集区域抢到篮板球时，不能立即运球，因为那样会使对手有机会盗球或者进行干扰。

篮板球球员发现自己被两名或者三名对手包围时，不能沮丧。只要球员能够保持镇定，将球保护在力量区或者颌下并查看全场局势，就一定会找到可行的解决办法。教练可以交给球员的一种摆脱方法是图8.13所示的迈步通过技巧。通过后，可以使用运两次球的方式将球推向前场。高个子球员可以执行急停动作，然后将球置于颌下，寻找为处于空位的队友传球。外线球员则可以继续向前场运球。防守球员留下较大的空位时可以使用这种技巧。有时候，通过执行一个头顶传球假动作也能够使防守球员移动双脚，进而为进攻球员创造迈步或者运球通过的空位。球员不能强行通过防守球员，因为这样可能导致出现带球撞人犯规的发生。

另外一种能够帮助篮板球员摆脱包围的选择是越过防守球员进行传球。如果能够在传球前做出合适的假动作，即使是身材比较矮小的球员也可以使用这种方法。如果防守球员被两名或者更多的队友包夹时，他的一名队友应该已经处于空位或者能够执行突破获得接球的空位。同时，一名防守球员可能会参与进来并对篮板球员犯规。指导球员当他们在抢到篮板球后被对手包夹时，保持镇定并等待上面介绍的情况出现。面对这些情况时，先做传球假动作，然后再真正地传球，是球员可以使用的又一个原则，这一原则一直被德麦沙高级中学（DeMatha High School）的摩根·伍顿（Morgan Wootten）所推崇。

图 8.12 转身摆脱防守压力

图 8.13 迈步通过移动（向外传球或者两次运球推进）

## 移动篮球

能够稳定地控球后，防守篮板球员必须从以下几个选项中做出选择：为前场中处于空位的队友传球、使用两次运球向前推进，或者等待控球的外线球员过来拿球。无论防守篮板球员选择哪种方法，都应该先保持抬头姿势并将球置于力量位置护球。

**传球**。获得防守篮板球后，首先选择的移动篮球的方式应该是向外传球。没有任何对手的速度会比向前场快速传球的速度更大。教练员需要强调的是，球员获得防守篮板时，无论执行快攻战术还是只想以简单方式将球快速向前移动，第一选择都应该是传球。

存在几种为突破到前场的队友传球的方式。队友位于场地的另一端且处于空位状态时，可以选择长距离空中直传（也称为长传或者单手长传）的方式。对于处于球场的中间区域且队友占据了传球路线时，可以选择双手头顶传球的方式。对于在 10~30 英尺（3~9.1 米）的位置向侧面或中路突破时，可以选择双手胸前传球的方式。通常情况下，由于球场侧面的人员密集程度会比中路低，因此应该指导球员在获得篮板球后，首先寻找篮板球一侧这个区域中处于空位的队友，然后再寻找处于中路的队友。

成功的传球需要传球球员和接球球员的共同努力，因此教练员应该指导球员在队友获得防守篮板后努力获得空位。如果有机会在前场破解对手的战术，那么球员应该努力利用这种优势。后卫球员则应该快速移动到篮板球球员能够为他们

要点提示：
通过向外线传球或者两次运球推进发起快攻。

传球的位置。如果后卫球员想要从获得篮板球的球员那里接外线传球，那么一个特别好的位置就是球场上篮板球一侧——对手的罚球线和中场线之间——背对边线的站姿能够使外线的接球球员看到全场局势（尤其是防守球员）。

优秀的球队能够在获得防守篮板球后保持对篮球的控制。教练员必须强调的是，从防守到进攻的转换能够带来成功的进攻结果，也可能需要再次回防，这取决于球员的控球效果。

**运球。**一般的球员不会以运球的方式从球场一端移动到另一端。尽管如此，有一种现象现在变得越来越普遍，那就是教练允许抢到篮板球的球员以运球的方式运球至场地的另一端。身体和技术上占优势的球员可以提高篮板球和运球的能力，全场移动的益处已经变得越来越明显。

防守篮板球的球员将球运至场地另一端的一个优势，就是能够消除传球中可能出现的失误。如果不传球，自然也就不会出现传球失误的情况。除此之外，篮板球或者运球球员在快攻时能够快速占据中路位置，不需要等待队友获得空位。球员必须学会对这种情况做出回应。让队友分散开并在向前场跑动时占据传球路线。

由防守球员运球还有机会获得对抗时的人数优势。由于一名或者更多的对手通常无法执行从进攻到防守的快速转换，因此防守篮板球员或者运球球员能够在对手前推进到前场。如果球员能够认识到这种情况并快速向前场推进，那么球队可能会获得5打4甚至5打3的人数优势。

总的来说，几乎可以指导所有的高个子球员争抢篮板球、转身面向前场、使用一次或者两次运球（两次运球推进）使球脱离危险区域、执行急停、将球置于颌下并寻找为控球队友传球的空档机会。

## 进攻篮板球

教练员必须确定篮板球的战术系统，特别是在防守时。一般来说，在争抢防守篮板时，所有球员的任务和原则都是相同的，而在进攻时，教练员需要确定哪些进攻球员需要移动到篮板下争抢进攻篮板，哪些球员需要在投篮时向后移动并转换为防守状态。大多数球队都会有三名进攻篮板球员，两名趋后的防守球员（一名球员确保足够的安全，一名球员负责拦球）。采取更为激进的战术方法时，球队会指定4名篮板球员，只有一名趋后球员负责己方篮筐的安全。

对手成功地执行了球-防守球员-篮筐这种防守站位时，要想抢到进攻篮板球特别困难，因为对手在占据内侧位置时拥有一定的优势。但是进攻球员的优势则在于能够更好地掌握投篮的时间和位置。教练员应该强调的是，球员需要对队友的投篮进行预判，以及对自己的投篮做出及时的反应；否则，在面对优秀的防守球员时，会遇到极大的麻烦。将一个处于优势位置的篮板球员挤开并不容易，球员不应该使自己置身于防守篮板球球员的背部上方，因为这样容易导致犯规。

对于进攻篮板球球员来说，基本的站位目标（按照重要程度排序）如下：球员应该占据间隙位置，而不是跟随对手的背部、占据内侧位置并封阻对手、至少通过移动到另一侧或者绕篮筐移动的方式获得与对手均衡的位置（移动到间隙位置，如图8.14所示）、与篮下的对手进行身体接触并使用肘部轻推对方——双手举起依靠胸部移动到内侧（参见图8.15）、无法使用双手抓球时，将球拨向自己或者队友保持篮球处于活跃状态。

**要点提示:**

进攻篮板球——移动到间隙位置，不要跟随在对手背后。

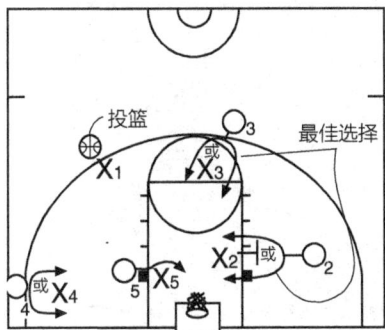

图8.14 进攻篮板球——移动到间隙位置：移动到间隙位置，这是最佳选择（协防侧、底线）

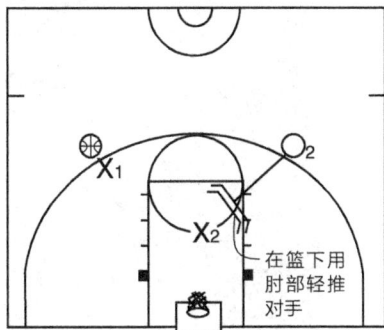

图8.15 进攻篮板球——挤压对手（防守球员离篮筐很近时）

朝间隙位置移动的技巧是V形切入或者摆动手臂、移动（基本形式）以及后转身。投篮时，进攻球员选择距离防守球员之间的最佳间隙（取决于位置和投篮的准确度）并向间隙位置执行V形切入。对手卡位时，进攻球员可以使用外侧手或者胳膊阻挡对手，然后再使用近手或者胳膊在头上快速执行摆动动作，至少能够使自己的手处于与防守球员均衡的位置（参见图8.16）。另一个能够通过甚至获得与防守球员势均力敌位置的移动方式是后转身，对手是一名进攻性较强且卡位积极的防守球员时，这种方法最有效。进攻球员在想要移动的间隙位置使用前腿与对手进行接触。在使用相同的脚作为旋转脚时，进攻球员向后转身180度使迈步脚在目标间隙位置位于防守球员脚的外侧。接下来，将迈步脚作为新的旋转脚，篮板球球员向前180度转身以双手举起的姿势通过防守球员（参见图8.17）。

进攻篮板球非常重要，因为它能够使进攻球队再次获得得分机会。新一轮的控球还能打击防守球队的士气，因为他们失去了获得控球权的机会。进攻篮板球球员在获得篮板球后可以做出多种选择。

## 获得篮板球后投篮

球员抢到进攻篮板球时，第一个选择就是投篮。球员首先应该寻找投篮机会，如果没有投篮机会，那么在执行最后的运球选项（球员的直接反应）前，可以尝试将球传给队友（向外传球使队友执行三分球投篮是一个比较好的选择）。教练员需要强调，进攻篮板球是一个利用对方处于防守状态的良好时机，因为防守球队无法快速从防守篮板球的姿势转换到防守进攻球员的姿势，同时防守球员也可能不能很好地对进攻球员的投篮进行很好的防守。进攻篮板球球员在获得篮板球后可以选择无运球投篮，也可以选择运球后投篮。

图8.16 （a）V形切入并使用外侧手或胳膊阻挡对手，（b）使用近处的手或者胳膊执行摆动动作

图8.17 向后转身争抢进攻篮板球：（a）使用旋转脚进行卡位接触，（b）180度后转身到外侧，（c）180度前转身至间隙位置

**补篮。** 如果球员具备较高的技术和较好的身体素质，那么可以通过执行补篮动作使球入筐。很多人对补篮有着错误的理解，补篮实际上是球员起跳并在落地前使篮球进入篮筐。使用单手执行补篮动作通常并不会使篮球入筐。教练员应该指导球员在补篮时锁定肘部位置并尽可能地使用双手投篮（双手补篮）。

在利用对手的缺位时机方面，补篮是最为有效的方式。补篮时不需要将球带回到地面，进攻球员能够使防守球员没有机会恢复防守状态，因此无法对补篮动作实施防守。在将补篮作为进攻篮板球的一个选项时，要确保球员在身体和技术上达到移动的成熟度。对于初学球员来说，补篮则过于困难。

**无运球投篮。** 鼓励球员在抢到篮板球时不使用运球动作选择直接投篮的方式。运球浪费时间，使防守球员获得了恢复防守的机会。运球动作还能使球暴露给防守球员，因此篮球容易被对手抢断或者打掉。如果球员已经掌握了正确的篮板球起跳技巧，就会在持球落地时采取能够立即投篮的姿势。球员可以从头顶位置投篮（从头顶前方快速投篮得分）或者将球置于颌下，但是要始终保持篮球向上的状态。

很多时候，球员会养成接到传球或者抢到篮板球后立即运球的不良习惯。球员抢到篮板球后不运球时，教练员应该特别指出来并给予表扬。

可以抓住个人投篮练习的时机，帮助球员养成获得篮板球后直接投篮的习惯。让球员知道，每次投篮不中时，他们应该快速上前争抢篮板球，保持身体平衡，肩膀正对篮筐并继续进行投篮（保持篮球处于头上位置并快速投篮；将篮球置于颌下并快速投篮；或者将球置于颌下做投篮假动作后再快速投篮）。球员应该持续进行投篮和抢篮板球的动作，直到投篮命中，然后再从球场上的新位置开始下一轮竞争。获得进攻篮板球后无运球投篮应该成为球员自然的反应。

**运球后投篮。**尽管无论何时球员都应该避免在获得篮板球后运球的动作，但有时候球员同样有理由在获得进攻篮板球后先运球再投篮。一个比较明显的示例是球员在距离篮筐较远的位置获得篮板球且没有防守球员上前防守。这是一个能够轻松得分的机会，自己与篮筐之间处于空位状态时，球员应该运球并执行带球上篮动作（直接投篮）。另一个可以选择运球的情况是将球从人员密集的区域中转移出来。

## 获得篮板球后传球

获得进攻篮板球的球员也可以选择将篮球传给队友。传球是球员获得进攻篮板球后的第二个选择（仅次于投篮）。球员抢到篮板球而再次寻找投篮的空档时，他们也需要找到那些处于空位的队友并为其传球，然后后者轻松投篮得分，尤其是投三分球得分。教练员可以鼓励球员利用防守球员在争抢篮板球后需要恢复防守状态这一优势，选择投篮或者将球传给有机会投篮的队友。约翰·伍登教练比较推崇的选择是利用进攻篮板球导致的对手防守瓦解这一时机，将球传到外线并执行三分球投篮。

有时候，进攻球队会选择重新整理进攻，或者出于战术需要，或者为了消耗比赛时间，投篮就成了获得进攻篮板球后最后一个选项，而传球和运球就变成了更为优先的选项。

## 获得篮板球后运球

大多数情况下，只有不可能进行投篮或传球时，进攻篮板球球员才应该选择运球。运球通常会使防守球员有机会恢复防守状态以及对篮球实施抢断。由于进攻篮板球球员经常处于防守球员的包围之中，因此失误概率也会随之大大增加。教练员应该一直指导球员在获得进攻篮板球后先寻找投篮机会，然后寻找传球机

**要点提示：**

获得进攻篮板球，然后选择投篮得分、传球后者运球（按顺序选择）。

会，最后才选择运球。

---

### 篮板球教学要点

- □ 争抢篮板球是球队中所有球员的共同职责。
- □ 控球、快攻以及赢得比赛都与良好的篮板球效率密切相关。
- □ 假设投篮不中是最重要的篮板球原则。
- □ 2+2篮板球原则非常重要，即争抢篮板球时使用双手和双脚。
- □ 球员执行卡位或者处于篮筐附近时，应该保持双手举起的姿势。
- □ 最佳的篮板球技巧强调对与自己相对的对手实施封阻。
- □ 卡位包含以下几种技巧：
  - 留意投篮的时间并假设投篮不中；
  - 在留意投篮方向和投篮距离的同时，找到、靠近并封阻对手（阻挡并卡位）；
  - 追球并抓球，然后将球置于颌下护球（抓球并颌下护球）。
- □ 颌下护球是最重要的篮板球技巧。
- □ 进攻篮板球球员——假设投篮不中、双手举起移动到间隙位置。
- □ 2+2进攻篮板球球员应该寻找投篮、传球或者运球的机会——按顺序选择。
- □ 防守篮板球——阻挡、卡位、抢篮板球。
- □ 根据球员的技术水平以及所处的情况，防守篮板球球员应该选择传球、运球或者持球站立。

---

## 篮板球评估

　　教练员应该对每个球员以及整个球队的篮板球数据进行统计。将进攻篮板球和防守篮板球分开统计，这样有助于找到在攻防两端成功争抢篮板球或者存在困难的球员。这些信息也许能够反映球员在进攻篮板球或者防守篮板球技巧方面存在的问题，或者说明球员在攻防两端没有快速上前争抢篮板球。教练员可以使用很多信息来评估每名球员的贡献，尤其是距离篮筐较近的球员的贡献，而个人篮板球数据正是其中的一种方式。

　　对于优秀的球队来说，总的篮板球目标应该是60%，其中进攻篮板球的目标是30%，防守篮板球的目标是80%。一般来说，百分比目标会比篮板球的次数好些，因为它们不受战术类型的限制（慢速或者快速）。

　　对个人篮板球的评估可以以百分比的形式体现；将球员执行篮板球任务的次数与篮板球总数进行比较。进攻篮板球效率为70%的球员可能是在20次中（进攻中的投篮次数）履行了篮板球职责，这就需要教练员或者训练助理对20次投篮情况进行定义和评估，进而决定球员是否达到要求。例如，在投篮时，进攻篮板球员是否移动到间隙位置（执行V形切入、向后转身或者用肘部轻推对手）、是否采用2+2原则争抢篮板球、是否将球置于颌下（抢到篮板球时）？如果一名球员在投篮时负责确保己方篮筐的安全，那么他是否在篮球击中篮筐前向后快速移动到中场区域、是否阻止对手带球上篮并组织防守？

对个人防守进行评估是一项更富挑战性的任务。需要对每名球员在每次投篮时的表现进行评估。例如，负责防守的进攻球员位于三分线以内时，进攻球员是否上前阻挡、卡位并争抢篮板球；在篮筐附近和卡位时是否举起双手；是否积极追球、使用2+2篮板球原则抢球并将球置于颌下护球？防守篮板球效率的百分比是通过将成功的篮板球与投篮总数相除得到的。进攻篮板球和防守篮板球共80%的目标是一个比较合理但又具有挑战性的目标。如果球员完成了80%的篮板球任务，那么就意味着这是一个成功的球队。篮板球效率不意味着一定获得篮板球，尽管这能够增加球队的获胜概率。

可以在练习和比赛中对篮板球百分比进行追踪记录。无论是练习还是比赛，一次可以直接对两名球员进行评估。练习时，将任何具有对抗性质的情况以图表的形式记录下来（1打1、2打2，最高到5打5）。每次练习时，不公布两名球员的名字，然后对结果进行总结，并在每次练习后进行公示。对于比赛来说，视频分析能够使教练员获得足够的时间对每名球员的表现进行评估，进而确定进攻篮板效率百分比、防守篮板球效率百分比以及总的篮板球效率百分比。每比赛5场必须进行一次评估，这样能够确保获得有效的反馈信息并相应地改变战术并加强学习。可以通过单个球员的总效率来算出整个球队的篮板球效率百分比：进攻篮板球、防守篮板球和总的篮板球效率。

## 篮板球练习

篮板球中的一个重要因素是进取精神和与对手进行合规的身体接触。球员应该通过循序渐进的练习来培养自己的进取精神。

### 队列练习：2+2、抓球并置于颌下护球

**目的：**指导球员2+2篮板球原则、抓球并将球置于颌下护球的篮板球技巧。

**设施：**半场场地、每个队列一个篮筐。

**过程：**开始时首先进行无球练习——使用2+2篮板球技巧，在罚球线、中场线以及对面的罚球线和底线位置执行抢篮板球的动作。接下来，每个队列中的第一名球员持球，执行双手抛球或者下手头顶抛球动作，使用2+2篮板球技巧抢篮板球，接球并将球置于颌下，然后执行PPF后转身动作将球传给队列中的下一名球员，后者重复以上动作。

练习顺序如下。

- 执行无球的2+2篮板球动作。
- 直接在头上抛球。
- 向右、向左或者向前抛球（强制篮板球员使用2+2篮板球技巧争抢自己区域之外的篮板球，即向左、向右或者向前执行变向跳抓球并将球置于颌

下护球）。也可以采用另外一种练习方式，即教练员站在罚球区顶端，在执行本练习的前两个环节时为每个队列传球。

---

## 问题解答

下面列举了一些常见的篮板球错误以及纠正方法。教练员应该为球员提供正确的反馈，使球员改变自己的行为并加强学习效果。

**问题**：缺乏争抢篮板球的动力。

**纠正**：重复篮板球的重要性和理论依据，并对那些能够正确执行篮板球技巧、付出努力以及成功抢到篮板球的球员进行表扬。

**问题**：不能正确地执行篮板球的4个极好的原则（大子弹）。

**纠正**：

- 假设——确保每次投篮时，每名球员都能知道、理解并上前争抢篮板球以履行自己的职责。
- 双手举起——不断练习这种姿势，及时纠正错误并加强练习效果，直到球员能够自动执行这个动作。
- 2+2——对那些使用一只脚或者一只手没能成功抢到篮板球的球员提出批评（除非他们采用这种方法的目的是将球拨给自己或者队友）。
- 抓球并置于颌下护球——不断提醒并加强，同样对那些丢球的球员提出批评。

**问题**：球员丢球或者无法抓住篮板球。

**纠正**：检查2+2篮板球技巧的执行。站在篮下观察球员是否正确地抓球（使用双手，双眼睁睁将注意力专注于篮球之上）。初学球员经常在篮板球中的接触环节中闭上眼睛。

**问题**：防守时，争抢篮板球的范围太小。

**纠正**：防守球员没有在第一时间靠近自己负责防守的对手并执行卡位（阻挡或者进行身体接触）。通常，产生这种问题的原因是防守球员在投篮时视线跟随篮球的飞行轨迹（扮演观众的角色）。教练员应该指导球员首先观察对手（投篮后先进行视觉接触）。从视觉上定位自己负责防守的进攻球员（看到对手），然后再进行身体接触（阻止对手）。身体接触前先进行视觉接触。

**问题**：双手向下。

**纠正**：争抢防守篮板球时，感觉并牵制对手。提醒球员在卡位时保持双手向下的动作是违规的，同时也不可能快速地抢到篮板球。球员应该保持双手举起的快速抢篮板球姿势，使用缓冲区与对手进行接触，双脚处于活跃状态并保持身体接触，直到获得篮板球。肘部处于与肩膀平行的位置。

**问题**：篮板球员只争抢头顶和篮筐附近的篮板球。

**纠正**：应该更多的关注变向跳，而不是只是竖直角度起跳，强调2+2篮板球技巧，接球时保持平衡并注意护球。只有投篮命中的情况下，篮板球的位置才会发生在篮下。

**问题**：使篮板球悬空或者置于头顶远离力量区或者颌下位置。

**纠正**：球员没有用力抓球并将球置于颌下护球时，往往会出现丢球的情况。让其他球员对抗篮板球员；从下方狠拍篮球、对其施压、从上面抢球或者在篮球悬空时狠狠拍打篮球。

---

- 双人头顶抛球——队列中的第二名球员可以参与对抗并向篮板球球员施压以便检查他的颌下护球技巧。篮板球球员必须转身摆脱压力并向外将球传

给队列中的下一名球员。

- 练习两次运球推进至前场。篮板球球员可以使用2+2篮板球技巧抢球并将球置于颔下，转身摆脱防守压力并执行两次运球将球推进至前场。以急停动作结束运球时，篮板球球员可以转身并将球向外回传给底线位置的下一名球员。

## 队列练习：防守篮板球

**目的：** 通过模拟方式指导球员防守篮板球的技巧。

**设施：** 半场场地（最低要求）。

**过程：** 练习时，将球员在底线处分成4个队列。教练员发出"投篮"的口头命令时，每个队列里的第一名球员快速移动到距离篮筐6~15英尺（1.8~4.6米）的位置，采取防守卡位姿势，然后使用阻挡、卡位、抢篮板球的的技巧。每名球员都模拟卡位、抢篮板球、将球置于颔下并向外传球的动作。然后接下来的4名球员快速移动到场上并采取基本站姿或者防守快速站姿。

### 变种练习方式

防守篮板协防侧卡位：最前面的4名球员快速移动到场上并在罚球线及其延长线上采取进攻基本站姿，接下来的4名球员采取正确的防守基本站姿，面向边线模拟对防守球员提供协防支持（采取持手枪姿势，一手指向想象中的篮球，一手指向防守对象）。听到"投篮"命令时，所有4名球员执行争抢防守篮板球的任务，所有球员必须在罚球线位置进行身体接触。这个变种练习中不需要使用篮球。

持球防守篮板（封阻投篮球员）：位于底线位置的4名球员每人手持一个篮球并采取三威胁姿势。持球员将球传给位于罚球线附近的进攻球员，然后上前由无球防守转换为有球防守姿势（阻止对手突破，对其投篮施加压力）。进攻球员需要承担一点教练员的职责，在双脚起跳在空中接球并准备投篮的同时检查搭档的防守篮板球技巧是否正确，进行投篮假动作，然后进行短距离投篮（距离篮筐12~15英尺，即3.6~4.6米，也可以不使用篮筐）。投篮时注意向上投球，不要向外投，在篮球落地前一直保持跟随动作。投篮球员负责检查搭档的动作，后者然后成为接下来的投篮球员，而投篮球员则回到队列的末尾。使用这种变种练习方式可以在短时间内重复对防守篮板进行练习。

## 队列练习：进攻篮板球

**目的：** 指导球员练习进攻篮板球技巧——通过防守执行卡位、移动到间隙位置（至少使自己处于与防守球员势均力敌的位置）、通过身体接触迫使防守球员向篮筐移动（防守球员没有远离篮筐实施卡位封阻时）。

**设施：** 半场场地。

**过程：** 将球员在底线位置分成4个队列，最前面的4名球员位于罚球线位置，采取快速站姿和举起双手面向底线站立。要获得更真实的练习效果，可以将球员

队列置于半场线位置，最前面的4名球员位于罚球区顶端，面向底线站立。教练员通过以下命令指挥练习。

- 以游泳姿势（swim move）向右或者向左移动，双手举起实施卡位封阻。
- 以游泳姿势向右或者向左移动，占据间隙位置。
- 双手举起移动到间隙位置，然后返回到底线位置。

队列中的第一名球员体验双手举起的感觉，采取准备抢篮板球姿势，然后移动到队列的末尾，队列中的第二名球员练习进攻篮板球技巧，然后成为队列的第一名球员（双手举起，准备抢篮板球）。这个练习在执行时不需要使用篮球，教练员负责控制整个比赛。很多基本的进攻篮板球技巧都可以通过这种练习方式在短时间内得到练习。

相同的过程步骤也可以用在后转身变种练习中。进攻球员从后面接近防守球员，将一只脚或者膝盖置于防守球员（采取双腿叉开姿势）的腿中间，执行后转身动作，然后执行前转身动作移动到间隙位置并通过防守球员。

### 篮板球和向外传球练习

**目的**：指导球员争抢防守篮板球并向外传球（或者运球）。

**设施**：一个篮球和一个篮筐（可以两个队列同时进行练习，每个队列位于球场的一侧）。

**过程**：这是一个防守篮板球和传球练习。接球球员突破获得空位时应该大喊传球球员的名字。

第一名球员$X_1$将球传给球员$X_4$，在罚球区急停获得空位接回传球，然后以下手抛球方式将球抛向篮板上矩形区域的上方，模拟防守篮板的情形（参见图8.18）。球员$X_1$以变向跳方式跳向篮板，使用双手抓球并将球移动到额前位置，以右脚为旋转脚执行前转身动作，向外为$X_4$传球，然后接替$X_4$的位置。球员$X_4$将球传给$X_2$，然后移动到队列的末尾。球员$X_2$、$X_5$和$X_3$可以在另一侧重复以上动作。

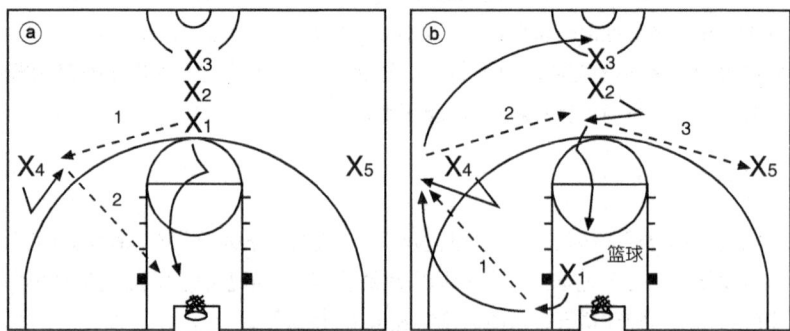

图8.18 防守篮板球和向外传球练习：（a）开始练习，（b）持续练习

**变种练习**：可以将向外传球的队列置于半场中，防守球员可以执行两次运球

推进、急停和向外传球的动作。

## 篮板球读数练习

**目的**：练习在投篮时观察对手和篮球的技巧。

**设施**：篮球和篮筐。

**过程**：将球员分成两人一组，两组或三组球员可以共用一个篮筐。选择两名进攻球员和两名防守球员，罚球区的两侧，即底线和罚球线之间的位置每侧各站一名进攻球员和一名防守球员。一名教练员在每个罚球线位置持球站立。罚球区每侧的防守球员采取基本站姿防守进攻球员。进攻球员开始通过移动获得空位。如果进攻球员获得空位，教练员可以为其传球。否则，教练员进行投篮，而每名进攻球员在争抢篮板球时立即举起一只手并用手指出示某个数字。防守球员则应该努力封阻进攻球员并获得篮板球。如果一名防守球员获得篮板球并且两名防守球员都能准确说出进攻球员出示的数字，则进攻球员在下一轮练习时扮演防守球员的角色。

## 卡位和封阻练习

**目的**：模拟1打1、2打2或者3打3篮板球情形下的团队对抗，包括有球和无球封阻。

**设施**：篮球、篮筐和半场场地。

**过程**：开始练习时，一名、两名或者三名进攻球员站在距离篮筐15~18英尺（4.6~5.5米）的位置，相同数量的防守球员持球站在篮下位置。这是一个具有淘汰性质的练习，投篮命中时，才会重新开始练习。防守球员抢到篮板球时，防守方必须先将篮球安全转移到罚球区顶端位置，然后才能够转换为进攻方。无论何时，只要指定的任务没有完成，那么教练员可以让三名防守球员一直扮演防守方的角色。

## 队列练习：全场无球进攻篮板球

**目的**：通过模拟的方式指导球员进攻篮板球技巧。

**设施**：半场场地（最低要求）。

**过程**：每个队列最前面的球员从基本姿势向前移动到罚球线区域，快速起跳，模拟接球以及落地时将球置于颌下护球的动作并使用指定的得分移动方式。球员在半场线、对面的罚球线和对面的底线位置重复以上动作。4组球员都到达终点线时，球员开始执行返回动作。进攻球员向前移动时，相互应该保持一定的距离（15~18英尺，即4.6~5.5米）。

## 高级8字篮板球练习

**目的**：指导球员控制篮板球的技巧。

设施：一个篮球和一个篮筐。

过程：球员三人一组站在篮下位置，开始练习时，中间的球员向篮板投球（篮板上矩形区域的上方位置），以这种方式将球传给下一名球员。练习目标是持续地进行双手补篮，或者将球置于颌下护球并重复指定的练习次数，补篮或者抢到篮板球的球员站在末尾位置。

大多数球员需要使用双脚和双手抢篮板球并移动到篮下位置，然后按照教练员指定的进攻移动方式投篮得分（头顶上篮、强行上篮或者投篮假动作强行上篮）。篮板球球员需要使双脚与底线成正确的角度（脚尖指向底线位置）并以篮板上的矩形区域的上方作为投篮目标，这样篮球才会反弹到下一个球员所在的位置。

## "垃圾"练习法（Garbage drill）

目的：指导球员争抢进攻篮板并得分的技巧。

设施：每个篮筐两个篮球。

过程：两队球员在罚球线区域面向篮筐站立，每队持一个篮球。每队的第一名球员使用双手下手抛球的方式向篮板传球，然后使用指定的得分移动方式。得分钟后（只能是得分后），球员将球传给队列中的下一名球员并移动到对面队列的末尾。每名球员都应该假设投篮不中并继续抢篮板球并投篮，直到投篮得分。指定的得分移动方式如下：

- 双手补篮得分；
- 头顶持球（双手持球并保持球位于额前上方位置），快速起跳投篮得分；
- 颌下护球，做投篮假动作（将球举到头部高度，腿部锁定），然后投篮得分；
- 颌下护球，为外线球员传球进行三分球投篮。

在这个练习的最后阶段，可以加入对抗的元素，以便训练球员在罚球区内的进攻精神和得分能力。教练员手持一个篮球站在罚球线位置，同时与两名球员（每个队列各一名球员）一起练习。教练员进行投篮动作，球员争抢篮板球，直到一名球员抢到篮板球并投篮得分。球员应该使用双手抢篮板球并将球置于颌下护球。持球球员必须在不运球的情况下在罚球区投篮得分，另一名球员则对其进行防守。练习中没有边界的限制，控球球员将球传给教练员（如果能够快速移动获得空位，教练员需要将球回传给球员）。

## 强手练习或篮板球生存练习

目的：指导球员进行提高进攻精神的练习。

设施：每个篮筐一个篮球。

过程：4~8名球员组成的组可以使用一个篮筐进行练习，一次三名球员。如果参加练习的球员数量为6~8名，多余的球员可以进行自由投篮，等待轮换。教练员或者球队经理可以站在篮筐附近进行投篮动作（故意投篮不中）并向外为篮板球球员传球。参见图8.19。比赛的规则如下：

- 投篮不中（教练员）即代表比赛开始。
- 所有三名球员都应该努力争抢篮板球。
- 获得篮板球的球员负责进攻，其他两名球员则成为防守球员。篮板球球员可以使用各种得分移动方式；所有投篮必须是在罚球区内且没有运球的情况下进行的。
- 篮板球球员可以将球向外传给教练员，然后在罚球区内获得空位并接教练员的回传球。
- 练习时没有边界的限制。

图8.19 强手（NBA）篮板球练习

- 三次投篮命中的球员可以进行轮换（其他球员需要记录自己已经命中的投篮次数）。刚开始练习时，最好选择一次投篮命中后即下场执行轮换并加入到多余球员的序列。
- 教练员只需要指出那些明显的犯规动作。犯规或者不执行防守职责时，球员可能会被扣分。

## 单人篮板球练习

**目的：**让球员自己练习篮板球技术。

**设施：**篮球、篮筐以及篮板球反弹设施（或者一名搭档）。

**过程：**使用双脚和双手的篮板球技巧按照比赛节奏执行各种篮板球选项。

**选项**

- 使用双手下手抛球的方式向篮板或者篮圈上方抛球创造篮板球的机会——采取变向跳抓球并执行进攻得分移动动作（头顶投篮；颌下护球并投篮得分；颌下护球、投篮假动作并投篮得分）。假设投篮不中。
- 抛球创造防守篮板球机会——快速向外将球传给反弹设施或者搭档，或者通过两次运球的方式使球摆脱危险区。
- 高级技巧——球员尽可能快速地向高处跳；每次起跳时使用双手将球推向篮板。
- 将球放在罚球区的位置区上——双手抓球，快速抛向篮板，抢篮板球并在距离篮筐2英尺（0.6米）的位置投篮得分——抓球、颌下护球、快速移向篮筐。将球放在对面的位置区重复练习。
- 超级篮板球——从罚球区外侧开始练习，将球抛向篮板，使球反弹到罚球区的另一侧。迈一步跳跃抢到篮板球，在另一侧罚球区外侧落地。重复进行5次并以一个强行移动上篮得分动作结束。

## 篮板球进阶练习：3打0、3打3

**目的：**提供三名球员争抢篮板球的格局，以团队形式检查或者练习篮板球技术并以此作为练习的一部分或者比赛前的热身。

**设施**：篮球、篮筐、半场场地和三个空气人偶（有条件的话）。

**过程**：球队的一半球员可以在篮筐附近进行这个练习，其他球员则加强或者练习其他方面的技术。这个练习分为以下两个部分。

1. 在进攻（3打0）团队篮板球练习中，教练员负责控制练习节奏并投篮创造篮板球机会。相关的练习变种形式如下：

–任意三个位置的常规3打0（教练投篮后，低位球员移动到中路或者弱侧抢篮板球，其他两名球员移动到弱侧）。

–向上执行补篮动作（保持篮球处于活跃状态）以及向外拨动篮球。

–界外球保护——教练员使球向界外区域反弹——救球球员和被救的对象球员（没有追球的队友）必须进行口头交流（"篮球"或者"帮助"）。

–3打3空气人偶练习——进攻球员必须移动到间隙位置并争抢篮板球。

–强手练习——获得篮板球的球员尽量投篮得分，另外两名球员对投篮球员进行干扰。三名球员都要假设投篮不中并争抢篮板球，直到一人投篮得分为止，然后快速跑向中场线（罚球区顶端），同时从内侧肩膀观察篮球和篮筐。

2. 对三个空气人偶或者三名固定不动的进攻球员实施卡位并争抢防守篮板球（3打3）。教练员投篮，三名防守球员阻挡、追球并将球向外传给教练员，或者向外执行两次运球推进，然后将球传给教练员。按照BOPCRO的顺序：卡位或者阻挡（Block Out or blast）、追球并颌下护球（Pursue and chin the ball）、抢篮板球以及向外传球（rebound and Outlet）。

## 篮板球对抗练习：3打3、4打4

**目的**：在教练员的控制下，模拟比赛节奏连续争抢进攻篮板球和防守篮板球练习。

**设施**：篮球、篮筐、半场场地以及三组（每组3~4名球员）能够区分开的球员（例如可以身穿红色、白色和蓝色队服）。

**过程**：开始练习时，选择一组球员作为进攻方，一组球员作为防守方，还有一组球员站在篮下位置。教练员持球站在篮筐下的底线后面，发起开始比赛的指令并控制比赛节奏。还需要两名球员站在半场后面的边线位置接外传球。

轮换方式如下：投篮不中时，进攻方和防守方都需要努力争抢篮板球。如果防守方获得篮板球，球员需要使用BOPCRO顺序将球外传并成为下一轮的进攻方（底线处的球员组现在成为防守方）。进攻方获得篮板球时，则继续扮演进攻方（投篮得分后，移动到半场位置准备继续进攻）。底线位置的球员组则成为防守方。在继续练习前，一直要先将球传给教练员。可以为练习规定一定的时限。可以通过以下三个标准评出最终获胜的一组：防守篮板球数量最多、进攻篮板球数量最多或者得分最多的组。教练员可以根据需要强调其中的一个标准。

## 篮板球大战

**目的：**以5打5的形式着重练习防守篮板球和进攻篮板球中的进攻精神。

**设施：**篮球、篮筐和半场场地。

**过程：**这是一个具有实战性质的练习。练习开始时，教练员投篮（大部分时间都会投篮不中）。按照实战比赛进行，投篮命中或者投篮不中，球员可以在任何情形下抓球、护球并将球置于颌下，无需考虑边界线的限制。通常的得分标准是获得防守篮板球得1分，投篮命中得2分，获得进攻篮板球获得3分。教练员可以通过为某个特定动作加分的方式来强调进攻或防守技术，球员得分时，让球员继续保持为这种动作的执行者（例如如果球员抢到防守篮板球，则继续充当防守方的角色）。这个练习还存在以下多个变化方式。

- 卡位——防守球员在练习开始时站在底线位置，为进攻球员或为教练员传球，使其投篮。
- 跳过传球环节，直接投篮。
- 次要快攻选择，转移篮球并投篮。
- 从区域联防开始。
- 任何其他特别的进攻战术或情况，然后投篮。

可以为练习设定时限，或者以某一方最先达到一定的分数作为练习结束。

# 第 9 章

# 团队进攻

篮球是一种策略和理性的游戏。

菲尔·杰克逊，前芝加哥公牛队和洛杉矶湖人队主教练，

他的执教理念来源于拉科塔印第安人的战争颂歌——

"不求武力上的超越，只求比对手更聪明"。

教练员应该为球员灌输信心，使他们全力以赴——获得运动乐趣、学习并提高自己的技术水平、抓住机会并勇于试错，在进攻中更应如此。为了让球员能够应对所有可能的情况并提高他们的篮球智商，教练员可以提高球员的信心，让他们知道自己一定会成功。

为了使球队能够应对所有情况，应该从以下方面着手：一般的进攻原则、球员在每个进攻位置上的职责、团队进攻战术以及团队进攻的特殊情况。

## 一般进攻原则

除非教练员对球队成员的进攻强项和弱点十分了解，否则他们应该首先让球员学习基本的进攻原则，然后再根据不同的球员进行调整，给予球员足够灵活的空间，使他们发挥自己的强项。教练的基本教学理念应该保持稳定并循序渐进，但是可以根据球员的特点对进攻和防守的战术风格进行调整。

进攻效率在很大程度上依赖于对空间和时间的掌握；全部5名球员应该分散地处于球场区域内，在正确的时间同时执行移动和切入动作。任何进攻都需要均衡的场上人员分布——要获得较高的投篮命中率，投篮时，要有负责争抢进攻篮板球的球员以及负责防守的球员。均衡还意味着球员在场上应该保持位置上的均衡——进攻球员之间的距离大约为15~18英尺（4.6~5.5米）。最后，进攻均衡还要求在投篮时注意争抢进攻篮板球和防守。球员需要快速执行从进攻到防守的转换（反之亦然）——快速争抢进攻篮板或者快速回防。篮球是一项团队运动，与仅仅依靠某个明星球员得分相比，多个球员实现均衡的得分更可取。

良好的进攻包括球员的正确移动以及篮球的正确移动，可能还需要富有经验的球员，包括执行各种掩护技巧。应该善于在内线（离篮筐较近）和外线（负责防守的外线球员）投篮得分。培养由内向外的进攻原则；以内线进攻为主，外线进攻作为补充，避免出现只防守某个区域或者某个球员的情况。任何战术系统的执行总是比系统本身更重要。球队的执行效果永远比执行方式更加关键。

## 球员位置和职责

按照角色、能力和技术水平的不同，球队中的每个球员都有一个特定的位置。目前有三个基本位置，即后卫、前锋和中锋（或者称为低位）（参见图9.1）。有些教练员还会使用其他一些称呼，例如点位球员、翼部球员和内线球员。

中锋通常是球队中最高的球员，其次是前锋，而后卫则是身高最小的球员。中锋和前锋一般是较好的篮板球球员，而后卫则是具有最佳控球能力的球员。与前锋和中锋相比，后卫还会执行更多的外线战术。无论使用什么称呼，所有外线球员和内线球员都应该掌握基本的篮球技术，以便在特定情况下能够互相进行转换。

**要点提示：**
团队进攻必须具备较高的投篮命中率、快速的攻防转换、均衡的球员分布以及良好的移动和执行效果。

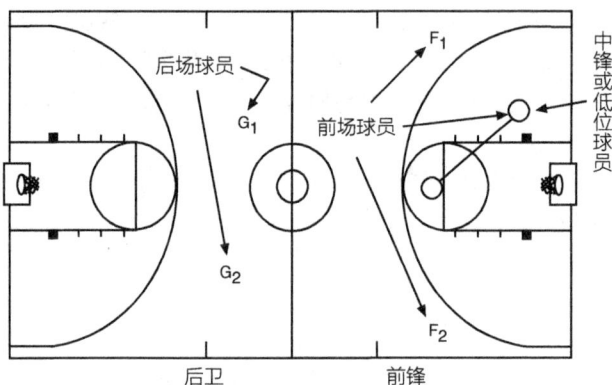

图9.1 球员位置

**后卫。** 后卫球员通常被总称为球队的后场球员。可以将后卫球员进一步细分为控球后卫(通常具有较好的控球能力并负责在比赛时对全队进行指挥)和得分后卫(也被称为"大后卫"或者"无球后卫")。由于具有较好的运球能力,因此控球后卫经常能够通过突破后传球的方式,为队友(例如得分后卫)创造得分机会,也就是通过防守球员突破到篮下并将球传给处于空位或者无人防守的队友(突破分球)。控球后卫还被称为比赛的"组织者"(playmaker),因为他们还负责指挥整个球队并创造得分机会。控球后卫通常由球队中控球技术最好的球员担任,同时能够在比赛时领导球队并履行教练员的职责。而得分后卫则应该从球队中那些投篮能力和控球技术都非常好的球员中选择。

**前锋。** 前锋有时候被称为"底角"(corner)球员,因为他们的进攻位置一般位于前场的底角。大多数球队都会选择小前锋和大前锋(有时候也称为力量前锋)这样的配置。小前锋需要进行较多的移动,他能够承担后卫和前锋两种角色,比赛时通常面向篮筐,较好的控球和外线投篮能力也是对小前锋的基本要求。大前锋通常是最强壮的篮板球员,需要由外向内移动(背对篮筐)。小前锋应该能够同时履行后卫和前锋的职责,具有较好的控球能力,能够执行外线战术并具有篮板球能力。而大前锋必须能够履行前锋和中锋的职责。

**中锋或者低位球员。** 中锋位置应该从那些身材最高的球员中进行选择,中锋通常会在篮筐附近履行内线职责,能够应对身体接触和球员密集的环境。一般来说,作为拥有最高身高的球员,中锋的职责范围包括高位的罚球区内侧位置(罚球线附近)或者低位位置(篮筐附近)以及罚球线外侧或者三秒区,中锋一般会背对篮筐。中锋和两名前锋球员通常被总称为前场球员。

# 团队进攻战术

为了使球队能够应对各种防守情况,需要培养自己的团队战术,包括以下几个方面。

- 在比赛中有组织地从防守转换为进攻状态（首次快攻——不给防守方反应时间，立即对防守施压，防守方回防但防守还没有完全组织起来时执行次要快攻）。
- 压迫进攻用于对手的防守紧逼，从半场到全场发起进攻。
- 1对1定点进攻，对手对进攻球员采取单独防守策略时可以采用这种战术。
- 区域定点进攻用于对对手的区域联防。
- 对手结合多种防守方式时（如区域联防和1对1防守），可以采取定点进攻的应对方法。
- 时间和比分允许进攻方在投篮前长时间控球以及想迫使对手扩大防守区域时，可以采取延迟或者控制性的进攻战术。
- 从进攻转换为防守（争抢篮板球的同时注意阻止对手轻松得分或者执行快攻）。
- 特殊情况战术选择：跳球、出界球和罚球。

## 首次快攻：从防守转换为进攻

球队获得控球权，并在对手恢复良好的防守位置前将球推进到前场时，就可以通过快攻的方式轻松投篮得分。这种在人数上占优势的快攻称为"首要快攻"（Primary fast break）。快攻通常发生在获得篮板球、成功断球或者对方投篮得分后，是最快的从防守向进攻转换的方式。防守球队获得控球权时，可以使用向外传球的方式或者运球的方式发起快攻——向前场推进时，传球应该作为第一选择，而运球是最后的选择。与此同时，其他队友应该牵制防守球员并采取均衡的站位。在场上执行快攻时，球员应该在保证控制的前提下以最高速度向前推进。同时，应该有一名球员位于稍微落后几步的位置以确保己方篮筐的安全，进而达到攻防均衡的效果。

图9.2展示的是典型的三线快攻模式。球员在人数上超越对手时（3打2），需要执行三线快攻（篮球位于中间的路线上）。处于3打1情况时，进攻方可以执行双线快攻的战术（2打1，一名球员拖后），如图9.3所示。执行双线快攻时，进攻球员应该拉开距离（至少保持与罚球区宽度相同的距离）使防守球员左右兼顾。运球技术最后的球员应该在最后时刻控球——除非对方强迫球员传球，否则直接投篮。运球球员需要将球从中路移动到侧面路线，最好使用外侧手运球。技术水平较高的球员可以使用内侧手运球（执行击地反弹传球时可以轻松使球通过防守球员），如果防守球员没有对运球球员执行防守，那么运球球员可以选择转身带球上篮。

## 次要快攻：从防守转换为进攻

如果没有条件执行首要快攻战术（即无法在人数上获得3打2、3打1或者2打1的优势），球队可以选择次要快攻战术。执行这种移动时，将球推进到底线一

**要点提示：**

三线快攻：篮球位于中间路线，两侧的路线支架保持较宽的距离，以迂回方式切到篮下（在罚球区顶端）或者移动到底角执行三分球投篮。

**要点提示：**

双线快攻：拉开距离并直接投篮。

侧（降低或者瓦解对手的防守效果），一名球员在内线执行背打，在采取定点进攻前将球移动到第二侧。次要快攻战术如图9.4所示。

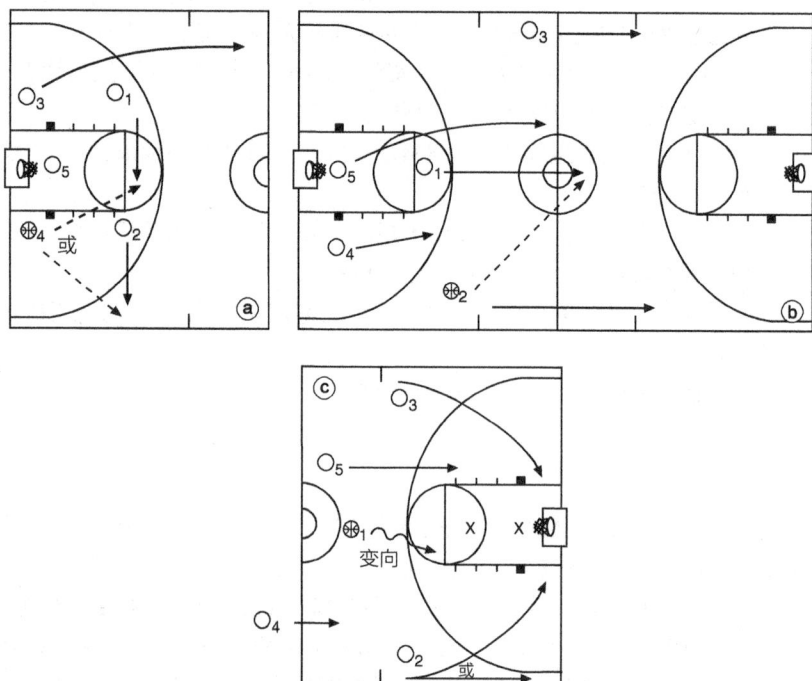

图9.2　首要快攻：（a）获得防守篮板后发起快攻，（b）拉开距离并占据推进路线，（c）完成三线快攻

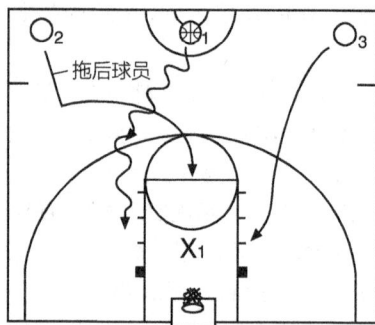

图9.3　原始双线快攻

## 压迫进攻（press offense）

进攻中的基本技术，例如拉开进攻距离、切入动作、迎球、接球并面向篮筐、首先选择传球、运球时最后的选择等，重要程度都比任何的压迫进攻大得多。

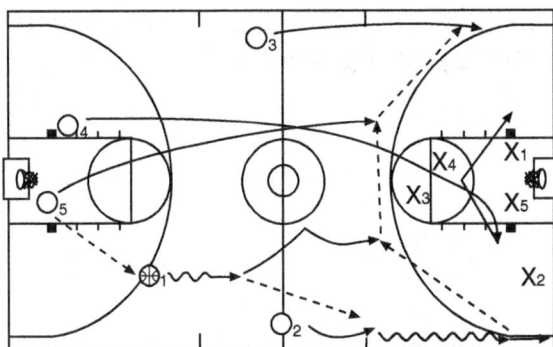

图9.4　次要快攻（4名球员在外线，1名球员在内线）

如果防守方执行全场防守的策略，教练员则需要指导球员执行压迫进攻的方式帮助球员确保篮球的安全。球员应该在防守球员就位前将球送至前场（即在对方执行压迫防守前执行快攻）。指定一名前场球员在抢到篮板球后向外传球，迅速将球传给后卫，如图9.5a所示。接球球员应该远离底角位置，并且不能离边线太近（这是最忌的防守包夹区域）。

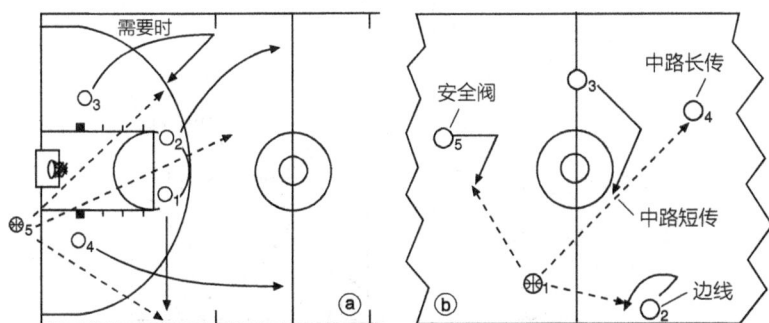

图9.5　压迫进攻——快速抓球：（a）向内传球，（b）对手实施包夹时，执行压迫进攻

在应对区域压迫防守时，教练员应该指导球员通过边线向外传球、两次中路向外传球（短距离和长距离传球）以及在控球球员后面向外安全传球的方式在后场或者前场破解对方的防守，如图9.5a和图9.6所示。向球员强调使用正确传接球基本技巧的必要，并提醒他们通过移动获得空位并保持平衡的身体姿势。压迫防守还可能为进攻方提供机会，因此球员应该在进攻中随时准备利用对手这种防守过度的缺点。

一般来说，球员需要破解对手的压迫防守。要有攻击性并将球向压迫防守的侧面或者中路转移，寻找带球上篮得分的机会。

作为最后的对策，进攻球员还可以通过充当安全阀（safety valve）的球员执行方式，反向传球从第二侧进攻，如图9.7所示。在面对极度紧急的情况时，例如持的控球球员低手包夹时，距离最近的队友（通常扮演安全阀的角色）可以上前直接在包夹后面接传球（通常不会遇到防守）。控球球员可以以后转身的防守护球并传球。安全阀球员则应该立即发起进攻。

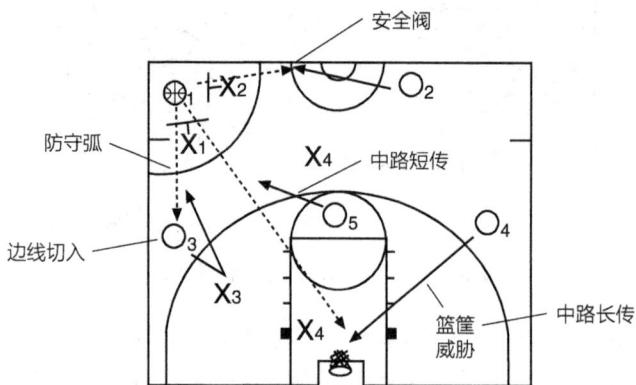

图9.6 破解包夹：形成三人进攻（$O_3$、$O_5$、$O_2$）以及投篮威胁的情形

图9.7 压迫进攻——反向传球进攻

## 阵地进攻

如果防守方在首要快攻和次要快攻后已经建立起防守体系并等待对手进攻，那么可以使用定点进攻（set offense）的方式投篮得分。球队应该采取基本进攻模式，然后使用基本的有球和无球移动技术创造得分机会。可以从几个位置上发起基本的定点快攻模式，教练员应该根据球员的特点和球队的战术选择比较好的进攻发起模式。

**2-2-1传球-切入进攻。**篮球运动中最普遍使用的团队战术被称为"传球-切入"（give-and-go 或 pass-and-cut）。这个战术是进攻的基本形式，在这个双人战术中，基本模式是传球球员传球给接球球员并切到篮下接队友的回传球。开始使用这个战术时，4名球员在外侧，一名球员在内侧，两名后卫和两名前锋采取定点站位方式，如图9.8所示（图中也展示了传球－切入的选择）。这个战术可以由任意两名球员在任何时间发起。基本的进攻规则如下。

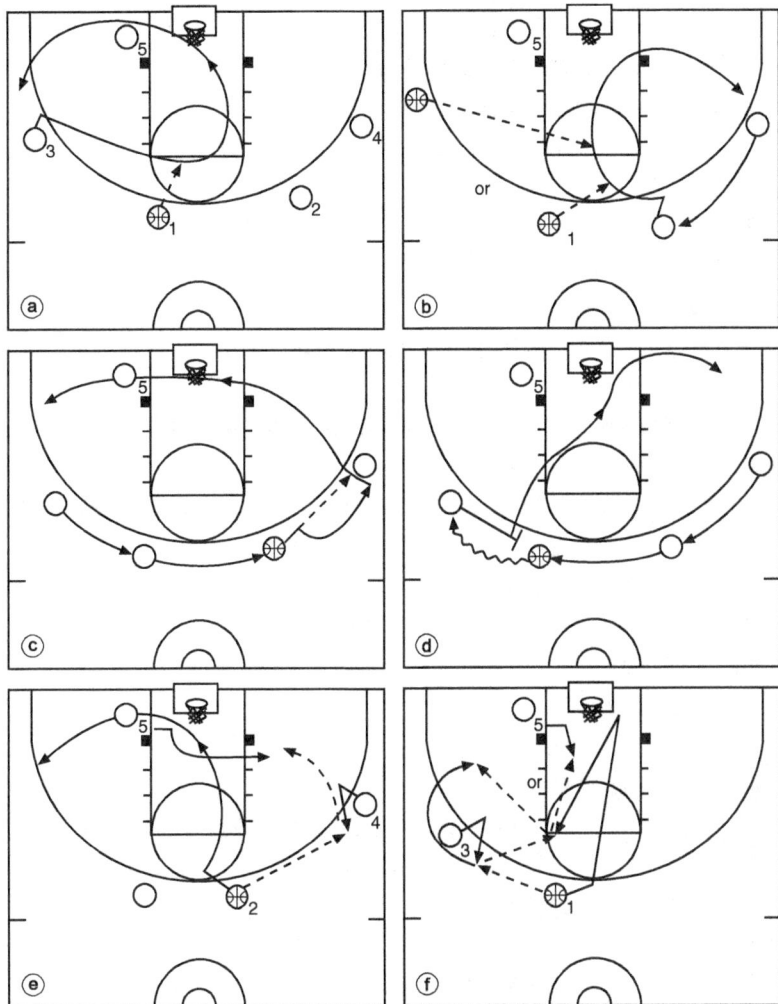

图9.8 传球－切入进攻变种形式：（a）切入－前锋切入，（b）切入－后为切入，（c）切入－后卫迂回，（d）后卫拿球，（e）后卫和前锋执行传球－切入或者低位闪切动作，（f）后卫和前锋执行传球－切入和背打战术

1. 球场的中路位置是切入的路线。切入球员必须在传球后从中路切到篮下，在两秒钟内通过中路位置。这种切入方式能够对防守进行牵制。

2. 球员应该对防守球员进行解读并采取相应的移动方式：传球并选择防守比较薄弱的位置执行突破。如果可能，可以从防守球员的前面切入，面对严密防守时，需要从背后切入。

3. 切入球员可以执行简短的背打战术，但是必须尽快从中路通过。

4. 球员应该尽可能为接球球员创造接球位置，距离接球球员15~18英尺（4.6~5.5米）并使接球球员面向传球。

5. 面对区域联防时，从防守间隙的中间切入。接球后则占据防守间隙。

6. 进攻由球员发起，并需要遵守一定的规则。突破切入是进攻中的关键环节。

7. 低位球员应该占据位置区附近的低位区域；职责是在弱手一侧争抢篮板球，并随时准备在强侧执行2打1切入或者传球突破战术。球在自己一侧时，低位球员可以执行背打战术，只有防守球员出现防守漏洞时才可以执行低位闪切并带球上篮的动作。

8. 可以通过口头语提示的方法选择以下其他的移动方式。

- 外线球员有球掩护。
- 外线球员传球并执行有球掩护。
- 外线球员在球场一侧利用防守空位执行突破。
- 切入球员低位闪切（两秒原则）。

9. 被低手包夹时，球员应该利用空档将球传给切到中路的队友，或者将球传给上前接球的队友（紧急情况时）。

10. 进攻可以从全场、四分之三场地或者半场开始。篮球和切入球员的移动比进攻模式更为重要。教练员应该注意球员在进攻时的间距。球员应该带着特定目的执行切入动作；从中路通过时，球员可以在同一侧移动，也可以向相反的一侧移动。

11. 进攻教学阶级顺序如下。

- 2打0、2打2（后卫、前锋）。
- 3打0、3打3、弱侧低位3打3。
- 半场和全场5打5。

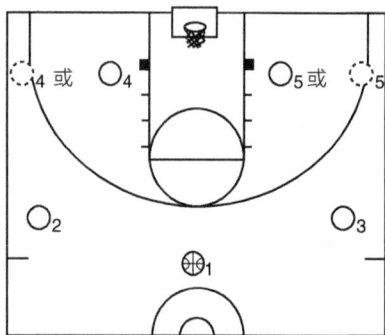

图9.9 1-2-2双低位模式（也可以是开放低位模式）

**1-2-2传球–切入。**初学球员可以使用的另一个进攻模式是1-2-2传球–切入进攻，在面对人盯人防守时，这种战术非常有效。传切进攻是一种简单的团队进攻模式，球员需要执行传球、接球、无球基本移动以及单人持球移动等动作。1-2-2双低位或者开放–低位（open–post）模式是一个使用一名后卫的开放低位模式，允许任何球员以V形切入方式移动到低位，同时还能保留个人从中路突破以及传球–切入这两种选择（参见图9.9）。1-2-2开放–低位模式的传切进攻战术也可以用于破解区域联防或者综合防守战术（区域联防和人盯人防守相结合），这取决于切入的程度以及单个球员的移动范围。

这种进攻模式的规则如下。

1. 从罚球区顶点向翼部位置执行传切战术时，$O_3$执行V形切入后切到篮下位置。如果切入球员没有接到回传球，那么他需要在第一次传球形成更加均衡的站位效果（参见图9.10a）。从翼部位置向底角位置执行传切战术如图9.10b所示。

注意球员是如何均衡场上站位的。

2. 如果翼部球员被防守球员严密防守或者封阻传球路线，那么球员应该使用背后切入的方式切到篮下取代这个位置的队友（参见图9.10c）。被严密防守的底角球员则应该执行背后切入动作并返回到同一侧（参见图9.10d）。

3. 翼部球员和前锋可以通过V形切入方式切到低位区域（从高位或者低位切入）。切入球员如果在两秒钟内没有接到传球，则应该返回到同一个起始位置（参见图9.10e）。

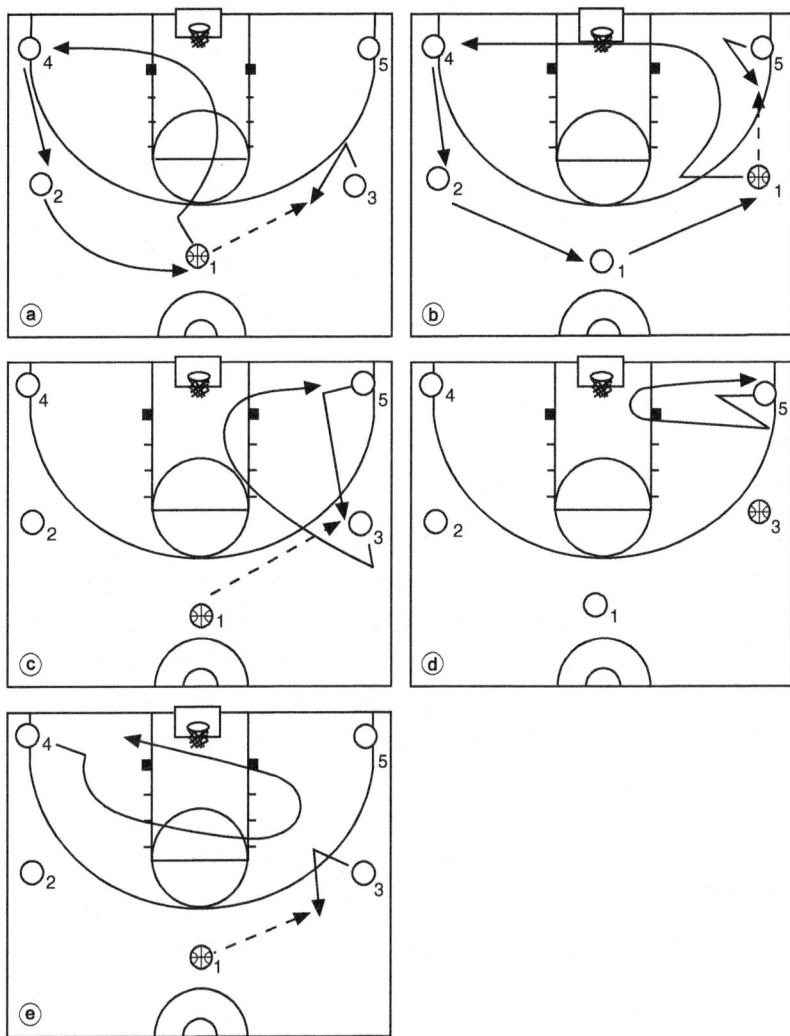

图9.10 1-2-2进攻：（a）从罚球区顶端执行传切战术，（b）从翼部向底角执行传切战术，（c）翼部球员背后切入，（d）底角球员翼部切入，（e）V形切入到低位区域并返回

4. 投篮时，控球后卫（O₁）应该在中场线附近执行防守任务，其他4名球员

则需要占据争抢进攻篮板球的位置。适用于所有进攻情况的一个原则是：进攻球队应该采取防守均衡的战术并能过快速向防守转换。教练员可以在投篮时让两名球员承担后卫的角色，负责在后面防守。

1-4。1-4双高位模式需要控球后卫具有比较高的技术。这种模式对防守方来说是一个挑战，可以为4名球员中的任意一个球员传球，进攻时需要两名内线球员（参见图9.11）。

1-3-1。1-3-1高位到低位模式需要控球后卫位于前面；需要前锋球员执行单人移动并需要两名内线球员（高位球员必须能够面向篮筐）。参见图9.12。

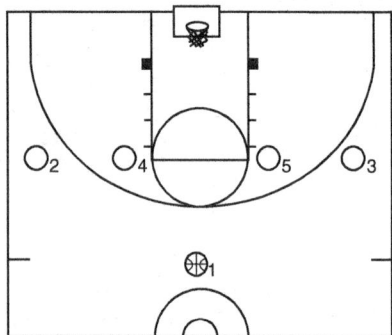

图9.11　1-4模式（控球后卫O₁，两名翼部球员O₂和O₃，两名低位球员O₄和O₅），有时这种模式也称为双高位模式

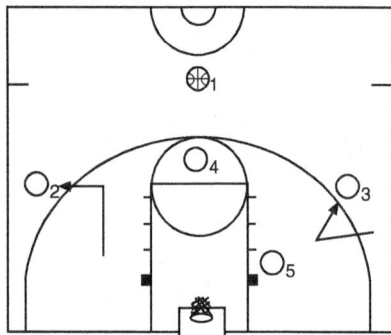

图9.12　1-3-1高位到低位模式

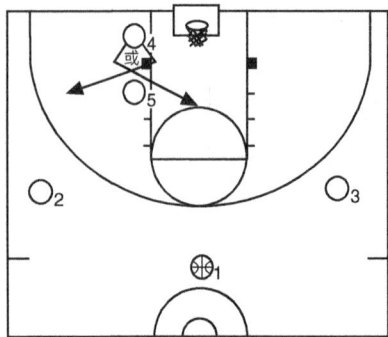

图9.13　一名球员在前的堆叠模式

1-2-2堆叠。教练员也可以考虑使用1-2-2堆叠模式。这种模式需要控球后卫位于前面，一侧保持空位以便单个球员执行移动动作，另一侧球员堆叠站立。使用这种模式时，一名球员（O₄）切到任意位置，另一名堆叠站立的球员则成为掩护球员，然后代替单个的低位位置（O₅）。堆叠站位能过允许球员O₄选择不同的切入方式，如图9.13所示。

2-2-1或2-3模式。最后，还可以选择传统的2-2-1或2-3进攻模式（参见图9.14）。这是一个双后卫在前，一名球员处于低位区域的模式。球场的边线处和底角处保持空位以供前锋执行移动动作。相比来说，2-3模式更容易受到压迫防守的攻击。

## 区域联防

面对区域联防时，教练员可以选择经过调整的传切进攻模式或者选择其他模式。无论哪种模式，都应该指导球员使用以下规则。

- 球员在外线区域以对齐的方式站位并能够迈步进行投篮范围（参见图9.15）。

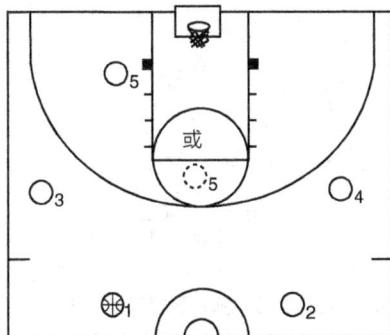

图9.14 2-2-1或2-3模式（高位或者低位）

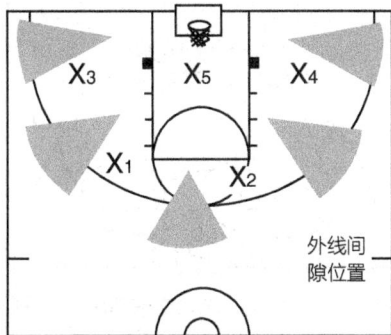

图9.15 破解区域联防，在间隙位置对齐站立

- 对防守发起进攻，但要保持耐心。在外线球员互相传球后寻找向区域内运球或者传球的机会。
- 注意自己与其他进攻球员之间的距离。通过保持一定的距离使防守球员无法轻松对进攻球员执行有效防守。
- 从区域内切入通过——通过球员的移动和复位测试对手的区域联防，如图9.16所示。

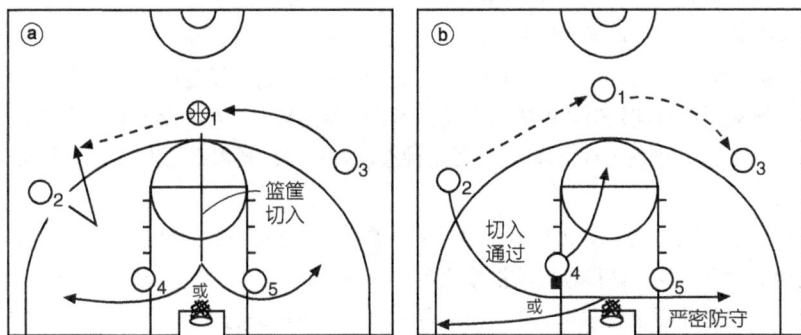

图9.16 （a）空气后卫切入通过区域联防，（b）翼部球员切入通过区域联防

- 掩护阻挡区域联防——通过在区域内或者区域外设立掩护来破解区域联防，如图9.17所示。

　　教练员可以鼓励球员多执行移动和传球动作。由于大多数的区域联防都是以篮球作为导向的，因此执行篮球假动作能够获得非常有效的效果。球员应该将球置于头顶，这样防守球员就能够看到篮球并对假动作做出反应（传球或投篮）。传球前首先做一个传球假动作。球员在将篮球置于头顶前必须先采取将球置于颌下并贴近身体的三威胁姿势。

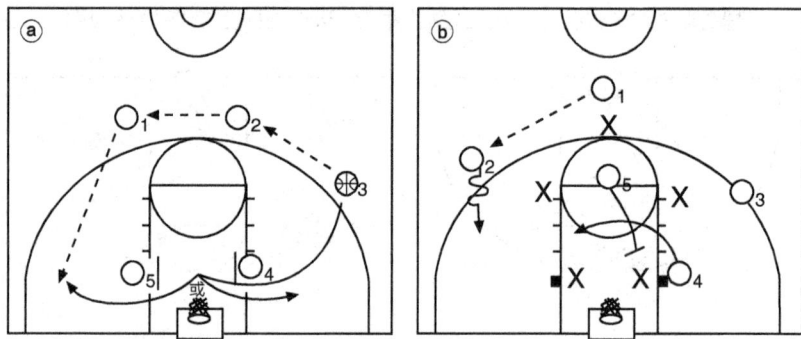

图9.17 （a）在低位设立掩护阻挡区域联防，（b）在内侧设立掩护阻挡区域联防

## 破解综合防守的进攻

　　防守方结合使用人盯人防守和区域联防两种方式时（三角形站位+2、方形站位+1或者菱形站位+1的模式），球队需要采取有组织的进攻方式破解对方的防守。可以选择常规的1对1进攻方式或者区域进攻的方式——教练员需要包含球员移动、篮球移动以及设立掩护的进攻方式。对防守进行分析并使用相应的进攻方式（进攻战术或者进攻模式）来破解对方的防守。例如，在图9.17a中展示的进攻模式中，进攻球员面对人盯人防守时，可以在底线位置利用掩护执行跑动。

　　球队在比赛快结束并且分数领先时，教练员可以让球员在场上分散开，利用整个前场来扩大对手的防守区域。这种技巧称为"延迟比赛"（delay game）或"控制比赛"（control game），通常只有靠近篮筐时才进行投篮动作。在这些情况下，跑动进攻可能是最佳的进攻方式，不要轻易投篮，或者在投篮前应该多执行传球动作（带球上篮时除外）。选择这种进攻方式时，利用或者不利用24秒原则都可以。

　　投篮时间还剩下8~10秒时，运球球员需要寻找运球突破的机会，其他球员则需要通过个人移动获得较好的投篮位置。时间和比赛分数决定了球员何时应该长时间控球并使用拖延战术。图9.18展示了最普遍使用的进攻模式，其中4名进攻球员占据4个边角位置，最佳运球球员或者控球球员位于中路的前部。球员$O_1$通常是控球后卫或者战术组织球员，会一直寻找突破和传球的机会。所有进攻球员都应该对防守进行解读并采取相应的措施，等待并利用防守球员出现的防守漏洞。使用控制比赛战术时，教练员应该确保罚球球员具有良好的投篮技术，因为不管是处于沮丧的情绪还是防守策略，防守球员此时会出现更多的犯规动作。

　　保持球队处于进攻状态；不要消极或者失去冲劲。球员可以通过假装拖延比赛但实际上寻找投篮得分机会的方式迷惑对手。如果球队不想投篮，可以按照正常进攻的节奏跑动，给防守球队他们正在执行进攻的错觉。

　　投篮时间只剩下8~10秒时，可以使用一种特殊战术（参见图9.19）。相关选择是$O_1$使用掩护，$O_2$或者$O_3$移动突破并尝试进行三分球投篮，$O_4$使用$O_5$的背后掩护，$O_5$ 在掩护后向外迈步移动。

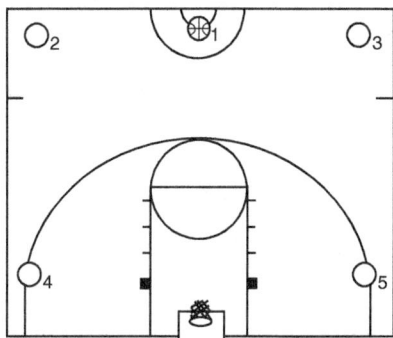

图9.18　4角进攻延迟或控制比赛战术

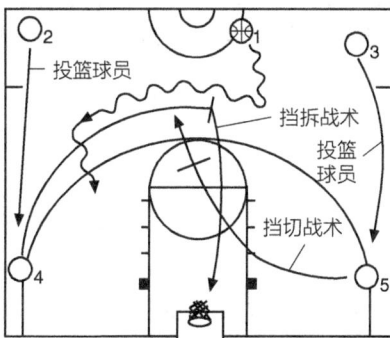

图9.19　压哨投篮得分

## 团队进攻的特殊情况

执行团队进攻时，要做好面对多种特殊情况的准备：界外球战术、罚球、跳球以及最后1秒得分战术。目的是让球队做好应对任何比赛情况的准备。

向界内传球。每个球队都必须制订计划，将球从己方篮下或者边线处将球传到场内。图9.20和图9.21中的战术模式可以用于破解任何防守。最重要的是球员需要能够在面对任何防守战术时安全地将球传到界内。

图9.20　篮下界外球战术。$O_5$ 和 $O_2$ 执行挡拆战术

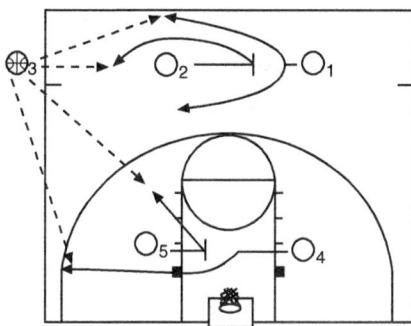

图9.21　边线界外球战术。$O_2$ 为 $O_1$ 提供掩护，$O_5$ 为 $O_4$ 提供掩护，$O_3$ 有4种传球选择

罚球。面对罚球情况时，球队同样需要制订周密的计划。执行进攻罚球时，两名最优秀的篮板球球员站在第二罚球区位置（second-lane space），并尽量在罚球区中路或者防守球员的底线侧抢到进攻篮板球。球员 $O_3$ 处于一个能够抢到长篮板球或者被拨出的球的位置，而 $O_1$ 和 $O_3$ 负责防守上的安全（后场），一定不能让任何对手移动他们的后面接长传球（参见图9.22）。处于防守罚球情况时，球员 $X_1$ 必须注意争抢被拨出来的球或者长篮板球。球员 $X_2$ 通过占据投篮球员和篮筐

之间的路径来封阻投篮球员。球员$X_4$和$X_5$在他们所在的一侧封阻对手（第二罚球区位置），而球员$X_3$则负责在中路区域争抢篮板器（参见图9.23）。抢到防守篮板球后，所有球员都应该执行向快攻的转换。

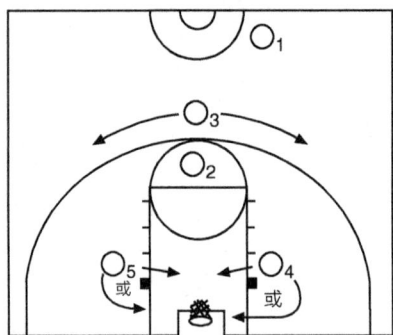

图9.22　进攻罚球。$O_2$投篮，$O_4$和$O_5$占据每侧的第二罚球区位置，$O_3$位于罚球区的顶端，$O_1$负责防守安全

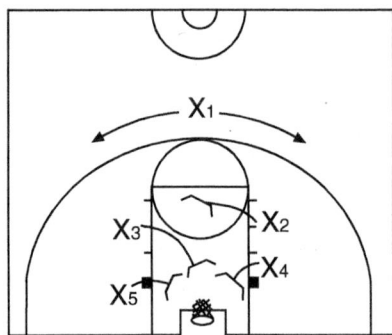

图9.23　防守罚球。4名防守球员在罚球区内封阻对手

**跳球。** 为了应对比赛开始和加时赛时的跳球环节，球队需要指定特殊的战术计划。身材较低且速度较快的球员负责防守篮板。无论采取何种战术模式，跳球时都应该尽量将球拨到空位位置（两名队友相邻站立，中间没有对手）。参见图9.24。

**压哨投篮。** 压哨投篮，如图9.25所示，用于延迟比赛战术或者其他任何只剩8~10秒进攻时间的情况，取决于球员的技术水平（年轻球员需要更多的时间）。这种战术能够使进攻方获得较好的投篮机会、进攻篮板球或者实施二次进攻的机会，但是防守方却无法利用剩余的时间在球场的另一侧执行良好的投篮。

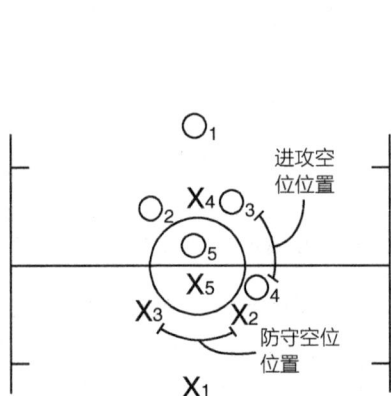

图9.24　跳球

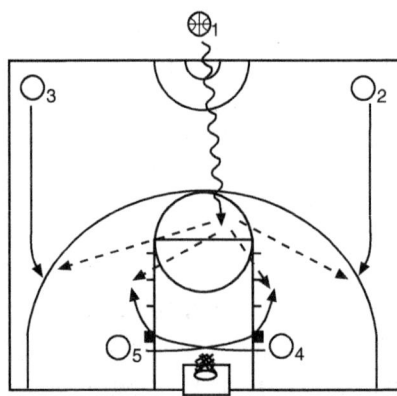

图9.25　压哨投篮。$O_4$和$O_5$从篮下穿过，$O_2$和$O_3$滑向得分位置准备投篮。$O_1$有4种传球选择

无论面对哪种进攻情况，选择哪种进攻模式，战术或者进攻系统，执行力都是关键要素——如何做比做什么更重要。使用计时器针对这些特殊的情况进行练习。

## 防守转换：进攻到防守

为了正确地执行进攻，需要制订详细的计划。球员需要快速转换到防守状态，不让对手在人数占优的情况下执行快攻，并执行定点防守。教练可以使用的一个训练方法是为所有进攻球员创建一个转换角色。

- 后卫（fullback）——负责防守安全的球员，通常是控球球员，负责阻止对手轻松得分（阻止带球上篮）。队友执行任何投篮时，后卫球员快速移动到中场线的圆圈位置并向后跑动，并在此处指挥球队的防守（参见图9.26）。投篮的球员是后卫球员时，则由其他球员负责发号指令和指挥攻防转换。执行快攻时，最后一名球员扮演后卫的角色，且在投篮命中或者发起次要快攻前不能越过中场线。

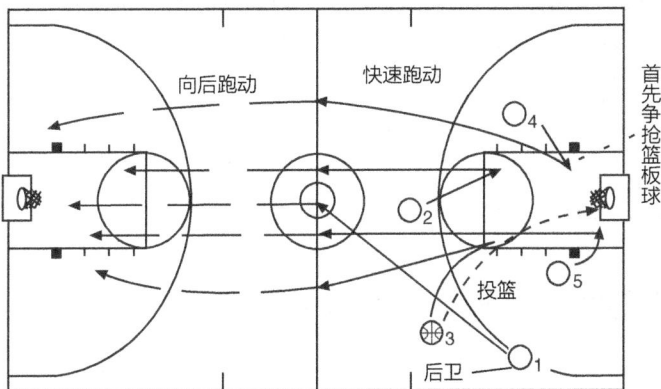

图9.26 防守转换

- 拖后——队友投篮时，其他4名球员负责上前争抢进攻篮板球（假设投篮不中），直到对手抢到球或者篮球入筐。在这种情况下，所有4名球员快速跑向半场，如果对手没有占据人数优势，在向后跑动执行防守任务时从内侧肩膀观察篮球的动向。大多数球员会使用三名拖后球员，第4名球员则负责在罚球线处或者更远一些的位置抢篮板球，然后作为最早向防守转换的球员，他成为中卫球员，负责阻止篮球向前场推进。

针对各种特殊情况，可以制订不同的应对计划（例如篮板球球员施压、阻止篮球向前场推进等）。

## 团队进攻教学要点

▫ 动作迅速但不要匆忙——首先关注的是执行和对时间的掌握，其次才是速度。
▫ 在所有区域内保持均衡。
   - 球员个人——身体和精神。
   - 进攻和防守。
   - 进攻篮板球和防守篮板球（所有投篮时都尽力争抢篮板球）。
   - 球员间距——在场上分散占位并转移篮球。
   - 内线和外线得分。
   - 传球和得分。
▫ 努力获得对空间和时间的正确掌握。
▫ 指导球员在进攻时发挥智慧执行团队协作。
▫ 指导球员将团队协作放在第一位，个人战术放在次要位置。
▫ 培养球员无畏的精神——勇于试错，但是要从错误中吸取经验。
▫ 在团队环境下提高个人战术。
▫ 进攻时球员要积极移动并积极传球。球员应该带着特定目的进行移动。
▫ 团队进攻时要保持耐心。球员的移动必须与战术紧密配合；总的来说，相对于团队防守来说，团队进攻的学习过程要慢一些。

### 团队进攻教学清单

▫ 需要培养的基本原则。
▫ 定义位置和职责。
▫ 进攻基本技术。
▫ 身体控制。
▫ 控球。
▫ 投篮。
▫ 外线战术。
▫ 低位战术。
▫ 篮板球。
▫ 压迫进攻。
▫ 向进攻转换（首要进攻和次要进攻）。
▫ 1对1进攻模式。
▫ 区域进攻模式。
▫ 综合进攻模式。
▫ 迷惑（控制）进攻。
▫ 特殊情况：跳球、进攻罚球、界外球战术。
▫ 向防守转换。

## 问题解答

大多数的进攻错误都源于没有按照正确的顺序，以循序渐进的方式发展进攻技术。关键是要以缓慢细致的步骤慢慢培养进攻技术，开始时采取无人防守的练习方法，然后按照比赛节奏进行5打0练习，以此训练球员对空间和时间的掌握能力。然后才能在练习时加入防守球员的角色；开始时可以使用空气人偶充当防守球员，然后加入真实的球员模拟各种防守情况，让进攻球员学会如何解读防守情况并针对各种防守情况采取相应的应对方法。

# 团队进攻练习

练习团队进攻时，首先应该采取缓慢的节奏，保证球员能够正确地执行各种技术。然后再按照比赛节奏进行练习，培养球员的团队协作能力和对时间的掌控。除了球员执行掩护或者向篮下切入动作，还应该强调合适的进攻间距的必要性。

## 基本进攻练习：5打0

**目的**：指导球员在基本团队进攻模式下执行移动和进攻职责。

**设施**：一个篮球、5名球员以及半场场地。

**过程**：5名球员同时在场上进行团队进攻练习模式、战术或移动方式、团队进攻中个人职责的练习。模拟全部进攻情况进行练习：后场、前场、界外球和罚球。每次投篮得分代表进攻战术结束（每次投篮都争抢篮板球），并在中线处执行角色转换。这个练习由5名进攻球员一起执行，不使用防守球员。

**选项**

- 半场进攻——全部为定点进攻。
- 半场到全场（防守到进攻）——投篮命中或者投篮不中后；压迫进攻；次要快攻；定点进攻。
- 半场防守到全场进攻再转换为防守。

执行所有进攻投篮时，假设投篮不中并执行转换（在篮球入筐前一直争抢篮板球）。在所有练习中，无论投篮是否命中，球员都应该在半场执行转换。

## 团队进攻－防守练习：5打5

**目的**：以进阶方式指导球员进行进攻和防守练习，直至最终进行5打5对抗练习。

**设施**：篮球、篮筐、半场或者全场场地。

**过程**：5名进攻球员和5名防守球员练习团队战术。球员应该针对所有情况进行练习，这样才不会在比赛时出现不知如何应对的情况。练习时采取进阶方式，首先采取防守球员站立不动的防守方式，接下来防守球员采取不使用手的防守方式（可以在前面用手抓进攻球员的球衣），最后再按照比赛节奏进行练习，即采取没有限制并且可以使用各种防守战术的攻防练习。

在到达场地另一端进行进攻转换前（即从半场到全场），球员要一直进行攻防练习。

### 选项

- 仅半场。
- 半场淘汰练习、投篮不中时全场转换。
- 半场到全场（防守到进攻转换——压迫进攻、快攻、定点进攻）。
- 全场——中间随时叫停对球员的错误进行纠正、添加投篮练习时间（常规投篮和罚球）。

### 闪电快攻练习

**目的**：指导球员练习双线和三线快攻和防守基本技术。

**设施**：一个篮球、10~16名球员分成两组，全场场地。

**过程**：两队站位方式如图9.27所示，在半场位置相对站立。开始练习时，选择一个队在场地的一端作为进攻方；另一个队在半场位置执行防守任务。

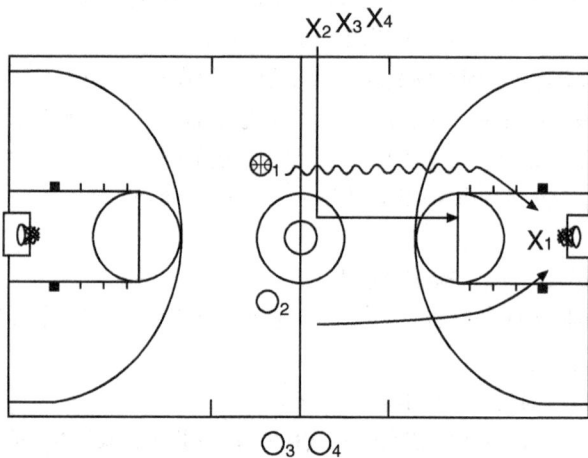

图9.27　闪电快攻：2打1

练习开始时，球员$O_1$持球穿过半场线形成2打1的局面；在人数不占优势的情况下，球员$X_2$可以在执行接触中圈的动作后对球员$X_1$提供协防帮助。防守球员$X_1$可以采取虚张声势的方法，预判并延缓两名进攻球员执行双线快攻，直到$X_2$过来协防——在进攻球员没有完成快攻前。防守球员进行交流并对两名进攻球员实施防守。

投篮命中或者不中时，球员$X_1$或者$X_2$拿球并朝另一端的篮筐执行双线快攻战术。X队获得球权后，另一名球员$O_3$执行接触中圈的动作并负责拖后防守的职责（参见图9.28）。$X_2$持球通过半场线时，$O_4$可以在接触中圈后快速对其执行防守。本练习可以进行到9次投篮命中。可以将双份分数记录在得分板上。教练员负责组织任务。

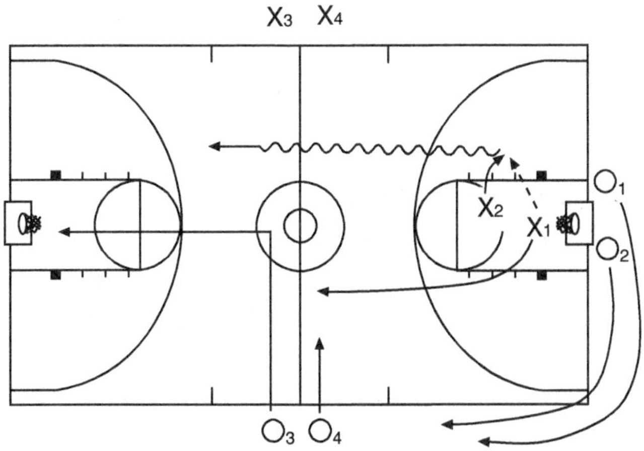

图9.28 2打1闪电快攻，第二部分

另一种闪电快攻选择是三线快攻，即3打2战术，至少需要12名球员并将球员分为两个队。球员站位方式如图9.29所示。两名防守球员采用串联防守站立，内侧球员在前（$X_4$），外侧球员（$X_1$）负责防守篮筐并执行首次传球。

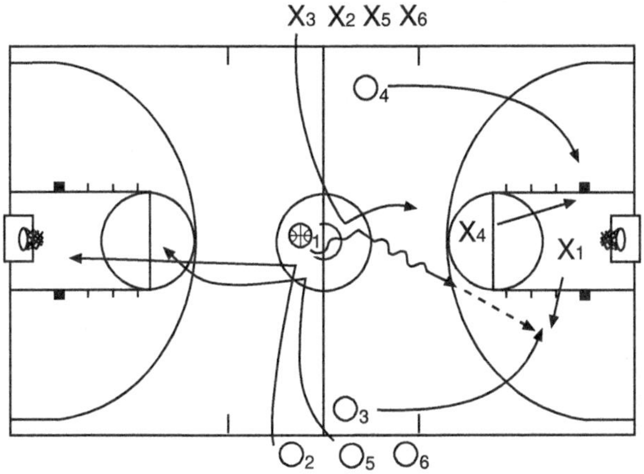

图9.29 3打2闪电快攻

中路的控球球员通过半场线时，另一名防守球员快速上前协防。然后运球球员$X_1$在对后面的防守球员$X_1$的防守进行解读后，做变向运球到一侧并将球传给处于空位的队友。X队的防守球员获得球权后，他们需要向球场另一端执行三线快攻战术，由中路球员持球。X队获得球权后，球员$O_2$和$O_5$在做完接触中圈后要快速执行防守任务。练习可以在一方成功投篮10次后结束。

**选项**

- 2打1闪电练习。
- 3打2闪电练习。
- 开始练习时，让边线处的球员站在罚球区顶端；防守球员在向场地另一端移动前必须先执行接触罚球区顶端的动作。

## 快攻转换练习

**目的**：指导球员在遇到突发情况时如何转移篮球。

**设施**：篮球、两个互为对手的队以及全场场地。

**过程**：在图9.30中，从场地一端开始。教练员将球传给任意一名进攻球员（图中为$O_4$），并喊出一名或者两名防守球员的号码或者名字。教练员喊出自己的名字时，球员需要先做接触底线的动作，然后才能上前防守，这样就创建了人数占优的快攻局面。防守球员快速向后移动并进行交流，保护篮筐、封阻上篮并快速对进攻球员实施防守。进攻球员则发起进攻、解读防守局势并执行首要快攻和次要快攻战术。完成1~3次转移动作后，可以开始下一轮的练习。

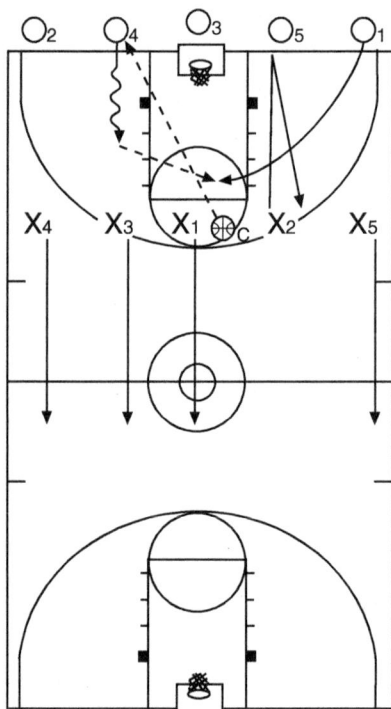

图9.30 团队快攻练习

# 第 10 章

# 团队防守

团队防守和控球是球队成功的基石。

亨利·汉克·艾巴（Henry "Hank" Iba），曾任俄克拉荷马
州立大学主教练以及美国国奥队主教练，名人堂教练

**教**练员有责任为球队奠定坚实的基础。而作为篮球比赛中最具体和最固定的一个元素，防守是团队战术中最一致的一个方面，也是球队实力的核心。要击败一支能够阻止对手顺利投篮的球队并不是一件容易的事。

此外，由于年轻球员在个人技术和团队进攻技术方面的能力比较有限，因此团队防守对于初学球员来说就变成了更具主导性的工作。让球员明白防守是构建球队战术的基础。初学球员往往不能很好地理解防守和阻止对手得分与赢得比赛之间的关系，因此需要让他们明白防守和阻止对手得分与自己球队得分具有同等重要的地位。

防守往往会处于被动的位置上——防守球员通常需要根据进攻球员的移动做出相应的反应。球员必须学会在防守时具有进攻性并占据主动；指导球员在进行防守时主动采取措施，而不是被动地对进攻做出反应。只要拥有决心并通过一定的练习，球队就能培养出更为主动有效的防守战术。

团队的防守是建立在个人基本防守技术之上的。激励球员在防守时培养自己的信心。只要培养出良好的防守能力，任何球队都能提高自己的整体实力。

团队防守的基本原则是让球员随时做好行动准备，保证防守不会出现问题。例如，采取快速站姿的球员往往能够在进攻球员做出某种移动前，就能对其进行预判，进而对移动进行封阻。指导球员做好应对一切的准备，也就是说防守球员要对对手的最佳进攻移动有准备地进行防守。提前准备能够让防守球员在精神和身体上，随时准备应对对手的二次进攻移动。球员应该采取并保持防守快速站姿状态——这是团队进攻的标准。

任何防守的主要目标都是迫使对手做他们不想做的事。进攻取决于信心和节奏，而防守球员可以针对这两个方面采取干扰措施。消除对手的优势——指导球员在比赛中使用各种不同的防守方式。不让进攻方发挥他们的优势，而要迫使他们采取退而求其次的办法。消除进攻球员的优势，让他们不得不依靠自己比较薄弱的技术。防守是个关乎取舍的游戏；得到的同时也会失去。这取决于球队的优势和劣势、防守水平和防守类型。

交流是能够让防守保持统一的粘合剂。要执行有效的防守，球队需要培养和执行良好的交流技术——包括口头和非口头交流，以及讨论和倾听。篮球运动自身的特点要求球员不能进行过多交流，教练员也不能过多强调交流。

团队防守还取决于团队进攻的效率（控球和良好的投篮能力）。有效的进攻能够对团队防守起到加强和补充的作用，还能减轻防守压力并使防守更为活跃。

## 防守场地级别

在不同级别的场地上（参见图10.1）可以执行多种类型的防守。教练员可以在场上的任何位置指导球员如何防守对手。

全场团队防守是一种压迫防守形式，要求防守球员尽可能快速地对全场的进攻球员实施防守。在3/4场防守中，防守球员通常会允许对手执行首次向场内

**要点提示：**

阻止对手轻松得分（只允许对手在对抗环境下执行投篮动作）。

**要点提示：**

阻止进攻方执行最佳移动或者发挥他们的优势。

传球，然后在罚球线附近或者进攻圈顶端开始执行防守。最普遍的防守开始位置是半场，对手在半场线附近开始遇到防守。对于大多数小学和初中级别的球员来说，比较适合使用半场人盯人防守方式。教练员也可以让球队从防守罚球区顶端（defensive key）开始执行防守。如果对手的个人能力较强，可以使用1/4场地防守级别。这是基础级别。随着球队防守能力的不断增强，可以增加自己的防守级别。

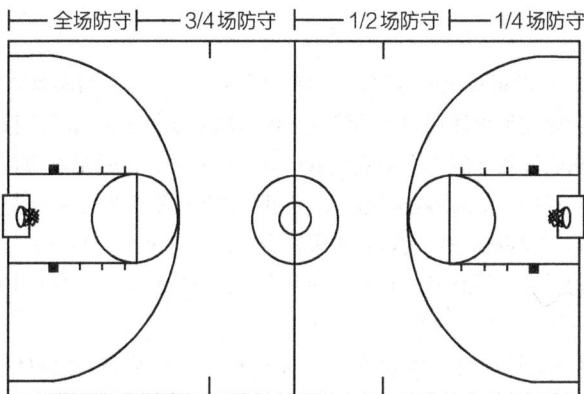

图10.1 防守级别——执行防守并保护右侧的篮筐

全场防守和3/4场防守能够给对手施加更大的压力，但是也会增加球队的防守区域。这两种防守方式能够不让对手在后场自由移动，但与此同时，对手在进攻时有可能获得人数上的优势，进而破解防守并轻松得分。

# 防守类型

团队防守分为三个基本类型：人盯人防守，即每个球员负责对指定的进攻球员进行防守；区域联防，即每个球员根据篮球和进攻球员的位置负责对执行的区域进行防守；综合防守，即将人盯人防守和区域联防结合起来的防守类型。所有防守都可以从不同的防守级别、防守压力开始（主动施压的防守比被动，而松散防守更可取）。

## 人盯人防守

对于所有级别的球员来说，教练员都应该将人盯人防守作为基本的防守类型。人盯人防守的价值在于，它能够适用于所有的防守方式。对于小学到初中阶段的比赛来说，人盯人防守应该是最基本的，也可能是唯一适合的防守类型。

小学和初中级别的球队经常使用防守和压迫战术，目的是利用对手相对较弱的外线投篮能力和控球能力。这种方法会阻碍年轻球员的长足发展，因此不应该提倡这种方法。处于这个年龄段的球员应该更多地注重运动乐趣和对基本技术的培养，每个人都应该有机会参与所有的比赛，进而发展自己的优势并改善不足。

**要点提示：**
对于第8级别的年轻球员（13~14岁）来说，只适合使用人盯人防守。只有球员达到初中级别时，才适合使用压力防守。

球员在这个年龄段可以先学习基本的人盯人防守，然后再逐步向其他防守类型过渡。同时，人盯人防守也是最有挑战性和最能获得个人成就感的防守类型。所有防守球员都暴露在进攻球员面前：只要进攻能够破解防守，那么就能轻松投篮得分，个人职责非常明确。总的来说，人盯人防守能够使球员在团队战术中更加注重个人职责。本书第7章中已经对防守的基本原则进行了阐述。

## 区域联防

区域联防是指定每个防守球员对特定区域进行防守，而不是防守某个进攻球员，这种防守类型更注重对球的防守。区域联防通常会随着球的移动而发生执行变化，并只防守场上的某个限制区域。区域联防的弱点通常体现在防守球员之间，外线也会存在一定的防守间隙，但是可以通过一定的变化来掩盖这些不足。

区域联防需要做出一定的取舍决策；下沉式的区域联防会放弃一些对外线投篮的防守，但是会加强内线的防守。而压迫式防守则会更多地阻挡掉外线投篮，而内线的防守能力则比较薄弱。

区域联防也可以转换为线性防守（lane defense），以便对进攻球员执行断球或者包夹（两名球员同时防守一名持球进攻球员）动作，或者转换为下沉式防守（sagging defense），以便对篮筐附近的内线区域执行重点防守。

**2-3区域联防。** 2-3区域联防是使用最广泛的区域联防模式。图10.2a展示了这种模式中的基本防守覆盖区域；图10.2b则展示了存在防守不足的区域。对手拥有比较优秀的低位球员或者需要获得较好的底角防守效果时，教练员可以使用这种模式。图10.3展示了篮球处于不同位置时球员的移动位置。

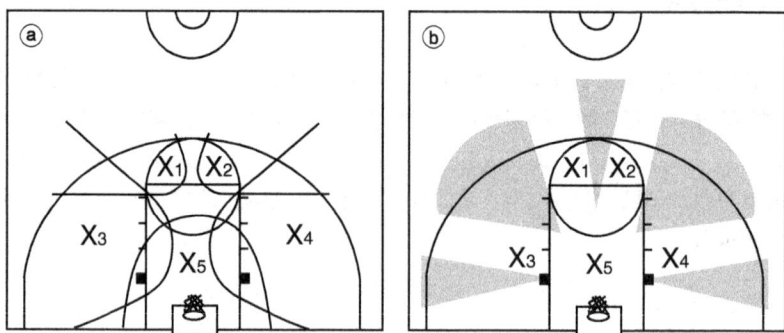

图10.2　2-3区域联防:（a）防守覆盖区域,（b）防守不足区域

**1-3-1区域联防。** 在需要重点防守高位区域和翼部区域时，1-3-1区域联防模式也是一种被广泛使用的模式：这种模式强调对中路、翼部和罚球区顶端的防守。这种模式的防守覆盖范围和防守间隙区域如图10.4所示。1-3-1模式中球员的移动如图10.5所示，球的位置分别位于底角和翼部。球在底角位置时，大多数区域联防模式都将恢复为2-3模式。

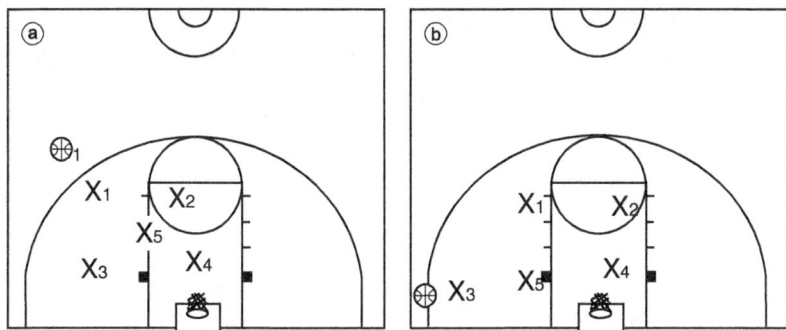

图10.3 2-3区域联防:(a)球在翼部位置,(b)球在前场位置

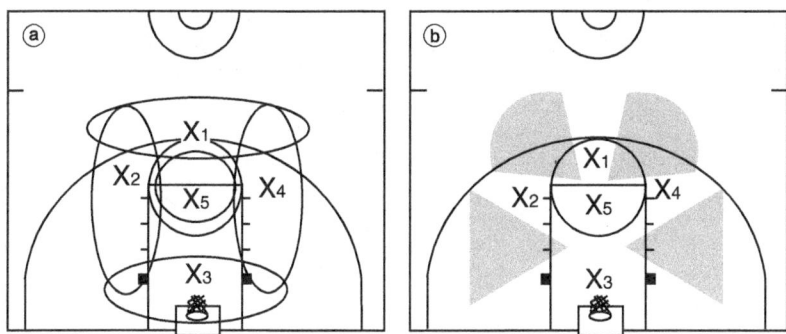

图10.4 1-3-1区域联防:(a)防守覆盖区域,(b)防守不足区域

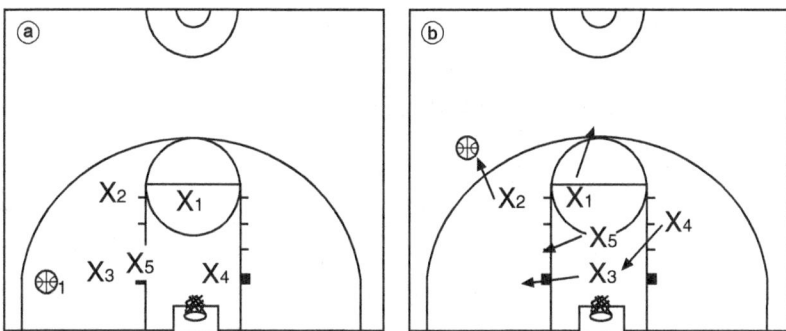

图10.5 1-3-1区域联防:(a)球在底角位置,(b)球在翼部位置

**1-2-2区域联防。**1-2-2区域联防模式能够获得很好的外线防守效果,但是内线防守能力相对较弱。这种模式的防守覆盖区域和不足区域如图10.6所示。球员的移动和位置变化(参见图10.7)与1-3-1模式类似。

## 综合防守

综合防守分为几种形式。一般来说,综合防守的目的是消除对手的优势并迷惑对手的进攻。例如，对手球队中只有两名得分能力较强的球员时，可以使用三角形+2的防守模式；而对手球队中只有一名关键球员或者具有较好控球能力的球员时，可以使用方块形+1的防守模式。

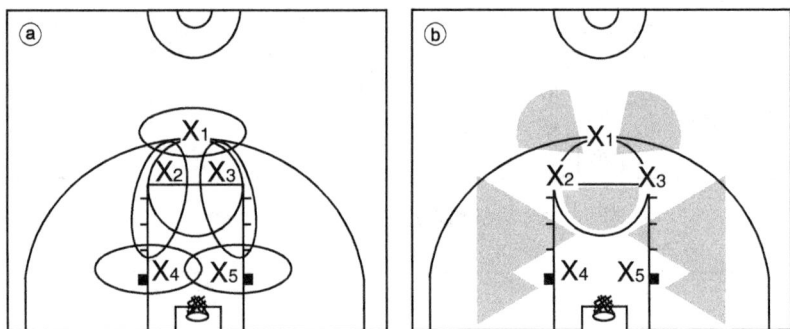

图10.6 1-2-2区域联防：(a) 防守覆盖区域，(b) 防守不足区域

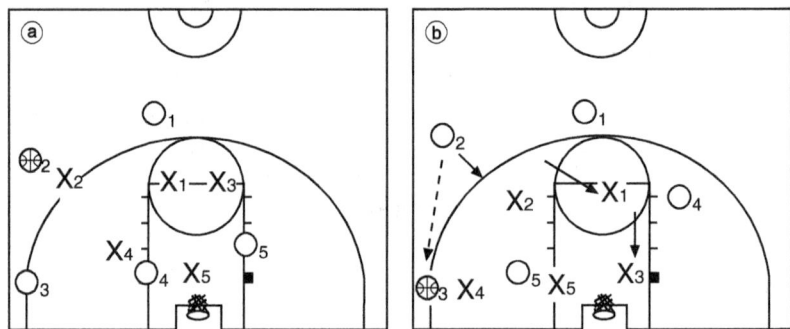

图10.7 1-2-2区域联防：(a) 球在翼部位置，(b) 球在底角位置

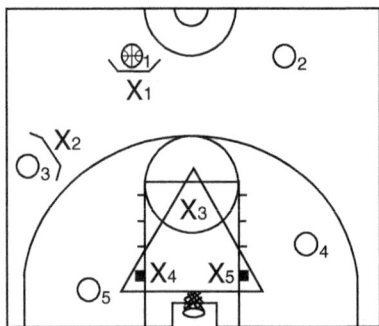

图10.8 三角形+2综合防守（$X_1$和$X_2$执行人盯人防守）

**三角形+2。** 两名球员负责对对手中的两名指定球员执行防守，而其他三名防守球员则采取三角形区域联防的模式，如图10.8所示。要想有效地使用这种防守模式，教练员必须确定防守范围以及向三角形区域联防的转换形式。还必须确定执行人盯人的两名防守球员所要采用的防守方式（紧密防守、松散防守还是注重对球的封阻）。这种防守模式能够降低对方两名进攻球员（通常为外线球员）的进攻效率，但是其他外线投篮区域会存在弱点。

**方块形+1或菱形+1。** 一名球员负责执行人盯人防守，其他4名球员则在篮筐附近执行区域联防。对手球员拥有一名得分或者控球能力特别突出的球员时，这种防守模式能够获得很好的效果。这两种防守模式如图10.9所示。教练员应该指定球队中防守能力最好的球员负责防守对手球队中得分和控球能力最强的球员或者球领袖。首先确定谁是对手中的关键球员，然后确定使用何种方法消除关键球员的优势。

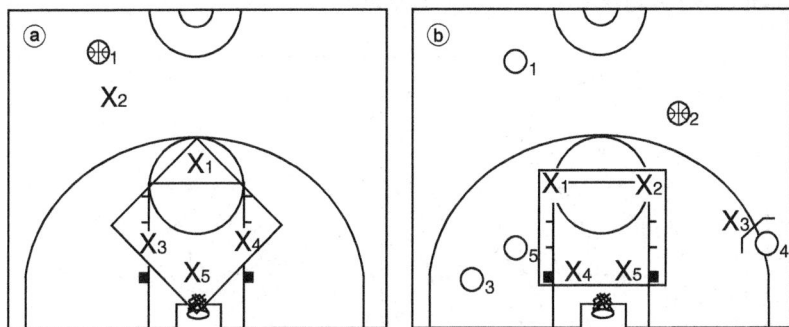

图10.9　（a）菱形+1综合防守，（b）方块形+1综合防守

　　这种防守模式能够降低对手中一名球员的效率，4名执行区域联防的球员能够提供协防并保护篮筐，但是在外线投篮区域同样存在防守的弱点。

## 紧逼防守

　　人盯人压迫防守可以应用于任何级别：半场、3/4场地或者全场防守。可以应用所有的防守原则，但是采用全场防守时，执行协防要困难得多。同样，由于防守范围的扩大，单个球员在阻挡或者向控球球员施压时，也要付出更多的努力。这种形式的压迫防守最早出现于20世纪40年代的美国大学生男子篮球运动中，今天已经被众多球队所使用，特别是那些拥有天才球员的球队。

　　区域压迫防守也可以应用于任何级别的防守上。最著名的全场压迫防守示例也许非约翰·伍登教练执教之下的加州大学洛杉矶分校篮球队了，他们依靠这种战术取得前所未有的成功。这支首个全国大学冠军篮球队的主要战术就是全场2-2-1区域压迫防守，如图10.10所示。区域压迫防守一般会加快比赛节奏，而人盯人压迫防守则会减慢比赛节奏。

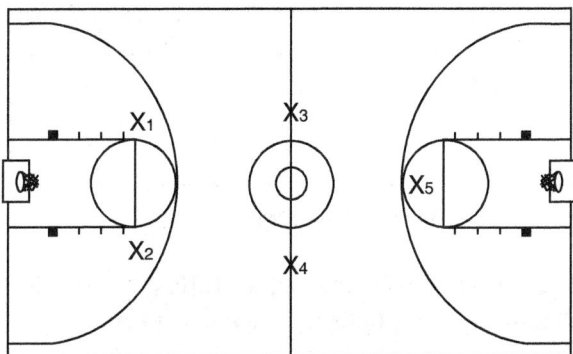

图10.10　2-2-1区域压迫防守

执行区域压迫防守时通常会使用控制性压迫方式，即将篮球阻挡于中路之外，在篮球通过半场前，至少设立一个边线包夹（参见图10.11）。球员$X_1$负责防守中路，$X_5$防守边线位置，$X_3$则负责在包夹时保护篮筐。

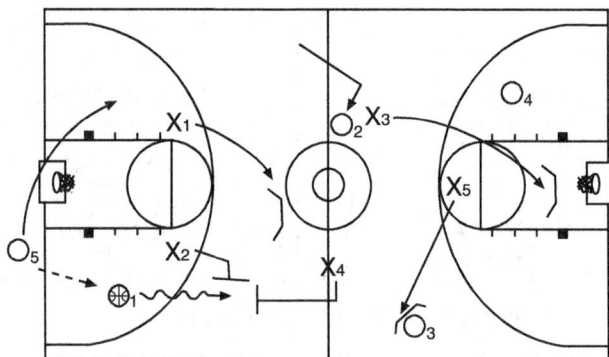

图10.11　2-2-1区域包夹

教练员需要确定执行包夹防守的时间（通常在运球球员靠近防守球员以及到达半场线附近时）、转换方式、是否使用连续包夹战术、何时恢复常规的半场防守模式以及执行半场防守时向何种类型的防守转换。执行人盯人防守时，一种方法是在执行一次包夹后恢复到基本的防守模式：保护篮筐、封阻篮球以及对处于空位的球员执行防守（按先后顺序）。在转换过程中，交流非常关键。

乔B.哈尔（Joe B. Hall）执教下的肯塔基大学篮球队采用1-3-1模式为半场区域压迫防守建立了一个良好的示例。他带领球队获得了1978年的全国冠军。基本模式采用扩展的1-3-1模式，如图10.12所示。

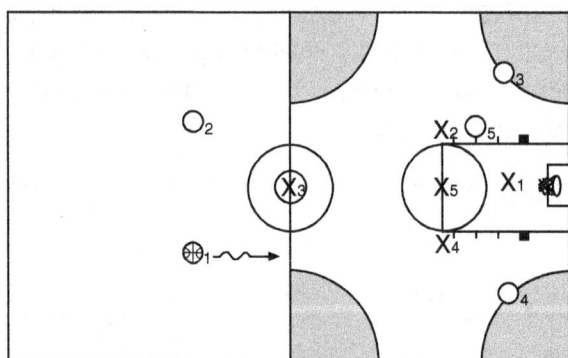

图10.12　1-3-1半场区域压迫防守

外线球员$X_3$、$X_4$和$X_2$位于传球路线上，迫使进攻方选择头顶传球（传球速度较慢）。将球逼到底角并实施包夹防守，如图10.13所示。

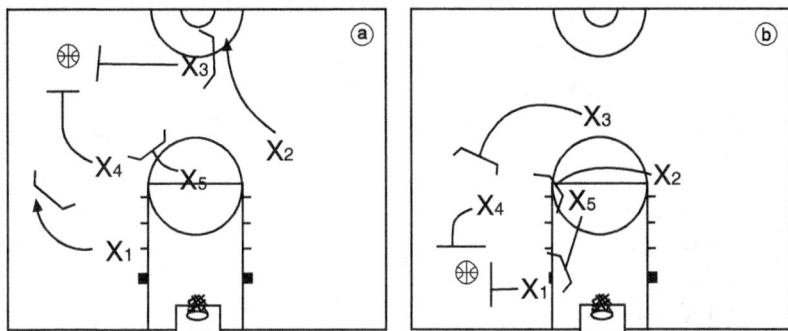

图10.13　底角包夹：（a）在半场线附近，（b）在底线附近

## 团队防守教学要点

- 开始练习时，高效地从进攻转为防守。
- 以防守篮板球、成功盗球或者对手的失误作为联系的结束。
- 需要进行交流——口头和非口头的交流，交谈和倾听。

### 团队防守教学清单

- 培养防守一般原则。
- 防守基本技术。
- 站姿和迈步移动。
- 有球防守（活球、运球、死球）。
- 无球防守（封闭和开放）。
- 防守卡位（有球和无球）。
- 有球防守到无球防守（跳向或者快速向篮球移动）。
- 特殊防守情况
  - 低位防守。
  - 协防和决策（虚张声势、换防、包夹）。
  - 有球掩护。
  - 无球掩护。
  - 双掩护。
  - 防守原则。
  - 向投篮施压。
  - 对丢球执行争抢。
- 防守篮板球。
- 团队防守。
- 人盯人。
- 区域联防。
- 综合防守。

团队防守教学清单（续）

- 防守级别。
- 区域压迫防守。
- 界外球，篮下。
- 界外球，边线。
- 防守罚球。
- 向进攻转换。

## 问题解答

防守中最大的挑战是如何让球员在执行防守任务时竭尽全力。与进攻相比，让球员竭尽全力更为困难，只有在球员自己最大限度上付出努力的前提下，教练员的教学才能真正发挥作用。要让球员明白，只有全力付出，球队才能取得成功。这里所说的努力包括从精神上用尽全力，而这需要较高水平的交流，进而提高防守的效率。在防守中要努力做到最好，无论是身体上还是精神上。"恶犬扑食"一般的方法并不适用于防守。尽最大的努力并能够一直坚持，才是防守应该遵循的原则。

# 团队防守练习

防守时需要考虑所有可能出现的情况，并且需要先从1对1的单人防守练习来说，然后逐步升级到团队防守战术（5打5）。可以先学习本书第7章中关于个人防守练习的内容，将这些练习作为进一步练习团队防守的基础。

- 移动站姿和步法。
- 队列练习——单人防守，尤其是1打1防守（活球、运球、传球球员死球）。
- 卡位——1打1、2打2、3打3、4打4。
- 有球防守2打2到无球防守2打2。
- 防守步滑动——移动站姿和步法。

### 半场3打3、4打4练习［防守壳练习（shell drill）］

**目的**：模拟两人和三人进攻中可能出现的所有情况，并以团队战术对其进行防守。

**设施**：篮球、半场场地、8~12名球员。

**过程**：每个练习可以着重针对一种进攻情况进行。让球队针对所有情况进行练习（避免比赛时出现不知如何应对的情况）。设立练习轮换；进攻转换为防守方，防守方下场休息，场下球员上场负责进攻。

选项

- 有球掩护。
- 无球掩护。
- 双掩护。
- 使用包夹防守。
- 两名球员在外线，两名球员在内线（外线球员和低位球员）。
- 4名外线球员，闪切到低位。
- 传切移动。
- 强调运球突破。
- 低位战术（单人、双人）。
- 三名球员在外线，一名球员在内线。
- 三名球员在内线，一名球员在外线。
- 一名后卫在前或者两名后卫在前。

## 半场到全场练习：3打3、4打4、5打5

**目的**：练习基本的半场防守以及如何从防守向进攻转换；练习基本的半场进攻以及如何向防守转换。

**设施**：篮球、全场场地和至少两组球员。

**过程**：设定某种进攻情况并相应地执行防守任务，然后在投篮不中时向进攻切换；执行指定的进攻，然后在投篮命中或者投篮不中时有效地向防守转换。

选项

- 3打3。
- 4打4。
- 5打5团队进攻和防守。

## 全场练习：3打3、5打5

**目的**：指导球员以进阶方式执行防守的全部环节——3打3分解练习和5打5全员练习。

**设施**：篮球、全场场地和至少两组球员。

**过程**：执行3打3全场练习时，球员或组在完成全场三个往返循环后应交换角色。需要运球通过半场线，在进攻早期不允许使用能够分解阵型的高吊传球方式。

**练习变种形式**：按照以下规则使用两个篮筐执行全场3打3对抗。

- 进攻方，如果进攻球员迫使对方犯规（计入得分）。
- 不允许越过半场高吊传球（分解阵型）。
- 进攻时无运球（传球并切入、传球并远离篮球）。
- 其他练习组在场下等候，攻防两方获胜的留在场上继续进行下一轮练习。

这是能够使用的最复杂，也是效果最好的一个练习方式。球员在执行所有基本技术的同时必须执行全场攻防练习。

# 练习索引

| 练习名称 | 级别 | 练习重点 | 热身环节 | 健身环节 | 教学视频 | 页码 |
|---|---|---|---|---|---|---|
| **外线进攻移动** | | | | | | |
| 搭档突破分球练习 | 基础、中级 | 活球移动；运球突破后为队友传球使其投篮得分 | | | √ | 121 |
| 限时带球上篮练习 | 基础 | 控球和带球上篮 | | √ | √ | 122 |
| 外线对抗练习 | 中级、高级 | 虽有外线球员持球移动 | | | √ | 122 |
| **内线进攻移动** | | | | | | |
| 低位热身练习 | 基础 | 基本低位技术 | √ | | √ | 136 |
| 队列练习：低位球员启动、转身和停止 | 基础 | 正确的步法 | √ | | | 137 |
| 低位双人练习 | 基础 | 低位站姿、传球和接球、颌下护球 | √ | | | 137 |
| 转身传球低位移动练习 | 基础 | 个人进攻低位移动 | √ | | √ | 138 |
| 低位进阶练习 | 基础、中级、高级 | 进攻低位移动 | √ | | | 139 |
| 大间距和低位给球练习 | 中级、高级 | 三角间距、大间距 | | | √ | 139 |
| 全美低位练习 | 高级 | 所有进攻低位移动 | √ | √ | | 141 |
| 2打2低位给球练习 | 中级、高级 | 进攻和防守低位战术技巧；为低位球员传球；传球后移动接回传球 | | | | 141 |
| 麦肯训练法 | 基础、中级、高级 | 步法；控球、在篮筐附近带球上篮 | √ | √ | | 142 |
| 5打5低位传球练习 | 高级 | 低位球员：获得空位、接球、低位移动、解读防守时从低位传球；防守球员：包夹低位球员、低位球员传球时轮转防守 | | | | 143 |
| 低位防守得分练习（往返） | 中级、高级 | 接球并颌下护球 | | | √ | 143 |
| 1打1低位对抗练习 | 基础、中级、高级 | 1打1低位进攻和防守实战练习 | | | √ | 143 |
| **单人防守** | | | | | | |
| 站姿和步法进阶练习 | 基础 | 防守站姿和强行推步（滑步）技巧 | √ | | √ | 165 |
| 移动站姿和步法练习 | 基础 | 单人防守站姿和步法 | √ | √ | | 166 |
| 队列练习：单人防守 | 基础 | 单人防守技术 | | | √ | 167 |
| 有球和无球练习：2打2 | 基础 | 防守对方突破时（协防和决策），快速调整到有球和无球进攻位置。 | | | √ | 168 |
| 封阻练习 | 基础 | 对无球进攻球员实施卡位 | √ | | | 168 |
| 封阻练习：1打1、2打2、3打3、4打4 | 中级、高级 | 外线球员的全部外线移动 | | | √ | 169 |
| 防守滑步练习：移动站姿和步法 | 基础 | 个人防守步法 | | | | 169 |

| 练习名称 | 级别 | 练习重点 | 热身环节 | 体适能环节 | 教学视频 | 页码 |
|---|---|---|---|---|---|---|
| 半场练习：2打2、3打3、4打4 | 中级、高级 | 单人防守技术 | | √ | | 170 |
| 半场练习外加攻防转换：4打4 | 中级、高级 | 单人防守技术；抢到防守篮板球之后从防守转换为进攻 | | √ | | 170 |
| 篮板球 | | | | | | |
| 队列练习：2+2、抓球并置于颌下护球 | 基础 | 2+2主球并颌下护球的篮板球技巧 | √ | | √ | 189 |
| 队列练习：防守篮板球 | 基础 | 防守篮板球技巧 | √ | | | 191 |
| 队列练习：进攻篮板球 | 基础 | 进攻篮板球；通过防守球员卡位、移动到间隙位置、通过身体接触迫使防守球员朝篮筐移动 | √ | | √ | 191 |
| 篮板球和向外传球练习 | 中级、高级 | 争抢防守篮板球并向外传球 | | | √ | 192 |
| 篮板球读数练习 | 基础 | 投篮时能过看到对手和篮球 | | | | 193 |
| 卡位和封阻练习 | 中级、高级 | 团队对抗；1打1、2打2、3打3篮板球；有球和无球卡位 | | √ | | 193 |
| 队列练习：全场无球进攻篮板球 | 基础 | 进攻篮板球技术 | | | | 193 |
| 高级8字篮板球练习 | 中级、高级 | 控制篮板球 | | | | 193 |
| "垃圾"练习法 | 基础、中级 | 进攻篮板球得分 | | √ | √ | 194 |
| 强手练习或篮板球生存练习 | 高级 | 攻击性 | | √ | √ | 194 |
| 单人篮板球练习 | 基础 | 篮板球技术 | √ | | | 195 |
| 篮板球进阶练习：3打0、3打3 | 中级、高级 | 篮板球技术 | √ | | | 195 |
| 篮板球对抗练习：3打3、4打4 | 中级、高级 | 进攻和防守篮板球 | | √ | | 196 |
| 篮板球大战 | 高级 | 有攻击性的防守和进攻篮板球 | | √ | | 197 |
| 团队进攻 | | | | | | |
| 基本进攻练习：5打0 | 基础 | 基本团队进攻模式 | √ | | √ | 215 |
| 团队进攻-防守练习：5打5 | 中级、高级 | 团队进攻和防守 | | √ | | 215 |
| 闪电快攻练习 | 中级、高级 | 双线快攻个三线快攻进攻和防守战术 | | √ | | 216 |
| 快攻转换练习 | 中级、高级 | 篮球转换 | | √ | | 218 |
| 团队防守 | | | | | | |
| 半场3打3、4打4练习（防守壳练习） | 中级、高级 | 双人和三人进攻战术 | | √ | √ | 228 |
| 半场到全场练习：3打3、4打4、5打5 | 中级、高级 | 半场防守和向进攻转换；半场进攻和向防守转换 | | √ | | 229 |
| 全场练习：3打3、5打5 | 中级、高级 | 防守权阶段 | | √ | √ | 229 |

# 参考资料

Bunn, J. 1955. *Scientific principles of coaching*. Englewood Cliffs, NJ: Prentice Hall.

Carter, J. 2006. *Noah's arc—Building the perfect shot*. Palo Alto, CA: Self-published.

Harle, S., and J. Vickers. 2006. *Quiet eye improves accuracy in the free throw*. Calgary, Alberta: University of Calgary.

Hays, D. 2006. *Developing your shot and offensive moves*. Oklahoma City: Self-published.

Jaimet, S. 2006. *The perfect jump shot*. Indianapolis, IN: Elemental Press.

Krause, J., C. Janz, and J. Conn. 2003. *Basketball skill progressions: NABC's handbook for teaching*. Monterey, CA: Coaches Choice.

Krause, J., and B. Brown. 2006. *NABC's youth basketball coaching handbook: Beyond the backboard*. Monterey, CA: Coaches Choice.

Krzyzewski, M. 2000. *Leading with the heart*. New York: Warner Books, Inc.

Martens, R. 1997. *Successful coaching*. 2nd ed. Champaign, IL: Human Kinetics.

Wolff, A. 2002. *Big game, small world*. New York: Warner Books, Inc.

Wooden, J.R. 1998. *Practical modern basketball*. 3rd ed. Redwood City, CA: Benjamin Cummings.

# 作者简介

杰里·克劳斯从1959年就开始从事篮球基本技术的教学工作。他的教学经历包括小学、高中、大学以及奥运球队等各个级别。这让他在帮助球员全方位提高篮球技术方面具有他人所无法比拟的优势。

克劳斯现任贡萨加大学篮球部门的主管。从加入贡萨加大学开始，克劳斯做了8年时间的助理教练。在贡萨加大学任职前，他作为体育哲学教授、体育教学部门教学主管以及女子部助理教练在美国西点军校工作了5年的时间。在此之前，克劳斯还担任过东华盛顿大学老鹰队的主教练一职。

克劳斯曾担任过致力于篮球发展的全国联盟组织的领导，还曾在全国篮球名人堂（National Basketball Hall of Fame）选拔委员会、美职篮教练员董事会（National Association of Basketball Coaches，NABC）以及NCAA规则委员会任职。他同时还是NABC研究主席以及NAIA篮球教练名人堂（Basketball Coaches Hall of Fame）和全国体育教育名人堂（National Association for Sport and Physical Education Hall of Fame）成员。他拥有美国韦恩州立大学学士学位以及北科罗拉多大学硕士和博士学位。

克劳斯于2007年在西雅图被西北体育（Northwest Sports）和贡萨加大学评选为篮球运动终身贡献者。他也是篮球历史上著作最多的教练员，迄今为止已经撰写了超过30部篮球教学相关的著作。克劳斯目前居住在华盛顿的切尼。

唐·迈耶目前是位于南达科他州阿伯丁的北方州立大学篮球队主教练。他曾经带领球队获得860多场比赛的胜利,这使他在大学男子篮球教练员名单中排名第5。加入北方州立大学之前,迈耶曾经在位于纳什维尔的利普斯科姆大学担任过24个赛季的男子篮球队主教练一职,期间带领球队获得了700场胜利,这一速度领先于大学篮球队中的其他任何一名教练员。迈耶获得了1989~1990年度全国教练员的称号,并于1993年入选NAIA教练名人堂。

除了作为篮球教练员,迈耶还成立了一个教练员学术机构并吸引了全美10000多名教练员的参与。鉴于他作为教练员和教师的声誉,很多极富声望的教练员,包括帕特·萨米特和约翰·伍登,都曾在他的学术机构上发表过演讲。迈耶目前居住在南达科他州的阿伯丁。

杰里·迈耶目前是负责篮球招聘的首席分析师和球探。作为一名全国知名的篮球运动导师,他的专业经历要追溯到他的中学阶段,他在初中和高中阶段赛季中获得了田纳西篮球先生(Tennessee's Mr. Basketball)的荣誉。他曾经是利普斯科姆大学和明尼苏达大学德卢斯分校的大学生球员,迈耶还是两次All-American奖项的获得者并担任过大学篮球队助理领队的职务。他还曾担任过高中篮球队的主教练、范德比特大学助理教练以及美国篮球协会(American Basketball Association)的主教练一职。杰里目前居住在田纳西州的纳什维尔。